Ralf Schuler

Lasst uns
Populisten sein

Ralf Schuler

Lasst uns Populisten sein

Zehn Thesen für eine neue Streitkultur

FREIBURG · BASEL · WIEN

MIX
Papier aus verantwor-
tungsvollen Quellen
FSC® C083411

© Verlag Herder GmbH, Freiburg im Breisgau 2019
Alle Rechte vorbehalten
www.herder.de

Satz: Daniel Förster, Belgern
Herstellung: CPI books GmbH, Leck
Printed in Germany

ISBN Print: 978-3-451-38358-8
ISBN E-Book: 978-3-451-81526-3

Inhalt

Einleitung: Lasst uns Populisten sein 7

Vergesst die Populisten: Populismus gibt es eigentlich gar nicht 23

Der Populismus der Kanzlerin: Falsche Kompromisse vergiften die Politik 47

Nicht wenige, sondern viele: Populismus gehört in die Mitte, nicht an die Ränder 73

Zurück zu den Wurzeln: Das christliche Kreuz gehört in der Politik dazu 97

Bunt, bunt, bunt ist alle Theorie: Vielfalt und Diversität sind kein Selbstzweck 127

Voll auf die Presse: Medien müssen immer dagegen denken 159

Augen geradeaus: Die Vergangenheit taugt nicht zum Schlachtfeld von heute 185

Alles, was rechts ist: Rechts ist keine Krankheit .. 197

Kein Streit ist auch keine Lösung: Politiker müssen wieder ja, ja und nein, nein sagen 217

Epilog: Populismus holt die Realität in die Politik zurück 227

Einleitung:
Lasst uns Populisten sein

»Ein Gespenst geht um in Europa – das Gespenst des *Populismus*. Alle Mächte des alten Europa haben sich zu einer heiligen Hetzjagd gegen dies Gespenst verbündet«. Vom Papst bis zu deutschen Polizisten. »Wo ist die Oppositionspartei, die nicht von ihren regierenden Gegnern als *populistisch* verschrien worden wäre?« Daraus geht hervor: »Der *Populismus* wird bereits von allen europäischen Mächten als Macht anerkannt.«

Geschichte wiederholt sich nicht. Auch jegliches Manifest hat seine Zeit. Doch es gehört zu den kleinen Scherzen der Historie, dass man nur den -ismus in Marxens Manifest austauschen muss (*kursiv gesetzt*), um knapp 200 Jahre danach ein Déjà-vu zu erleben. Denn in Wahrheit war Marxens Kommunismus der (wissenschaftlich verbrämte) Populismus des heraufziehenden Industriezeitalters für die malochenden Massen, wurde bekämpft (wie alle nachfolgenden Populismen) von der jeweils etablierten Konkurrenz und hat erst heute aus sicherer historischer Distanz für einige Linke eine sonnig-romantische Patina erhalten. Den Millionen seiner Opfer zum Hohn und Trotz.

Tatsächlich haben Bewegungen, die unter das politische Schlagwort »Populismus« oder »Rechtspopulismus« fallen, derzeit fast überall in Europa Konjunktur. Von der Rassemblement National (ehemals Front National) in Frankreich über Geert Wilders Freiheitspartei in Holland, die Schweizerische Volkspartei, UKIP in Großbritannien, die italienische Lega oder die FPÖ in Österreich und die AfD in Deutschland. Nach gängiger Lesart fallen auch die Regierungsparteien in Polen, Tschechien, der Slowakei und Ungarn unter das Rubrum Rechtspopulismus, und der Wahlsieg von Donald Trump in den USA lässt sich ebenfalls in dieses politische Phänomen einordnen. Es ist längst kein Gespenst mehr, das hier umgeht, sondern harte politische Realität.

Was zahlreiche linke Strömungen betreiben, ist zwar ebenfalls meist blanker Populismus, wird aber nicht in annähernd ähnlichem Maße gegeißelt. Für Linke sind die immer gleichen Patentrezepte zur Auflösung aller (Klassen-)Widersprüche und zur finalen Verbesserung der Welt noch immer aktuell: Verstaatlichung, Enteignung, Umverteilung, Zerschlagung bürgerlich-kapitalistischer Strukturen. Beste Beispiele sind die Syriza-Bewegung von Griechenlands Premier Alexis Tsipras, die im Zuge der Schuldenkrise seines Landes so ziemlich alles versprach, was die Menschen hören wollten und 2015 sogar eine Volksabstimmung gegen neue Sparauflagen gewann, an das sich die Regierung dann allerdings nicht hielt. Auch die spanische Podemos organisierte mit linkspopulistischen Parolen gegen die »elitäre Kaste« und für die Rückübertragung der Macht an das Volk beachtliche Aufmärsche. Aber das trieb Europa nicht wirklich um und wird als normal hingenommen. Links eben.

Wer einen Blick auf die Zeiten zwischen Marxens und dem aktuellen Populismus wirft, in denen die Ideen des Trierers mithilfe mehr oder weniger blutiger Mittelsmänner in verschiedenster Weise die Massen ergriffen und die Welt durchaus veränderten, der kann daraus nur den Schluss ziehen: Populismen sind kein ärgerlicher Irrweg der Moderne, sondern eine Art politische Antimaterie, die sich vor Epochenbrüchen zu einem schwarzen (oder andersfarbigen) Loch verdichtet, verlässlich und beständig Geglaubtes absorbiert und allein dadurch sichtbar wird, dass die Umgebung die Kontur dieser Gegenwelt nachzeichnet. Der Politologe Daniel Dettling bescheinigte dem europäischen Rechtspopulismus sogar die Funktion eines heilsamen Korrektivs und Ansporns für die konkurrierenden politischen Kräfte (*SZ*, 23. Januar 2019). Höchste Zeit, hinzusehen. Höchste Zeit, den Kern zu erforschen. Höchste Zeit, nach Reaktionen zu suchen, die im besten demokratischen Sinne inklusiv sind. »Rechte raus!« zu rufen, reicht nicht. Sie bleiben drin und dürfen sogar wählen.

Ausgrenzung genügt nicht

Die Schlussfolgerung aus dem Auftreten von Populismus kann nur darin bestehen, nach Wurzeln, Wirken und Ursachen zu fragen, ihn ernst zu nehmen. Es ist schon einigermaßen verräterisch und alarmierend zugleich, wenn in freien, demokratischen Gesellschaften gestandene Politiker eine populäre Bewegung geradezu verachten und dies ausgerechnet mit dem Begriff »Populismus« zum Ausdruck bringen. Das Volk (lat. *populus*) läuft den Falschen nach, soll das heißen, den »Rattenfängern«. Eine unschöne Metapher, die Bürgern vermeintlich falscher Gesinnung die Rolle als Schadnager zuweist. Das Volk liegt falsch, soll das wohl heißen. Und im Kern: Das Volk stört beim Regieren. Doch so soll es auch sein! In funktionierenden Demokratien zumindest. Das Volk kann, darf und muss sogar stören, wenn die Vorstellungen der politischen Akteure sich allzu weit von denen der Menschen entfernt haben und die daraus entstehenden Brüche das Gemeinwesen als Ganzes gefährden. Das ist für Politiker schmerzlich, die ja in der Regel klare Vorstellungen davon haben, worauf die Dinge hinauslaufen sollen, und sich nur ungern bei der Arbeit am politischen Gesamtkunstwerk bremsen oder gar korrigieren lassen. Selbst in freiheitlichen Gesellschaften ist das Denken in politischen Missionen, wie sie der reale Sozialismus einst auf die Spitze trieb, nicht ganz ausgestorben. Während im Sozialismus ganz offen erklärt wurde, dass auf dem Weg zur Vollendung gewisse Härten und Opfer in Kauf zu nehmen seien (Was zählen schon Leben oder Generationen!?), muss man in Demokratien trickreicher zu Werke gehen, um etwa das geeinte Europa zu erreichen, dem breite Bevölkerungsschichten bestenfalls so lange desinteressiert gegenüberstehen, solange Vereinheitlichungen nicht im Alltag stören. Wer in solchen Dingen oder eben auch im Umgang mit Populismus dazu rät, Stimmungen nicht zu ignorieren, sondern ernst zu nehmen, wird leicht als Ignorant und Störenfried gebrandmarkt, obgleich oft nur ein anderer Weg zum meist unstrittig löblichen Ziel empfohlen wird.

Volker Kauder (CDU), der langjährige Unionsfraktionschef im Deutschen Bundestag, hat in den vergangenen Jahren immer wieder mit einer Mischung aus Trotz und Stolz darauf hingewiesen, dass er sich nicht mit Politikern der Alternative für Deutschland (AfD) auf Podien oder in eine Talkshow setze. Nun sitzt er mit der AfD als drittstärkster Kraft im Deutschen Bundestag. Ein Sportler, der sich weigerte, gegen ein hoffnungsvolles, wenn auch unsympathisches Nachwuchstalent anzutreten, würde zu Recht früher oder später aus dem Wettbewerb ausscheiden. In der Politik gelten Wettbewerbsverweigerung und Ausgrenzung als »Haltung« und löblich und werden gleichwohl zum Sprengsatz der politischen und gesellschaftlichen Ordnung. Um es klar zu sagen: Die Option, politische Strömungen ab einer bestimmten Stärke zu ignorieren, gibt es nicht.

Damit keine Missverständnisse aufkommen: Ich rede nicht Hass, Rassismus oder gar Gewaltverherrlichung das Wort. Im Gegenteil: Die Rückgewinnung sich radikalisierender Ränder für den politischen Diskurs muss das dringliche Ziel aller sein, professionelle Politiker ausdrücklich eingeschlossen. Populismus, vor allem aber der Umgang mit ihm, hat nicht nur die deutsche Gesellschaft tief gespalten. Auch die moralisch aufgeladenen Kämpfer »gegen Rechts« bemerken ihre eigene Verrohung immer weniger. Wenn schon der Verweis darauf, eine Anmerkung, Meinung oder These könne auch von der AfD stammen oder klinge nach ihr, als Argumentersatz vielfach akzeptiert durchgeht, liegt nicht nur bei der Debattenkultur einiges im Argen. Schlimmer noch: Mitunter macht sich sogar eine Philosophie menschlicher Unberührbarkeit breit. Wenn man mich beim Bundespresseball verschwörerisch-raunend fragt, ob ich etwa gar nicht wüsste, mit wem ich da eben gesprochen hätte (es war der Chefredakteur der *Jungen Freiheit*, Dieter Stein), dann gerät etwas aus dem Lot. Wo Kontakt- und Sprechverbote in den Alltag einziehen, wo es schädlich sein könnte, mit bestimmten Personen gesehen zu werden, kehren wir an finsterste Punkte unserer eigenen, deutschen Geschichte zurück.

Ich habe gute zehn Jahre lang mit dem heutigen AfD-Chef Alexander Gauland bei der »Märkischen Allgemeinen« zusammengearbeitet. Er war mein Herausgeber, ich Politikchef, und ich habe ihn dort als außerordentlich weiten, konservativen Geist kennen und schätzen gelernt. Er war schon immer gegen Auslandseinsätze jeglicher Art, auch gegen den Kosovokrieg, was in der märkischen Leserschaft mit starker Linkspartei-Sympathie durchaus populär gewesen wäre. Da ich einige Jahre Balkan-Berichterstatter war und die Serbisierung des Kosovo aus der Nähe kannte, war ich im Gegensatz zu Gauland für die Beteiligung der Deutschen am Kosovo-Einsatz. Er ließ mich machen, schrieb allenfalls kritische Kommentare. Ich muss und werde deshalb seine AfD-Politik nicht verteidigen. Aber ich werde auch nicht die Straßenseite wechseln, wenn ich ihn treffe. Dass Gastwirte von ihrem Hausrecht Gebrauch machen und Gauland nebst Lebensgefährtin des Lokals verweisen, ist zwar rechtens, bleibt aber ein erschreckendes Zeichen gesellschaftlicher Spaltung. Was soll die Botschaft solcher Akte sein? Aushungern nicht akzeptierter Meinungen? An meinem Tische sitzen solche wie du nicht? Wir drängen dich in finstere gesellschaftliche Ecken, bis du unserer Meinung bist? Eher erreicht man das Gegenteil. Was spräche dagegen, wenn der Wirt an den Tisch träte und sagt: »Ich teile Ihre politischen Ansichten ausdrücklich nicht. Was möchten Sie essen?« Als im Frühjahr 2017 die Privatautos mehrerer AfD-Politiker brannten, wurde dies erst öffentlich registriert, als Unbekannte auch den Wagen der SPD-Bundestagsabgeordneten Michelle Müntefering anzündeten. Was ist da los? Was verschiebt sich da? Es kann nicht sein, dass die Auseinandersetzung mit dem Populismus, oder vielmehr die Verweigerung derselben, dazu führt, dass mit Entzug der Menschenwürde nach Artikel 1 GG bestraft wird, wer unter den diffusen Verdacht gerät, irgendwie rechts, rechtspopulistisch oder AfD zu sein. Der bewusste Verzicht auf Trennschärfe zwischen indiskutablen Entgleisungen einzelner Mitglieder und dem programmatischen Bestand einer Bewegung ist nach meiner Beobachtung ein

Spezifikum des linken Kampfes »gegen Rechts«, das sich bei der Auseinandersetzung mit linken Subkulturen kaum feststellen lässt. Hier wird zu Recht zwischen gewaltbereiten Randalierern und unschädlichen Milieus unterschieden, wie man etwa an der Duldung der »Roten Flora« in Hamburg sehen kann. Das Versagen des »humanen Kompasses«, wie Ralph Giordano es einmal genannt hat, darf sich auf keiner Seite des politischen Spektrums wiederholen.

Das Volk hat mehr Stimme bekommen

Die Dringlichkeit einer intensiveren Auseinandersetzung mit dem Populismus ergibt sich aber auch aus einem anderen Umstand: Der öffentliche Raum, in dem wir in den westlichen Demokratien die Belange unseres Gemeinwesens aus- und verhandeln, ist nicht mehr der gleiche wie noch vor zehn oder fünfzehn Jahren. Die umfassende Digitalisierung aller Gesellschaftsbereiche hat gerade populistischen Bewegungen, die früher kontrolliert vom Zugang zu öffentlicher Wirksamkeit ferngehalten werden konnten, im Internet völlig neue Möglichkeiten und Reichweiten eröffnet.

»Das Volk hat mehr Stimme bekommen«, stöhnte der Kabarettist Dieter Nuhr vor einiger Zeit in der Talk-Sendung »Markus Lanz« mit Blick auf AfD, Populismus und Debattenkultur. Er hatte dabei einen eher resignierenden Unterton, was vermutlich nicht mit verhärteter Volksverachtung zu tun hat, sondern mit der Beobachtung, dass Dumpfes, »der Stammtisch«, sich heute vernehmbar zu Wort meldet, politisch wirksam wird und polit-mediale Eliten die teilweise Rückabwicklung bereits getätigter Emanzipationsgewinne, sicher geglaubter kosmopolitischer und gesellschaftspolitischer Etappenziele befürchten lässt. Zu Recht. Denn die Befürchtungen sind real. Bei populistischen Schockerlebnissen der zurückliegenden Zeit – Brexit, Trump-Wahl, Erfolge des Front National oder der AfD – war eine Spaltung zwischen Stadt und Land, Bildungseliten und einfachen Abschlüssen, gelegentlich auch zwischen Jung und Alt zu beobachten. Geht man dabei in die Tiefe, so wird deutlich, dass die Übereinkünfte vor allem der Metropolen-, Politik- und Wirtschaftseliten mindestens vom unteren Drittel der sozialen Pyramide oft nicht mitgetragen werden: Globalisiertes Wirtschaften mit seinen disruptiven Effekten vor der eigenen Haustür, während sich die Segnungen des Fortschritts für andere auszahlen, Migrationsströme, die vor allem in Europa als Bedrohung der eigenen Identität wahrgenommen werden oder Schleifung der Geschlechterbeziehungen mit teilweise bizarren Auswüchsen, obwohl die übergroße Mehrheit der Menschen dies weder lebt noch als sinnvoll oder dringlich empfindet. All das betrifft Wohlhabende, Intellektuelle und Städter anders und weniger, als einfache Beschäftigte, die froh sind, am Monatsende mit einer schwarzen Null auf dem Girokonto abzuschließen, Fleisch essen, Auto fahren und in heterosexuellen Beziehungen leben.

Dass diese Kluft jetzt so vernehmbar ist und politisch im Umfeld von populistischen Bewegungen aktiv wird, hängt mit einem Umstand zusammen, den die etablierte Politik noch immer nicht vollends begriffen hat: Digitalisierung wird gern im Munde geführt, wenn es um künstliche Intelligenz, schnelles Internet, Blockchain, Computerisierung und Robotisierung von Industrie und Alltag geht. Dass die Digitalisierung vor allem ein massiver Umbruch im gesellschaftspolitischen und partizipatorischen Raum bedeutet, wird inzwischen mehr und mehr geahnt als verstanden. Die Reaktionen darauf kann man allenfalls hilflos nennen.

Die Unionsfraktion im Bundestag zum Beispiel hat den Ausstoß von Pressemitteilungen in letzter Zeit signifikant erhöht. Ein schöner Erfolg, wenn man die E-Mail für die Spitze digitaler Innovation im Jahre 2019 hält. Da Medien diese Art von Informationen so gut wie gar nicht aufgreifen, besteht der einzige Effekt – ironisch gesagt – darin: Die Redaktionen haben jetzt mehr zu löschen, und die Bürger bleiben von Selbstlob und technokratischen Verlautbarungen unbehelligt. Ein hilfloser Versuch, eigene Inhalte zu kommunizieren. Tatsächlich hat die Digitalisierung mit dem Siegeszug des Smartphones, schnellen Netzen und immer besserer Netzabdeckung den öffentlichen demokratischen Diskurs, der ehedem im exklusiv für traditionelle Medien reservierten Raum geführt wurde, bis in kleinste Einheiten »zivilisiert« (lat. *civis*: römischer Volksangehöriger, Städter, Bürger) und privatisiert. Jeder Einzelne kann heute Nachrichten generieren, verbreiten, bewerten und Gleichgesinnte sammeln. Milieus mit eigener Wahrnehmung, eigenen Wahrheiten, Feindbildern und natürlich eigenen Protagonisten finden sich unkompliziert über jegliche Distanz zusammen. Jeder, den etwas umtreibt, kann heute Blogs schreiben, auf Twitter, Facebook, Instagram & Co. seine Sicht verbreiten und damit klassische Medien wie Politik in Zugzwang bringen. Die Deutungshoheit über die aktuellen Dinge haben die klassischen Medien längst nicht mehr oder mussten sie zumindest teilen. Während etwa die AfD und ihr sympathisierendes Umfeld nahezu rund um die Uhr im Netz aktiv ist, haben die Parteien noch keine wirklich effektive Antwort auf Meinungscluster im Internet gefunden. Einige zahme Twitter- und Facebook-Accounts von Parteien und Politikern streuen heute zwar schon Verlautbarungen in die virtuelle Welt, wirklich in Interaktion treten kann man mit ihnen nicht. Zu oft noch möchte der Verantwortliche im Sinne des Presserechts noch jeden Tweet und jeden Kommentar gern abzeichnen und mit der Parteilinie vergleichen. Darauf wartet kein Nutzer mit politischem Überdruck, und er wird sich auch von aseptischen Verlautbarungsplattformen rasch abwenden.

Angela Merkels 70-Jahre-Theorie

Doch worin liegen die Ursachen von Populismen, die in den meisten Fällen als migrationskritische bis -feindliche Bewegungen auftreten, der Europäischen Union (EU) ablehnend gegenüberstehen, den Nationalstaat als Bezugsrahmen hervorheben, häufig aber auch schon ein breiteres gesellschaftspolitisches Sammelsurium kontroverser Themen auf ihre programmatischen Fahnen geschrieben haben?

Kanzlerin Angela Merkel hat dafür eine ganz eigene Erklärung. Sie hat vor einiger Zeit »Die Schlafwandler – Wie Europa in den ersten

Weltkrieg zog« von Christopher Clark gelesen und seitdem bei verschiedenen Gelegenheiten darauf hingewiesen, dass es in der Weltgeschichte etwa alle 70 Jahre zu Brüchen, Verwerfungen oder gar tiefgreifenden Katastrophen komme. Nun mag man über das Aufdecken geheimer historischer Zyklen denken, was man will, es hätte aber immerhin eine gewisse innere Logik, dass 70 Jahre mehr oder weniger die Spanne einer Generation umfassen. Mithin stirbt in der Lesart Merkels alle 70 Jahre eine fundamentale gesellschaftliche Erfahrung faktisch aus und macht den Weg frei für eine gefährliche Sorglosigkeit, die regelmäßig ins Elend, zumindest aber zu Chaos führt.

Besonders deutlich hat sie diese Sicht auf dem Katholikentag in Münster am 11. Mai 2018 erklärt: »Dies ist auch deshalb eine so heikle Zeit, weil diejenigen, die die Schrecken des Zweiten Weltkriegs noch erlebt haben, nicht mehr unter uns sind oder bald nicht mehr unter uns sein werden. Ich habe mich auch einmal mit dem Augsburger Religionsfrieden befasst. Er wurde 1555 geschlossen. Und dann dauerte es auch nur ungefähr ein Lebensalter, bis 1618 lauter neue Akteure am Werk waren, die gedacht haben: Hier kann ich noch eine kleine Forderung mehr stellen, und da kann ich noch ein bisschen härter herangehen. Und schwupp – schon war die ganze Ordnung im Eimer und der Dreißigjährige Krieg brach aus. Die Lehre daraus ist, dass in der Zeit, in der wir jetzt leben, wir unsere Schritte gut überlegen, dass wir besonnen agieren, dass wir in der Sprache klar sind. Meine Antwort heißt: weiterhin ein Bekenntnis zum Multilateralismus.«

Es ist kein neues Phänomen, dass langjährige Regenten in ihren Spät- oder Endphasen in großen geopolitischen oder historischen Bögen zu denken beginnen, in denen sie selbst mehr oder minder deutlich eine zentrale Rolle als Fixpunkt eines verblassenden Koordinatensystems spielen oder zumindest einen Erfahrungsschatz verkörpern, von dem man ahnt, dass er nicht so leicht ersetzbar sein wird. Auch mag es ein beziehungsreicher Zufall sein, dass das Buch des australischen Historikers Christopher Clark »Die Schlafwandler« heißt und die wohl wichtigste Analyse der Ereignisse rund um die Migrationskrise in Deutschland 2015/2016 von Robin Alexander »Die Getriebenen«

betitelt ist. Beides weist auf politische Akteure hin, die nicht souverän handeln, sondern von Ereignissen und den ihnen vermeintlich innewohnenden zwingenden Automatismen auf eine Art geschichtliche Rutschbahn geschickt werden. Es gehört zu Treppenwitzen der jüngeren Politikgeschichte, dass Angela Merkel immer wieder ausdrücklich vor solchen unentrinnbaren Eigendynamiken gewarnt, das Abwarten und Befolgen richtungsweisender Konstellationen aber von Anfang an zu ihrem prägenden Politikstil gemacht hat.

Auf der Suche nach den Ursachen für erstarkenden Populismus ist die 70-Jahre-These der Kanzlerin ein interessanter Hinweis, auch wenn man meiner Ansicht nach eine völlig andere Schlussfolgerung daraus ziehen muss: Die überkommenen Regeln tragen für eine neue Generation nach dieser Zeit nicht mehr oder müssen zumindest mit anderen Mitteln gepflegt und erhalten werden. Die Weltgeschichte kriecht nicht rückwärts, legt aber ihren zu eng gewordenen Krebspanzer zugunsten einer neuen, passenden, von nun an tragenden Außenhaut ab. Zum gesellschaftlichen Innendruck, der diese politische Häutung anzeigt, gehören disruptive Strömungen wie die populistischen Bewegungen unserer Tage. Wer nationale oder internationale Zerreißproben vermeiden will, muss auf sie reagieren, statt sie nur zu bekämpfen.

Ein schonungslos realistischer Blick ist dabei unerlässlich. War etwa die Ausdehnung der Gruppe der Großen Sieben Industrienationen (G7) mit der Hinzunahme Russlands zur G8 schon ein unsinniger, mechanistischer Akt, so haben sich inzwischen auch die Treffen der restlichen G7 zu nahezu sinnfreien Regenten-Ausflügen entwickelt, deren größte Gemeinsamkeit meist im sogenannten Familienfoto besteht. Entweder man überhebt sich mit Jahrhundertplanungen wie der »Dekarbonisierung« der Welt bis zum Jahr 2100 oder man kann sich nicht im Kleinteiligen nicht einmal über die Bekämpfung von Plastikmüll verständigen, wobei nicht nur der gern genutzte Sündenbock Donald Trump blockierte, sondern auch Meeresanrainer Japan. Wer also den G7-Prozess erhalten will, sollte nicht an der starren Hülle kleben und auf ebenso windelweiche wie sinnfreie Abschlusspapiere setzen, sondern weltweite Interessenallianzen neu denken und gegebenenfalls neu schmieden.

Das geeinte Europa lässt sich nicht erzwingen

Analog verhält es sich mit der Europäischen Union, die sich in Popularität, Sinn und Zweck nur erhalten lässt, wenn man nicht starr an alten Glaubenssätzen einer immer engeren, immer intensiveren Verflechtung festhält, die derzeit im Grunde niemand wirklich will oder nur zu jeweils eigenem Vorteil. Anders als etwa beim dogmatischen Ansatz des »historischen Materialismus«, der eine vermeintlich vorwärts verlaufende Zwangsläufigkeit wissenschaftlich zu begründen suchte, besteht der Vorteil freiheitlicher Gesellschaftsmodelle und Verbünde gerade darin, nicht an lineare Missionen und Prozesse gebunden zu sein, sondern natürliche Evolution auf die gewünschten Ziele gewissermaßen zulaufen zu lassen. Mit anderen Worten: Wer den Gedanken der europäischen Einigung erhalten will, muss sich auch von engerer Verschmelzung oder Erweiterung der EU so lange lösen, bis diese sich im schrittweisen Fortgang der Dinge ergeben haben. Bislang ging man gern genau andersherum vor, schuf erst gemeinsame Institutionen und setzte darauf, dass Emotionalität, Plausibilität und Rationalität sich den Europäern dann schon nachträglich erschlössen und sie in die »richtige« Richtung drängten bzw. mitnähmen. Beim Euro wäre das fast schiefgegangen, und auch bei der permanenten Erweiterung der EU hat sich die erhoffte Logik in der Praxis häufig nicht bewahrheitet, dass man Beitrittskandidaten zuerst mit der Aufnahme belohnt und diese dann die nötigen Reformen aus nachholender Dankbarkeit zu Ende führen. Das Gegenteil war meist der Fall. Die Reformbemühungen wurden nach dem Beitritt eingestellt. So hat Kroatien die zugesagte Reform seiner Judikative nach dem Beitritt sträflich schleifen lassen, und der versprochene Kampf gegen die Korruption entfiel im Falle Rumäniens so nachhaltig, dass die EU-Ratspräsidentschaft Bukarests im Jahr 2019 im Vergleich zum Londoner Brexit-Gewürge eigentlich der größere Skandal ist.

Kurz: Das Zusammenwachsen des alten Kontinents braucht Zeit, keine Hast, und fröhliches Nebeneinanderleben trägt mitunter mehr zum Gemeinschaftsgefühl bei als ein gemeinsamer Finanzminister oder eine gemeinsame europäische Sozialversicherung. Und dass in einer freiheitlich verfassten Gemeinschaft auch Rückschritte möglich sind, ist ein Fortschritt. Der Brexit ist keine Katastrophe, sondern ein Lebenszeichen der EU. Wir stehen auch hier an einer Schwelle, wo der europäische Geist nicht mit den alten Strukturen und Blaupausen erhalten werden kann, sondern mit neuen Wegen. Andernfalls werden populistische Strömungen die erstarrten Krusten zerschlagen und im schlimmsten Fall den guten Kern des Projekts gleich mit.

Migration ist ein Katalysator für diese Art der Zersetzung. Die deutsche Asylkrise im späten Frühjahr 2018 hat das mehr als eindringlich vor Augen geführt: Während der deutsche Innenminister Horst Seehofer (CSU) einen kleinen, symbolisch ausgewählten Personenkreis von Migranten (jene, die bereits in anderen EU-Staaten registriert sind) an den Grenzen abweisen wollte, um Handlungsfähigkeit und Begrenzung von Migration zu demonstrieren, versuchte Kanzlerin Angela Merkel (CDU) zuvörderst, die europäischen Regelwerke zu erhalten. Und bewirkte das Gegenteil. Denn an den Grenzen hätte sich durch Seehofers Vorgehen im Grunde spürbar nichts verändert, während die Signalwirkung an die eigene Bevölkerung im besten Falle zur Beruhigung der Stimmungslage beigetragen hätte. Merkel jedoch bestand darauf, innereuropäische Absprachen mit allen möglichen Rücknahmeländern der Abgewiesenen zu treffen. Sie organisierte einen Sondergipfel in Brüssel, der nicht so heißen durfte und außer losen Gesprächszusagen nichts brachte, setzte am Ende ihre Vorstellung innereuropäischer Übereinkünfte durch und verfestigte gleichzeitig gerade bei der migrationskritischen, populismusgeneigten Klientel im eigenen Land die Ahnung, dass diese EU mit Schengen- und Dublin-System nicht willens und in der Lage sei, effektiv gegen illegale Zuwanderung auch nur Zeichen zu setzen. Alle unregistrierten Migranten wären schließlich ohnehin weiter aufgenommen worden, die registrierten nun also zunächst auch weiter. »Das Migrationsthema ist zum Inbegriff staatlicher Ohnmacht geworden«, bilanzierte Allensbach-Chefin Renate Köcher trocken in der *FAZ* (18. Juli 2018). Nur 9 Prozent der Deutschen sind demnach überzeugt, dass die Bundesregierung die Herausforderungen der Migration in den Griff bekommen könne, knapp die Hälfte der Bürger hat in dieser Hinsicht begrenztes Vertrauen, 33 Prozent keinerlei. Dass in der Folgezeit die Umfragewerte der AfD in die Höhe gingen, sogar die SPD überholten, konnte da schon niemanden mehr wirklich überraschen.

Womit wir bei einem weiteren, gern wiederholten aber nur selten beherzigten Kernsatz wären: Wer die freiheitlichen und demokratischen Ziele im Auge behalten will, muss die Probleme lösen, die populistische Bewegungen artikulieren. Wer Migration und Grenzen nicht kontrollieren kann, wird die offenen Grenzen verlieren. Merkels 70-Jahre-Umbruch-Theorie wird sich erfüllen, wenn die politischen Akteure auf die alten Postulate und Institutionen setzen, und sie lässt sich widerlegen, wenn die treibenden Themen hinter den populistischen Strömungen aufgegriffen und bearbeitet werden.

Die alte Welt verabschiedet sich

Das gilt national wie international. Wer, wie die Kanzlerin und die meisten europäischen Regierungen, den Multilateralismus erhalten will, muss sich zunächst die Frage stellen, ob er überhaupt erhaltbar ist. Die besten internationalen Übereinkünfte bei Handel, Völkerrecht oder militärischen Verbünden nützen nichts, wenn die Zahl der Soloakteure immer größer wird. Wo USA, China, Türkei, Russland und andere sich nicht mehr in gemeinsame Verbindlichkeiten einordnen, tut man gut daran, nach neuen Ordnungsprinzipien zu suchen, die zu den Erwartungen der Menschen passen. Geschichte und Politik kennen keine Einbahnstraßen, und wenn, nur als Sackgassen.

Einleitung: Lasst uns Populisten sein

Eine Ahnung von Zeitenwende mischt sich immer wieder ins öffentliche Unterbewusstsein, ohne dass klar wäre, wohin die Reise geht, noch wie darauf zu reagieren wäre. »Einem marodierenden Söldnertrupp gleich zieht Donald Trump mit einer Entourage durch Europa, zerstört Gewissheiten und Institutionen, verbrennt Freundschaften und eine 70 Jahre alte Ordnung. Zeiten des Umbruchs sind das, Zeiten der Ungewissheit und der Sorge, weil sich in atemberaubender Schnelligkeit eine alte Welt verabschiedet, ohne dass die neue zu erkennen wäre«, schreibt Stefan Kornelius in der *SZ* (14. Juli 2018). In dem Willen, das Alte, Bekannte, Vertraute zu halten, greift man auf einen alten Mechanismus zurück, der noch aus der Endphase des realen Sozialismus in Erinnerung ist und schon damals versagte: Man verwechselt die organisatorischen, administrativen Hüllen und Erscheinungsformen von Parteienstaat, EU, NATO, Welthandelsregime etc. mit deren bewahrenswertem Inhalt. So, wie damals die realsozialistischen Staaten sich selbst mit der vermeintlich unantastbaren sozialistischen Idee gleichsetzten und sich damit unantastbar wähnten, werden Parteiendemokratie, Europäische Union, NATO etc. ihr Schicksal besiegeln, wenn sie die bekannten Erscheinungsformen mit den jeweiligen Ideen verwechseln.

Die in ihrer Dimension von Kanzlerin Angela Merkel völlig unterschätzte Migrationskrise, die 2015 ihren Ausgang nahm, hat sich zu einer veritablen Vertrauenskrise der Demokratie westeuropäischen Zuschnitts entwickelt. Digitalisierung und Vernetzung katalysieren diese Erosionsprozesse und setzen die Eckpunkte der Gesellschaft neu. Es sind viele kleine Zeichen im politischen Alltag, die sich mehr und mehr zu einem großen Menetekel zusammensetzen: Leere Formelkompromisse auf höchster politischer Ebene, gesellschaftliche Lebenslügen vom angeblich postnationalen Zeitalter bis zum Gender Mainstreaming, Spaltungsprozesse in der Parteienlandschaft bis hin zu einer Sprache, die im Sinne idealistischer Weltverbesserung immer penetranter kuratiert werden soll. Der Populismus ist nur ein Symptom dieses Umbruchs, wenn auch das Offensichtlichste. »Noch ist Deutschland in einem Zwischenreich, das Alte ist nicht vergangen und das neue noch nicht da«, schreibt René Pfister (*Der Spiegel*, Nr. 30/2018).

Zeit für eine Bestandsaufnahme. Zeit, das Zwischenreich zu verlassen. Zeit für die Volksvertreter, das Volk zu vertreten und sich den Populismus zurückzuholen. Oder um es mit einem abgewandelten Zitat von Franz Josef Strauß zu sagen: Rechts und links von bürgerlicher Politik darf es keinen demokratisch legitimierten Populismus geben. Lasst uns Populisten sein.

Vergesst die Populisten: Populismus gibt es eigentlich gar nicht

In deutschen Talkshows spielten sich im Jahr 2000 denkwürdige Szenen ab. Am 3. Oktober des Vorjahres hatte es die rechtsnationale FPÖ von Jörg Haider bei den Nationalratswahlen in Österreich nahezu stimmengleich mit der konservativen ÖVP (beide 26,91 Prozent) auf Platz zwei im Parteiengefüge gebracht. Davor rangierte nur noch die SPD mit 33,15 Prozent. Als sich wenig später eine gemeinsame Regierung aus ÖVP und FPÖ bildete, war ein Skandal perfekt, wie ihn das friedliche Nachkriegseuropa lange nicht gesehen hatte. Israel zog seinen Botschafter ab, europäische Nachbarländer schränkten die diplomatischen Beziehungen ein, die EU wollte die Vertreter Wiens nicht mehr auf gemeinsame Gipfel-Fotos lassen und das deutsche Fernsehen kannte nur eine Mission: Das personifizierte Böse in Gestalt von FPÖ-Chef Jörg Haider musste »entzaubert«, »demaskiert« und natürlich »entlarvt« werden. Anlässe und umstrittene Äußerungen Haiders gab es genug, nur vermengten sich moralische Überlegenheitsgefühle und atemlose Endzeitstimmung offenbar zu einer veritablen intellektuellen Blockade bei den wackeren Talkshow-Recken.

Bei einer denkwürdigen Sendung »Talk in Berlin« mit Erich Böhme Anfang Februar 2000 trugen sich Dialoge wie diese zu (Günther Hörbst, Hamburger Abendblatt, 8. Februar 2000):

Böhme zu Haider: »Sie haben Österreich als politische Missgeburt bezeichnet.«

Haider: »Ich habe gesagt, der Begriff der österreichischen Nation ist eine Missgeburt. Sie haben schlecht recherchiert, Herr Böhme.«

Etwas später. Böhme: »Sie haben gesagt, Maastricht sei die Fortsetzung von Versailles ohne Krieg.«

Haider: »Das habe ich nie gesagt. Ich weiß nicht, wie Sie dazu kommen.«

Böhme: »Ja, das weiß ich auch nicht ...« Die Redaktion hatte es wohl aufgeschrieben.

Oder Böhme: »In der österreichischen Verfassung gibt es einen Artikel, der den Anschluss an Deutschland verbietet. Sie haben beantragt, ihn zu streichen.«

Haider: »Wo haben's denn dös wieder her?«

Böhme: »Nachgelesen. In den fünfziger Jahren ...«

Haider: »1950 wurde ich geboren. Wie soll ich da eine Verfassungsänderung beantragt haben?«

SPD-Medienpolitiker Freimut Duve: »Sie haben Ihre eigene Schwester zur Ministerin vorgeschlagen.«

Haider: »Nein.«

Duve: »Haben Sie nicht?«

Haider: »Nein.«

Aus dem erhofften Grillfest mit dem Rechten auf dem Rost wurde nichts. Stattdessen kam der Schriftsteller Ralph Giordano nach länglichen Ausführungen zu dem eher dürftigen Fazit: »Ja, der Haider ist ein politischer Bösewicht, aber er hat nicht das Zeug zu einem großen politischen Bösewicht.«

Der Kolumnist Harald Martenstein (*Der Tagesspiegel*, 7. Februar 2000) schrieb damals: »Wie sollen die Medien mit Jörg Haider umgehen? Es hat sich in Deutschland ein ziemlich kriegerisches Vokabular durchgesetzt: Angeblich kommt es darauf an, Haider ›die Maske vom Gesicht zu reißen‹, ihn ›in die Ecke zu treiben‹, ihn zu ›entzaubern‹. Man will als Interviewer von Haider nichts erfahren. Man will gegen ihn kämpfen und siegen. Ein Journalist, der Haider interviewt, tut folglich gut daran, böse auszusehen – wie es besonders Furcht einflößend die Drachentöter Sigmund Gottlieb und Marion van Haaren in der ARD vorgeführt haben.

Aber so steht es nicht in den journalistischen Lehrbüchern. Jeder Interviewpartner hat, im Gegenteil, Anspruch auf ein gewisses Maß an Unvoreingenommenheit, sogar Fairness. Oder soll man Haider am Besten gar nicht interviewen, ihm kein Forum bieten, wie einige verlangt haben? In einer Medienlandschaft, in der Fernsehinterviews mit verurteilten Mördern und ehemaligen Diktatoren zum Alltag gehören, wirkt diese Forderung ein wenig weltfremd. Nein, der erste Schaden, den Jörg Haider nachweislich angerichtet hat, ist ein Dachschaden an jenem Haus, in dem das journalistische Ethos wohnt. Aber dafür kann Haider nichts.«

Der in diesem Fall zuletzt lachende Jörg Haider gab nach der Sendung eifrig Autogramme. Sein lächelnd und in gemütlicher Mundart vorgetragener Triumph klingt bis heute nach. Denn dass das Schlagwort vom Rechtspopulismus um die Jahrtausendwende seine bis heute anhaltende Konjunktur feierte, ist in besonderem Maße Haider zu verdanken. Der Rückgriff auf die Vokabel des »Rechtspopulismus« war aus der Not der Tugendhaften geboren, die den FPÖ-Chef damals juristisch nicht zu fassen bekamen. Wann immer man ihm Etiketten wie Nazi, Neonazi, rechtsradikal, rechtsextrem anzukleben versuchte, klagte Haider und gewann Prozesse in Serie gegen österreichische und deutsche Medien, die dies fürderhin unterlassen mussten. Allein die politische Unschärfe des Begriffs »Rechtspopulist« ließen die Richter durchgehen.

Populismus als Stigmawort – wertgeladen und unpräzise

Gibt es also Rechtspopulismus überhaupt jenseits der Notgeburt als tagespolitischer Kampfbegriff zur Vertotschlagwortung missliebiger Strömungen? Wer sich die einschlägigen Definitionen und Abhandlungen über den Begriff ansieht, kommt schnell zu dem Schluss, dass die Autoren vor allem eine Sammlung zusammentragen, deren unterschiedlichen Spielarten und Inhalte sie bei den Streifzügen durch die politische Landschaft gefunden haben. Eine kategoriale Festlegung, welche Merkmale den »Rechtspopulismus« ausmachen, fällt den Politikwissenschaftlern ganz offensichtlich schwer. Zwar tauchen Globalisierungskritik, Rückzug auf nationale und ethnische Rahmen, Euro- und Europakritik ebenso häufig auf wie Migrationskontrolle, starke Betonung sozialer Fürsorge und die Forderung nach plebiszitären Elementen, aber allein schon die Zuordnung zu bestimmten Parteienfamilien wirft große systematische Probleme auf. So werden stark nationalistische und autokratische Bewegungen Lateinamerikas nicht zum Rechtspopulismus gezählt, sozialdemokratische Parteien (etwa in der Slowakei), liberale (FPÖ in Österreich, FIDESZ in Ungarn) und Lega (Italien), Rassemblement National (Frankreich) oder AfD in Deutschland aber sehr wohl. Die katalanischen Separatisten gehören der Grünen-Parteienfamilie an. Selbst die Bundeszentrale für politische Bildung verweist darauf, dass das Wort »Populismus« ein »Stigmawort« sei und zwei Probleme mit sich bringe: »Das Wort ›Populismus‹ ist außerordentlich wertgeladen und noch dazu unpräzise.«

Die Bundeszentrale fasst das gut zusammen: »Die mit dem Populismus-Vorwurf einhergehenden Assoziationen reichen von ›Stammtisch-Niveau‹ bis hin zu ›Demagogie‹. Der angebliche Populist zielt in dieser Sichtweise darauf ab, die Gunst der Massen zu erringen, indem er Versprechungen macht, ohne auf deren Umsetzbarkeit zu achten. Versteht man Populismus in diesem Sinne vor allem als ein Stilmittel, das auf eine größtmögliche mediale Aufmerksamkeit abzielt, so kann man den Populismus-Vorwurf durch Politiker selbst als ›populistisch‹ bezeichnen.«

Je nach Intention der Verwender des Terminus' reicht der vermeintliche Rechtspopulismus von Lebensschützern über klassische Konservative, Europa- und Klimaskeptiker bis hin zu Gegnern der »Ehe für alle« oder NPD-Anhängern und Neonazis. Mit anderen Worten: »Rechtspopulismus« ist (auch), wie so vieles im politischen Geschäft, ein Kampfbegriff, mit dem das gegnerische Lager die Definitionshoheit beansprucht.

Es beginnt schon damit, dass die analoge Verschwommenheit im linken Lager und beim Linkspopulismus trotz identischer Mechanismen eher positiv besetzt ist. Während »Deutschland erwache« völlig zu Recht für bürgerliche Menschen indiziert ist, lässt man mehr oder weniger explizit vorgetragene Fantasien zum Kampf gegen Deutschland, die Deutschen und das Deutschsein als – nun ja – etwas derbe Mittel beim »Kampf gegen Rechts« augenzwinkernd durchgehen. Das Ausmaß der medialen Empörung ist deutlich geringer, wird nicht selten mit einem gewissen Augenrollen gegenüber den Kritikern aufgenommen, die ganz offensichtlich ein wenig jugendlichen Überschwang für die gute Sache kleinlich auf die Worte-Waage legen. Motto: Waren wir nicht alle mal jung (und links)?

Als 2015 Bundestagsvizepräsidentin Claudia Roth (Grüne) bei einer Anti-AfD-Demonstration mitmarschiert, bei der »Deutschland, du mieses Stück Scheiße« und »Deutschland verrecke« skandiert wurde, gab es lange Debatten, ob sie sich denn nun davon distanzieren müsse, weil die AfD dies verlange. Auf die naheliegende Antwort kamen die Grünen nicht. Nein, nicht wegen der AfD, sondern um der Grünen selbst willen.

Der frühere Bundesjustizminister Heiko Maas (SPD) lobte eine Band, die vom Verfassungsschutz beobachtet wird, und über die das Internet-Portal »laut.de« schreibt: »Zwei stolze Seiten widmet der Verfassungsschutz Mecklenburg-Vorpommern Feine Sahne Fischfilet in seinem Bericht 2011. Die Band sei ›explizit anti-staatlich‹, wolle ›staatliche Strukturen auflösen‹ und sehe Gewalt als ›legitime Handlungsoption in der Auseinandersetzung mit dem politischen Gegner‹. Feine Sahne Fischfilet sind also eine richtige Punk-Combo mit allem, das dazu gehört: Schrammel-Mucke, Antifa und Bier.« Man stelle sich eine vergleichbar gemütliche Passage für eine Rechtsrock-Band vor. Und Linkspopulismus in Gestalt von Rentenversprechen, Steuergeschenken und Beschwörungen des »kleinen Mannes« ist ohnehin gesellschaftsfähig.

Dass ein Online-Magazin allgemein akzeptiert einen solchen Ton anschlägt, steht nicht für »die Politik« in Deutschland, aber es ist ein Indiz für die Ungleichgewichtung linker und rechter Schattierungen gerade auch im soziokulturellen Bereich. Am antibürgerlichen Affekt der Band und ihren Schwierigkeiten, eine klare Grenze zur Gewaltverherrlichung zu ziehen, hat sich im Übrigen bis heute wenig geändert, was Bundespräsident Frank-Walter Steinmeier nicht davon abhielt, den Maas'schen Missgriff in Gestalt einer Empfehlung für das Anti-Rechts-Konzert in Chemnitz 2018 zu wiederholen. Lediglich die Bauhaus-Stiftung lud »FSF« von einer Veranstaltung aus – und wurde dafür heftig kritisiert.

Wie also umgehen mit einem Begriff wie rechtspopulistisch? Die gemeinten Rechtspopulisten selbst sind sich da nicht einig. Während AfD-Chef Alexander Gauland die Einordnung als eine Art lobendes und werbendes Signalwort im nicht linken Anti-Establishment-Milieu versteht, dessen Verwendung bei Anhängern und Verwendern klare Reflexe auslöst, tun sich andere AfD-Aktivisten schwer damit, die Paria-Rubrizierung zu akzeptieren, die externe Kommentatoren mit dem Begriff erreichen wollen. Nun funktioniert Politik nicht ohne eine mehr oder weniger grobe Rasterung, wenn man Meinungen bündeln und Anhänger sammeln will, nur ist im Falle des Rechtspopulismus' schon auffällig, dass die Definitionshoheit darüber, was »rechts« sei, seit Langem von Linken beansprucht und im Grunde auch recht erfolgreich ausgeübt wird.

Überall Wegbereiter, Brandstifter, fruchtbare Schöße

Nun könnte man einwenden: Rechtspopulisten beanspruchten auch die Definitionshoheit darüber, wer etwa ein »links-grün versiffter Gutmensch« sei. Stimmt. Nur ist bereits diese Wortwahl eben NICHT gesellschaftsfähig und auch nicht politisch wirksam, während der »Kampf gegen Rechts«, »Rock gegen Rechts« und andere Aktionen den offiziellen öffentlichen Raum längst trotz oder wegen der politischen Unschärfe erobert haben. Wenn Deutschlandfunk Kultur den Slogan »Nazis raus!« als Tweet an »alle Trolle und Rechten« versendet (Januar 2019), dann wird man nach analog kraftvollen Absagen an Linksautonome, schwarze Blöcke oder Ähnliche lange suchen müssen.

Während sich Linke mit den ihnen zugewiesenen Kernmerkmalen (kollektivistische Ansätze, Umverteilung, idealistisches Menschenbild, antinationale, antistaatliche, antibürgerliche Ansätze, etc.) selbst meist zutreffend beschrieben sehen, beanspruchen die verschiedenen konservativen, liberalen bis stark nationalen Bewegungen der Rechten einen sehr viel differenzierteren Blick für sich, verorten sich eher in der Mitte des politischen Spektrums und wollen sich nicht in ein braunstichiges Gesamtfeindbild pressen lassen. Zumindest, wenn man sich um eine realistische Analyse bemüht. So ist etwa »der Flügel« von Björn Höcke in der AfD klar nationalistisch geprägt, steht aber auch aus Sicht des Verfassungsschutzes nicht für die Gesamtpartei, die ursprünglich eher wirtschaftsliberal und eurokritisch dominiert war. Die konservativ-liberale Partei des Tschechischen Premiers Andrej Babis gehört zu den Liberalen im Europaparlament, und wo genau die durchaus populistische Gelbwesten-Bewegung in Frankreich steht, ist noch nicht ganz klar.

Die feindselige Zusammenfassung alles Rechten verharmlost in ihrer Unschärfe die tatsächlich gefährlichen Randbewegungen im weiten Lager rechts der Mitte, sortiert sie gewissermaßen schützend ins bürgerliche Lager ein und versucht auf diese Weise mit taktischem Geschick, einen wichtigen Flügel des politischen Wettbewerbs zu delegitimieren. Nach dem Motto: Was nicht selbst »Nazi« ist, gilt zumindest als Wegbereiter, geistiger Brandstifter, fruchtbarer Schoß oder Anfang, dem man wehren muss. Was im politischen Lagerkampf eine durchaus raffinierte Taktik darstellen mag, ist langfristig für die Demokratie tödlich. Es treibt die viel beklagte »Spaltung der Gesellschaft« von links auf die Spitze, weil die Gleichsetzung von »rechts« mit »Nazi« zumindest in Deutschland nicht nur am linken Rand der Gesellschaft, sondern bis weit in die Mitte hinein, den ultimative Kampfreflex auslöst, dem schlechthin Bösen unter Einsatz jedweder Mittel zu wehren. Die Formel vom »Nie wieder!« wird ins Jetzt und Hier übertragen und soll den einmal schon historisch verlorenen Kampf der Zivilgesellschaft gegen das Hitler-Regime nachholend und zur eigenen Rehabilitation gegen Gauland/Weidel, Le Pen, Wilders & Co. gewinnen. Das ist so unsinnig wie aussichtslos und wird in entsprechend motivierten linken Milieus kaum verstanden. Wer Staatlichkeit und staatlichen Strukturen ohnehin feindlich bis ablehnend gegenübersteht, ist nicht empfänglich für Appelle um Verständnis für das Bewahren des bislang funktionierenden gesellschaftlichen Ganzen.

Doch um an dieser Stelle kein Missverständnis aufkommen zu lassen: Wenn Bürgerliche die Hegemonie linker Ideen und die schändliche »Faschistisierung« konservativer Ansätze im tagespolitischen Meinungskampf beklagen, sind nicht die Attacken der Linken schuld am unguten Zeitgeist, sondern es ist die Schwäche der Bürgerlichen. Wie so oft in der Geschichte, ist es die bürgerliche Mitte, die den Rändern keine oder zu wenig Gegenwehr entgegensetzt.

Die Klage über die unterschiedliche Vitalität der politischen Lager ist schon oft geführt worden. Eine gewisse Links-Grün-Affinität der Medien (auf die wir später noch zu sprechen kommen werden) wird da gern als Ursache genannt, die Kanzlerin mit ihrer Mitte-Zentrierung, der Zeitgeist, die Verinselung und Zersplitterung der politischen Landschaft nach dem Ende des Kalten Krieges ... An all dem ist etwas dran. Man kann, darf und muss dem bürgerlich-konservativen Lager an dieser Stelle aber auch immer wieder die eigene Verantwortung vor Augen halten. Gerade eine politische Bewegung, zu deren ethisch-philosophischen Fixpunkten der freie Mensch im christlichen Wertegefüge gehört, darf die viel beschworene »Geschlossenheit« immer nur zur Erreichung einzelner machttaktischer Ziele beschwören und durchsetzen. Alles andere macht die Vokabel zur salonfähigen Umschreibung für politischen Gleichschritt, der Bürgerlichen nicht nur wesensfremd, sondern auch zutiefst zuwider sein sollte.

Um es klar zu sagen: Gerade in der Union hat sich in den zurückliegenden Jahren eine Form von Duckmäusertum breitgemacht, ein

Mangel an Bekennertum und Konsequenz im Verfolgen der eigenen Überzeugungen, der analog zur Migrationspolitik einer eingehenden Aufarbeitung bedürfte. Wer für die freiheitliche Demokratie eintritt, kann und darf sich im Streitfalle nicht erst dann aus der Deckung wagen, wenn die amtierende Kanzlerin ihren Parteivorsitz abgegeben hat.

Es sind die immer wieder seit 2015 als »Aufstand« in der Bundestagsfraktion beschriebenen heftigen Debatten, die Zeichen hätten sein müssen für den Spannungsaufbau in der inneren Tektonik des eigenen Lagers. Warum blieb ein so großer Teil der Unionsbasis, aber auch der Funktionäre politisch inaktiv und bekannte den Dissenz zur eigenen Spitze lediglich hinter vorgehaltener Hand? In der Tasche geballte Fäuste sind auch Demokratieversagen.

Verstummte Alarmglocken in der Union

Es sind Vorkommnisse wie die Nichtnominierung des erfolgreichen Juristen Sascha Ott (CDU) als Justizminister in Mecklenburg-Vorpommern aufgrund eines »Likes« auf einer AfD-Seite, die alle Alarmglocken hätten zum Klingen bringen müssen. Es ist die lange schleichend voranschreitende Entfremdung der früheren Vertriebenen-Chefin Erika Steinbach von der Union, die zumindest intern hätte Nachdenklichkeit auslösen müssen. Es ist das Aufwachsen konservativer Gruppierungen in der Union in allen Bundesländern, die in einem nicht eben revolutionsaffinen Milieu eine fast schon beunruhigende Vitalität signalisierte. Und selbst die Übertritte von der Union zur AfD werden kluge Parteistrategen als Erosion erkennen, wenngleich die pflichtgemäße Rollenausübung selbstverständlich auch hier öffentlich die Geißelung jedweden Abweichlertums verlangt.

Es gehört zu den tragischen Wendungen der jüngeren Geschichte, dass die Union als bislang größter Vertreter des bürgerlichen Lagers, weder von der Spitze her auf frühe Zeichen reagierte, noch vonseiten der Basis. Die Auswahl geeigneter Querköpfe an der Spitze der Konrad-Adenauer-Stiftung beispielsweise hätte es ermöglicht, sich in gleicher Weise mit der Sichtung und Integration konservativer Strömungen zu befassen, wie es im Bereich der Gesellschaftspolitik der linken Mitte unter Kanzlerin Angela Merkel immer wieder geschehen ist. Es hätte allerdings die Einsicht vorausgesetzt, dass dies überhaupt eine Lebensader der Union darstellt. Stattdessen hat die Besetzung des KAS Chefs mit dem verdienten Europa-Opa Hans-Gert Pöttering (CDU) die größte »Denk-Fabrik« der Union zu einer Produktionsstätte ohne Produkt gemacht. Zumindest, wenn man das Denken in Richtung Kanzleramt einmal beiseitelässt. Und von der Unionsbasis war es mit dem Bekennermut auch nicht weit her. Wer Statur und Möglichkeiten hatte (Roland Koch, Friedrich Merz) verschwand oder ordnete sich fügsam sein, sodass die Spitzengremien zumindest der CDU längst zum Applausverein des Tageskurses verkamen und Kritiker in die bequeme Nebenrolle der »üblichen Verdächtigen« gedrängt werden konnten.

Nun müssten die strategischen Entscheidungen und (Fehl-)Entwicklungen von Parteien niemanden weiter interessieren, trügen sie nicht im vereinsfixierten Deutschland so zentral zur geistigen Pflege der jeweiligen politischen Milieus bei. Über die parteinahen Stiftungen, gesellschaftliche Verflechtungen mit Gewerkschaften und Verbänden, wissenschaftliche Mitarbeiter etc. ordnen und konzentrieren Parteien die geistigen Strömungen der Zeit, bündeln sie und machen sie zum politischen Werkstoff. Fällt eine Partei für die Beackerung ihres angestammten Feldes aus, so macht sich Wildwuchs breit. Die populistischen Bewegungen Europas und anderswo haben aufgegriffen, was liegen blieb. Und es gehört zu den normalen Erscheinungen, dass sich Abspaltungen radikal abgrenzen, wie Kinder sich von Eltern abnabeln, Überläufer die Flauheit ihrer Selbstzweifel übertönen und gewiefte Wut-Taktiker instinktiv erkennen, dass man beim Einsammeln von Stimmen nicht wählerisch sein darf, wenn man jene in Bedrängnis bringen will, die sich auf der Kommandobrücke fest eingerichtet haben. Ähnlichkeit wird vom Wähler nicht belohnt.

Im Nachhinein erscheint es geradezu absurd, wenn man sich vor Augen hält, wie in Europa ein Land nach dem anderen sehenden Auges unter den Druck dieser Bewegungen geriet, obwohl die auslösenden Themen überall die gleichen waren: Migration, Europa, Globalisierung. Themen, bei denen jenseits der eingeschlagenen Wege offenbar den politischen Akteuren keine neuen Antworten mehr einfielen. Und es gehört zu den kleinen Volten der Geschichte, dass mit wachsendem Abstand zum realen Sozialismus immer wieder Erinnerungsreflexe aus dessen letzten Tagen vor mir aufblitzen. Während die Bürger der DDR schon zu Tausenden täglich ihrem Land den Rücken kehrten und mit den Füßen für die freie Welt stimmten, war in den gesellschaftlich relevanten Kreisen in Ostberlin noch immer klar, dass es zum Sozialismus nur Ja oder Ja geben könne und dürfe. Den Sozialismus als staatstragende Idee hätte man vielleicht erhalten können, wenn man ihn gewandelt hätte hin zu einem offenen, sozialstaatlichen System, das sich dann freilich in Wahrheit dem westlichen geradezu anverwandelt hätte. Ende der 1980er-Jahre war es dazu freilich längst zu spät, und ich erinnere mich an geradezu absurde Szenen, als die Tochter des Politbüro-Mitglieds Kurt Hager, Nina Hager, uns Fernstudenten aus der Praxis an der Humboldt-Universität noch »sozialistische Ökonomie« lehren wollte, obwohl draußen jeder längst täglich erlebte, dass von dieser Ökonomie nichts mehr übrig geblieben war.

So ähnlich geht es mir beim Betrachten des immer verbisseneren Kampfes der politischen Mitte gegen die Populisten an den Rändern. Mitunter hat der Umgang längst die Form eines aggressiven Wütens angenommen und das Feld des Politischen völlig verlassen. Das beginnt damit, dass die neuen Bewegungen interessanterweise nicht nach ihren politischen Inhalten, sondern nach der von Konkurrenz abschätzig bewerteten Politik-Methode des »Populismus« benannt werden. Abgesehen von den bereits geschilderten juristischen Gründen, scheint hier auch ein subtiler psychologischer Ausgrenzungsmechanismus am Werke zu sein: Man will Populisten gar nicht erst aufs eigene Spielfeld des Politischen lassen, sondern als etwas Extra-Politisches, Bedrohliches, eine Art politische Sekte insinuieren.

Besonders augenfällig wird dies, wenn man mit Politikern über die finanziellen Auswirkungen von Wahlergebnissen redet und sie offen beklagen, dass etwa die AfD ein inzwischen beträchtliches Stück aus dem Kuchen der Parteienfinanzierung für sich herausschneide und demnächst vermutlich sogar in den Genuss von Zuwendungen für ihre parteinahe Stiftung komme. Was dabei gern übersehen wird: Wenn man einen politischen Konkurrenten erst hat so stark werden lassen, dass er Parteienförderung bekommt, hat man die wichtige Vorrunde schon verloren. Auch dass sich der frühere Unionsfraktionschef Volker Kauder lange Zeit weigerte, mit AfD-Leuten auf ein Podium zu gehen, belegt eindrucksvoll ein eher eskapistisches Weltbild. Um es mal vorsichtig auszudrücken.

Wir machen Politik. Die machen Populismus. Eine »raffinierte« Strategie, die allerdings in Zeiten der bürgerlichen Selbstpublikation, der Übernahme des öffentlichen Verhandlungsraumes durch jeden Einzelnen nicht mehr funktioniert. Ausgrenzung durch Nichtzulassung für die demokratische Agora wird heute nicht nur millionenfach im Internet unterlaufen, sondern wird alsbald auch für die Ausgrenzenden peinlich sichtbar. Ausgrenzung setzt heute den Ausgrenzer unter Rechtfertigungsdruck, nicht den Ausgegrenzten.

Und so trifft auf die AfD im Besonderen, aber auch für den Umgang mit Populisten im Allgemeinen zu, was Andreas Ross über den Umgang mit dem US-Präsidenten Donald Trump schreibt (*FAZ*, 30. Juli 2018): »Niemand trägt stärker zum Machterhalt des Präsidenten bei als seine Gegner. Das gilt unabhängig davon, wie gerechtfertigt ihre Kritik in der Sache ist. Wer in Endlosschleife jeden Fehltritt zur Staatskrise, jede Peinlichkeit zur nationalen Schande und jede Normabweichung zur Todsünde erklärt, der schweißt diejenigen zusammen, die Trump ihre Stimme gaben. Die Empörung über die allgemeine Empörung ist der emotionale Kitt, der die Trump-Koalition zusammenhält.«

Ein Effekt, den man durchaus auch bei uns beobachten kann. Das vor allem auf Stabilität ausgerichtete politische System in Deutschland mit seinem personalisierten Verhältniswahlrecht dämpft Verschiebungen in der politischen Landschaft. Nach der erfolgreichen Etablierung der AfD als Euro- und europakritische Partei durch

Bernd Lucke verpasste sie im Gründungsjahr 2013 mit 4,7 Prozent knapp den Einzug in den Bundestag. Allein das wäre aus dem Stand für die Konkurrenz schon mehr als ein Alarmsignal gewesen. Im Zuge der Migrationskrise 2015 zog die Partei bei jeder Landtagswahl in die Regionalparlamente ein. Wer also ein waches Auge auf die politische Unterströmung im Land warf, sah, was kommen würde. Und wurde wahlweise verlacht oder beschimpft. Es gehört zu den Nebeneffekten unseres austarierten politischen Systems, dass es den größeren Parteien der Mitte während des Anwachsens neuer Strömungen noch etwas Luft gibt, darauf zu reagieren, die diese regelmäßig zum Beschimpfen der Mahner und Warner nutzen, weil diese angeblich die Neuen erst stark redeten. Nach dem Motto: »Noch haben die keine Bundestagswahl gewonnen, da muss man sie nicht ernst nehmen«, verstreicht die Zeit ungenutzt. Denn eines ist ebenfalls ehernes Gesetz der Etablierten in Deutschland: Politik oder Themen neuer Mitbewerber darf man angeblich niemals aufgreifen, um diese nicht stärker zu machen. Regelmäßig werden diese dann stärker. Doch der vermeintliche Merksatz gilt weiter.

Beim Wähler verfestigt sich in dieser Aufwuchsphase neuer Kräfte der Eindruck, dass man Denkzettel verteilen könne, so viel man wolle; »die Politik« legt sie zu den anderen und macht weiter. Am deutlichsten wurde dies bei den gescheiterten Koalitionsverhandlungen für eine schwarz-gelb-grüne Jamaika-Koalition aus Union, Grünen und FDP nach dem Wahl-Debakel 2017. Die AfD zog mit 12,6 Prozent in den Bundestag ein, und die restlichen Parteien mischen ein wenig die Farben neu und machen weiter. Die Union, vornehmlich die CDU, unterließ sogar auf ausdrücklichen Wunsch der Vorsitzenden zwei Monate lang nach der Wahl bewusst jegliche Fehlerdiskussion zum Wahlausgang, bei dem sie 10,8 Prozent gegenüber der letzten Wahl verloren hatte. Es passte schlichtweg nicht ins Konzept: Erst standen die Wahlen in Niedersachsen an, da wollte man nicht mitten im Wahlkampf darüber reden, was schiefgelaufen war. Dann begannen die Koalitionsgespräche mit Grünen und FDP – leider wieder kein guter Zeitpunkt, ans Eingemachte zu gehen. Wen wundert es, dass Wähler beim Verfolgen solcher Abläufe, die eigentlich zur Korrektur von Politik und ihren Akteuren gedacht sind, aber willentlich eher als lästige Störung beim Regieren betrachtet werden, zu dem Schluss kommt: Die machen einfach, was sie wollen und nehmen selbst Abstrafung durch den Souverän nicht ernst?

Noch kurioser wurde die Szenerie, wenn man sich die bis heute als großen Erfolg gefeierte Einigung auf ein »Rahmenwerk Migration« innerhalb der Union ansieht, die immerhin nach dem Wahldebakel dann doch möglich wurde. Dabei verständigten sich CDU und CSU darauf, die Zuwanderung künftig auf einen »Richtwert« von 200 000 Personen begrenzen zu wollen, was exakt der zuvor von der CDU-Führung abgelehnten »Obergrenze« der CSU entspricht. Nur heißen durfte es nicht so. Welchem Wahlbürger will man Unmut verdenken, wenn ein Verlust von 10 Prozent dazu führt, das zu beschließen, was die Kanzlerin nie wollte, dann aber auf offener Bühne den eingeführten Namen »Obergrenze« nicht mehr in den Mund zu nehmen? Wer mit solchem Mummenschanz auf offener Bühne sein Gesicht zu wahren versucht, verliert es. Eine verbrämte Korrektur, die keine sein darf, vermittelt nicht den Eindruck, dass »die da oben« irgendetwas verstanden haben.

Mit anderen Worten: Demokratische Regelmechanismen, die als stabilisierendes Element im politischen System gedacht waren, münzen sich so in anhaltenden Frust wachsender Teile des Wahlvolkes um. Es ist deshalb kein Wunder, dass die AfD nach der Bundestagswahl in den Umfragen noch zulegen konnte. Und das trotz einer ganzen Reihe völlig indiskutabler Ausflüge ins nationalsozialistische Gedankengut und weitgehender politischer Null-Performance. Dass die Werte der AfD dennoch wie zementiert bei 15 Prozent oder darüber lagen, ist vor allem mit der Nichtreaktion der Etablierten zu erklären. Protestwähler wollen strafen und lassen sich durch ausdauerndes Stillhalten weder zurückgewinnen noch beruhigen. Solange keine personellen oder politischen Konsequenzen gezogen werden, wird auf die neuen Protestparteien alles an »Systemfrust« projiziert, was sich im gesellschaftlichen Raum findet und aufgestaut hat. Aggression und

Angststarre der anderen Parteien führen so zu anhaltender Scheinriesenhaftigkeit oder sogar zum weiteren Aufwuchs der verhassten Populisten-Konkurrenz.

Jan Ross beschreibt dies wiederum am Beispiel der USA und Donald Trumps sehr treffend: »Die 46-Prozent-Allianz, die Trump 2016 ins Weiße Haus trug, war ungleich breiter. Sie umfasste zig Millionen Amerikaner, denen Trump suspekt bis zuwider war – aber die dann doch lieber für den Bruch mit schwer kalkulierbaren Folgen als für das Weiter-so-Versprechen der Hillary Clinton stimmten.«

Ab wann wird etwas populistisch?

Gibt es Populismus also gar nicht? Ist er nur ein aufgeblasener Popanz? Wirklich präzise lässt sich das natürlich nicht sagen, weil bei historischen und politischen Prozessen keine Labor-Experimente möglich sind, bei denen man alles noch einmal von Anfang an ohne Wissen des bislang Geschehenen und neuen Interaktionen durchspielen kann. Es spricht aber einiges dafür, dass der sogenannte Populismus nicht annähernd so stark wäre, wenn ihm das Versagen der etablierten Kräfte die Wähler nicht geradezu in die Arme triebe.

Einerseits zieht jede politische Bewegung, die zu wahrnehmbarer Größe gekommen ist, immer auch einen gewissen Prozentsatz an Mitläufern an, die nicht mit jeder Faser ihres Körpers für die Inhalte der Bewegung stehen, sondern von Macht, Karriere und dem erhofften Aufbrechen bestehender Verhältnisse fasziniert sind. Es gehört aber auch einiges Stehvermögen dazu, sich zu einer Truppe zu bekennen, die von weiten Teilen der gesellschaftlichen Akteure (Parteien, Gewerkschaften, Verbände, Kirchen etc.) geprügelt wird. Andererseits sind die Programme der jeweiligen Bewegungen aber auch so heterogen, dass sich viele hinter der neuen Kraft versammeln, die im Falle tatsächlicher Prüfung durch Regierungsbeteiligung rasch wieder das Weite suchen würden. Die Spaltungen der AfD, die personellen Querelen beim früheren Front National in Frankreich oder etwa die Wandlung der österreichischen FPÖ von einer liberalen zu einer rechtskonservativen Partei legen davon beredt Zeugnis ab.

Die Frage nach der tatsächlichen Substanz des »Rechtspopulismus« stellt sich aber auch aus anderen Gründen. Da ist zunächst die schwierige Definitionsfrage, ab wann das »seriöse« politische Aufgreifen populärer Zeitgeist-Strömungen in »bösen«, inakzeptablen »Populismus« umschlägt. Wenn man Populismus grob als das Aufgreifen und Aufheizen populärer Stimmungen versteht, als das Agieren mit zu einfachen Lösungen für zu komplizierte Probleme, als kämpferisch-anbiedernde Übernahme der Volksmeinung, unabhängig davon, ob sich die Ziele mit rechtsstaatlichen Mitteln und unter Berücksichtigung demokratischer und internationaler Konventionen erreichen lassen – dann wird es auch für die meisten anderen Politiker und Parteien eng. Gut sichtbar wird das regelmäßig in Wahlkämpfen an den Stellen, wo in Reden Wendungen wie »darum will ich, dass …« oder »es kann nicht sein, dass …« vorkommen. Gern genommen werden auch »wir brauchen …«, »eines muss klar sein …« oder »das muss sich ändern, liebe Freunde« … Ankündigungen, die kaum mehr sind als Bemühenszusagen oder in den meisten Fällen auch nur atmosphärische Signale nach dem Motto: Ich sehe das genauso wie ihr.

Warum ist es kein Populismus, wenn bei der Bundestagswahl 2013 von der Union Kampf gegen Einbrecherbanden gefordert und versprochen wird, das gleiche Thema aber bei der folgenden Wahl 2017 noch immer genauso virulent ist und wieder im Wahlprogramm steht? Warum ist es kein Populismus, wenn Bundespolitiker regelmäßig über Dinge reden, die in Wahrheit in der Hoheit der Länder liegen und von ihnen gar nicht beeinflusst werden können? Warum ist es kein Populismus, wenn statistisch wichtige Wählergruppen wie etwa Rentner mit finanziellen Zusagen bedacht werden, die von künftigen Generationen bezahlt werden müssen? Warum ist es kein Populismus, wenn die Bundeskanzlerin erklärt, der Migrationsstrom von 2015 sei eine »humanitäre Notlage« (und mithin kein Fehler gewesen), dürfe sich aber nicht wiederholen? Mit anderen Worten: Gleichzeitig Flüchtlingshelfern und Migrationskritikern Recht zu geben, sollte kein Populismus sein? Eine Wiederholung auszuschließen, obwohl sich am deutschen Grenzregime so gut wie nichts geändert hat, ist demnach kein Populismus. Und: Wenn 2015 ein »humanitärer Notfall« war, liegt es auf der Hand, dass man bei einem weiteren »humanitären Notfall« natürlich ebenfalls nicht Augen und Herz verschließen können würde.

Was bleibt also übrig vom »Populismus«, wenn man ihn einer harten, kategorischen Abgrenzung unterzöge? Der Verdacht liegt nicht ganz fern, dass die Genrebezeichnung »Populismus« schon deshalb irreführend ist, weil sie in Wahrheit gar nicht Politikstil und -methode beschreibt, sondern hinter dem Wort im Grunde ein Kanon missliebiger politischer Themen und Inhalte versammelt und ausgegrenzt werden soll. Eine politische Kampftechnik, die auch bei anderen Parteien durch das Zuweisen bestimmter Stereotype angewendet wurde und zum Teil funktioniert hat. Sozial kalte Neoliberale, die Grünen als strickende, vegane Ökofreaks, Sozis als unverantwortliche Geldverteiler, Union als reaktionäre Dumpfbacken mit »Heimchen am Herd« und zur Schau gestellter Frömmelei ... Strategisch ausgeklügelte Metaphorik, die an wahren programmatischen Ankerpunkten festmacht, eine raffinierte Rufschädigung nach außen und das Zusammenschweißen der eigenen Anhänger gegen die vermeintlich unterbelichtete Konkurrenz bewirken soll. Je treffsicherer, desto zählebiger und erfolgreicher.

Bei den Populisten ist den Strategieabteilungen der etablierten Parteien offenbar noch nichts wirklich Funktionierendes eingefallen. Ob es besonders clever ist, eine Bewegung mit einer Titelbezeichnung zu belegen, in der mit dem Wortstamm *populus* (lat. Volk) bereits ein Fünkchen Berechtigung enthalten ist. Auch ist die nötige Unterscheidung zwischen »populär« und »Populismus«, die ja erst den gewünschten pejorativen Hintergrund erzeugt, nicht wirklich massentauglich genug, um diejenigen zu erreichen, die dem Populismus anhängen. Ob also die Namensgebung der populistischen Bewegungen von außen geglückt ist oder nicht, im Kern geht es darum, die Themen zu diskreditieren: Rückgriff auf den klassischen Nationenbegriff, restriktive Migrationspolitik, Festhalten an tradierten Gesellschaftsstrukturen und Antiglobalismus.

Was dabei erstaunt, ist die Verbissenheit, die giftige Aggressivität, mit der gegen sie vorgegangen wird. Während freiheitliche Demokratie immer auch von der Gelassenheit lebt, dass sich mehrheitlich durchsetzen werde, was für das Gemeinwesen gewünscht und vorteilhaft ist, brennen im Umgang mit »Populisten« vielerorts im gegnerischen Lager alle Sicherungen durch. Wenn etwa mit Blick auf die soziale Struktur der Anhänger von populistischer Strömungen (wie auch bei den Trump- und Brexit-Unterstützern) nicht nur Bildungsabschlüsse, Stadt-Land- und Jung-Alt-Gefälle untersucht werden, sondern immer wieder auf den Topos des »alten, weißen Mannes« abgehoben wird, der mehrheitlich Populisten unterstütze, dann muss man sich schon fragen, ob hier tatsächlich Emanzipationsgewinne verteidigt werden. Von dem latenten Rassismus (hier einmal tatsächlich im Wortsinne als Markierung der »weißen Rasse«) hinter diesem Begriff einmal abgesehen, so feiern ausgerechnet die selbsternannten Kämpfer der Moderne hier offenbar indirekt die Rückkehr zum Klassenwahlrecht. Oder wie anders soll ein Verweis auf Alter, Geschlecht und Hautfarbe der gegnerischen Wähler verstanden werden, als dass man ihnen im Grunde die Stimmabgabe an der Urne verübelt und insinuiert, dass ohne die Teilnahme alter weißer Männer die politische Welt in Ordnung oder zumindest besser wäre.

Demokratie kennt keinen Numerus clausus. Das über Jahrhunderte hart und blutig erkämpfte Recht auf freie, gleiche und geheime Wahl wird hier leichthin in den Verdacht des Untauglichen gestellt, wenn es die falschen Ergebnisse zeitigt. Ganz offensichtlich sind sich die Antipopulisten der Überlegenheit ihrer Weltsicht doch nicht ganz so sicher, wenn sie ihre Kampf- und Zielgruppen schon nach biologistischen Kriterien aussuchen müssen. Dabei sitzen sie allerdings auch faktisch einem Trugschluss auf: Trump erhielt in den USA durchaus auch Unterstützung von Schwarzen und Latinos. In Deutschland wählten etwa Russlanddeutsche nach einer Studie der Universität Duisburg-Essen zumeist konservativ und zu 15 Prozent AfD. Wähler mit türkischen Wurzeln tendieren zwar mehrheitlich (35 Prozent) zur SPD und Union (20 Prozent). Beide Gruppen neigen aber gleichzeitig stark zur Linkspartei (Russlanddeutsche: 21 Prozent, Türkischstämmige: 16 Prozent). Zieht man ebenfalls die offenkundige Vorliebe für autoritäre Strukturen in Betracht, die sich unter in Deutschland lebenden Türken in Gestalt überdurchschnittlich hoher Werte für die Erdoğan-Partei AKP zeigte, dann sind das starke Indizien dafür, dass die Rechnung »Migrant gleich gut, links und antipopulistisch« am Ende gar nicht aufgehen könnte. Die Fixierung auf alte weiße Männer oder andere »üble« Zeitgenossen, die beim progressiven Marsch in die Moderne stören, dürfte sich als kurzschlüssig erweisen.

Ein anderes Phänomen offenbar blank liegender Nerven im Umgang mit Populisten ist deren Pathologisierung. Nun muss man nicht gleich dunkelste Abschnitte deutscher und etwa sowjetischer Geschichte bemühen, um hier erstaunt und alarmiert zu sein. Es genügt ein Blick in aktuelle Debatten, wo regelmäßig von »Ängsten« die Rede ist, die von Populisten bedient würden. Es wird von Anfang an festgelegt, dass Kritiker der aktuellen Migrationspolitik unter »Xenophobie« litten (!), also von einer Angst (Phobie) vor Fremden und Fremdem getrieben sei. Eine elegante Methode, im Diskurs den Partner zum Patienten zu machen. Und natürlich ergibt sich aus der Terminologie auch die Notwendigkeit zur Therapie. Das Zuweisen einer selbst gestellten Gruppen-Diagnose anstelle sachlicher Auseinandersetzung ist längst zu einem probaten Mittel unduldsamer Rollenzuweisung geworden, um Kritiker aller Art von »Homophobie« bis »Islamophobie« in eine Reihe zu stellen mit bedauernswürdigen Menschen, die unter Höhen- oder Platzangst leiden. In jedem dieser Fälle ist klar: Es ist nicht »normal«, nicht rational, sondern eine Art Tick, die den Betroffenen partiell die Herrschaft über seine Sinne abspricht.

Wer zu solchen Mitteln greift, verlässt nicht nur die Ebene des freien und gleichen Streitgesprächs auf Augenhöhe, sondern tritt bereits vor dem ersten Wort ins verbale Schlammcatchen ein. Das in jüngster Zeit von linker Seite immer wieder an Rechten kritisierte »Framing« (metaphorische Begriffsprägung zur unmerklichen Beeinflussung des Denkens) greift ganz ungeniert auch von links her und gibt sich auch noch wissenschaftlich neutral als vermeintlicher Fachterminus. Dass dieser Begrifflichkeit tatsächlich ein unterschwelliger Umerziehungsgedanke innewohnt, erkennt man an dem vielfach offen vorgetragenen Vorwurf, dass der Widerstand gegen Zuwanderung ausgerechnet dort am größten sei, wo es am wenigsten Ausländer und Migranten gäbe und an Kontakt mit diesen fehle. In dieser Logik erhielte die Berechtigung zu Protest gegen Windräder erst, wer vor der eigenen Haustür eines stehen hätte. Und es verbirgt sich dahinter der Gedanke, dass durch eine Art Kontakttherapie die Betroffenen schon zu einer anderen, »richtigen« Ansicht kommen würden, nach der Methode: Was muss ich tun, damit du endlich meiner Meinung bist?! Auch hier gilt der weise Satz von Kurt Tucholsky: »Das Volk versteht das meiste falsch; aber es fühlt das meiste richtig.« Und ist verstimmt. Der Pegida-Slogan »Wir sind das Volk« ist zwar anmaßend und eine unziemliche historische Kopie, doch es ist in der Tiefe ein Reflex auf die gefühlte Bevormundung durch gesellschaftliche Kräfte, die ihre eigenen Ansichten nicht als Meinung, sondern als Wahrheit (miss)verstehen und andere danach entsprechend herabsetzend behandeln.

    Es wäre für die Rückgewinnung vieler Populistenwähler ein guter Anfang, wenn man ihre Anliegen und Meinungen erst einmal ernst- und annähme, anstatt sie mit latentem Krankheitsverdacht zu belegen. Es sind politische Ansichten und Ziele, die genauso berechtigt sind wie »Angst« vor Folgen des Klimawandels oder Turbokapitalismus. Kehren wir in der Debatte zu gegenseitiger Akzeptanz und Augenhöhe zurück, wenn es auch noch so schwerfällt. Man darf Zuwanderung ablehnen. Man darf ebenso dagegen sein, ein Migrantenheim in der Nachbarschaft zu bekommen, wie man bei jeder anderen kommunalen Ansiedelung Einwände haben kann. Man darf dagegen sein, dass der Islam prägenden Einfluss auf die eigene Gesellschaft erhält, und auch der Welthandel lässt sich durchaus – am besten unter kommunikativer Beteiligung der Öffentlichkeit – immer neu austarieren. Entscheidend ist die Wahl der politischen Mittel, die man zur Artikulation und zum Anstreben seiner Ziele einsetzt.

Was wollen die Wähler der Populisten?

Vielleicht hängt die vielfach zu beobachtende Hilflosigkeit im Umgang mit den neuen Rändern auch mit einem anderen interessanten Effekt zusammen: Dass es Populismus, und Rechtspopulismus umso mehr, überhaupt nicht geben dürfte, er zumindest keine Berechtigung habe, leiten seine Kritiker auch daraus ab, dass zumindest Westeuropa derzeit eine Phase nie da gewesenen Wohlstands durchläuft. Für Deutschland gilt das umso mehr. Noch immer übertrafen in den zurückliegenden Jahren die Steuereinnahmen nicht nur das Vorjahr, sondern auch die optimistischsten Erwartungen. Noch nie wurde so viel Geld umverteilt, schaffte der Mindestlohn eine Armutsbarriere nach unten, sackte die Arbeitslosigkeit so deutlich in den Keller, dass etwa die Union es nicht für übermütig empfand, das für freiheitliche Marktwirtschaften eigentlich utopische Ziel der »Vollbeschäftigung« ins Wahlprogramm zu schreiben. (Freilich erst für 2025, wenn eine neue Regierung das Versprechen einlösen muss.) Selbst die Migrationskrise von 2015 ff., die mit jährlich rund 25 Milliarden Euro in Deutschland zu Kassenbuche schlägt, konnte geradezu geräusch- und bruchlos gemeistert werden, ohne dass irgendwo gekürzt oder gespart werden musste. »Niemandem wird durch die Migranten etwas weggenommen«, hieß das immer wieder gern bemühte Mantra. Was wollen die Leute also, die den Populisten nachlaufen?

Die Antwort ist so einfach wie verblüffend: Gerechtigkeit. Dass die Deutschen mit ihrem Leben allgemein so zufrieden sind wie nie, sei seit Jahren bekannt, sagt der Chef des Sozio-ökonomischen Panels (SOEP) Stefan Liebig (*FAZ*, 11. Januar 2018). »Die individuelle Situation wird in vielen Fällen als durchaus gut beschrieben. Gleichwohl haben die Menschen den Eindruck, in Deutschland würde es immer ungerechter.« Der Grund: Die Menschen unterscheiden deutlich zwischen ihrer eigenen Lebenslage und der Situation im Land. Während sie Erstere für durchaus gerecht und akzeptabel halten, liegt Letztere in den Augen vieler Deutscher im Argen. Entgegen den immer wieder rituell Alarm schlagenden Sozialverbänden (das ist allerdings ihr Job), fühlen sich selbst Menschen »im unteren Einkommensbereich« gerecht entlohnt, sagt Liebig, dessen Institut seit 1984 jährlich Tausende Deutsche nach Einkommen, Lebensumständen, Gewohnheiten etc. befragt.

Der Schlüssel für diesen vermeintlichen Widerspruch liegt in der Unterscheidung zwischen »Verteilungsgerechtigkeit« und »Verfahrensgerechtigkeit«. Hier liegt auch der Grund, warum der Gerechtigkeitswahlkampf der SPD im Jahr 2017 nicht fruchtete. Wenn es nur um Wohlstand und privates Profitieren am gesellschaftlichen Aufschwung ginge, hätte die alte SPD-Strategie fruchten müssen. Wenn ökonomische Sattheit gleich Zufriedenheit wäre, hätte es auch ehedem die Machtwechsel in Baden-Württemberg von Union zu Grünen nicht gegeben in einem Land, das an der Spitze des deutschen Wohlstands marschiert. In all diesen Fällen und jetzt auch beim Populismus-Thema wird das Gerechtigkeitsempfinden der Menschen unterschätzt. Decke ihnen den Tisch, stopfe ihnen den Mund, dann sind sie zufrieden – wer mit solchen schlichten Brot-und-Spiele-Kategorien die Wählerwelt zu erklären versucht, erleidet und verdient eine Bruchlandung.

Bei der sogenannten Verfahrensgerechtigkeit seien die Deutschen sehr sensibel, sagt SOEP-Chef Liebig. »Dabei geht es den Leuten nicht darum: Was kriege ich? Sondern es geht ihnen darum: Wie werde ich behandelt?« Viele Deutsche hätten nicht mehr das Gefühl, dass Leistung überall gleich honoriert werde, zum Beispiel, wenn über hohe Managergehälter diskutiert werde. Aber auch bei der Besteuerung mittlerer Einkommensgruppen sieht er dringenden Korrekturbedarf. Hier, wo Beschäftigte mit auskömmlichen Lebensverhältnissen sich richtig reinhängen, wird der Ertrag von Einkommenssteigerungen so heftig von Steuern und Abgaben belegt, dass Wohlstandszuwachs kaum spürbar ist. Und auch die Migrationsfrage spielt bei der »Verfahrensgerechtigkeit« eine große Rolle. Seit Migranten mehr und mehr nicht mehr als existenziell bedrohte Flüchtlinge direkt aus dem Bombenhagel, sondern als normale Zuwanderer gesehen werden, wird auch die Frage immer lauter gestellt, mit welchem (finanziellen) Aufwand sich Staat und Gesellschaft um sie bemühen im Vergleich zur täglichen Maloche der Einheimischen. Ein Effekt, der absehbar und in sozialen Gemeinschaften normal ist. Je nach Umfragemethodik kann man versuchen, das Migrationsthema als nachrangig darzustellen (z. B. indem man den Befragten keine Rangfolge genannter Problemthemen abverlangt), es bleibt präsent und stört das Bild der friedlichen Wohlstandsharmonie. Wer viel hat, hat viel zu verlieren. Und wenn er etwas verschenken soll, will er gefragt werden. Das ist in der Migrationskrise nicht geschehen. Auch das ist eine Frage der Verfahrensgerechtigkeit.

Gibt es also Populismus bzw. Rechtspopulismus wirklich? Oder ist er nur eine verbale Notgeburt, ein scheinriesenhafter Aufwuchs des geballten Unvermögens, mit einer neuen unduldsamen Öffentlichkeit umzugehen? Ist er nur eine Projektion alles politisch Aufgestauten, die verschwindet, wie eine schlechte Präsentation, wenn man den Beamer abschaltet? Nein. Natürlich gibt es Populismus, denn er gehört zum demokratischen Politikergeschäft essenziell dazu. Natürlich gibt es auch den sogenannten Rechtspopulismus, der nicht nur Themen und Inhalte am rechten Rand aufsaugt und zumeist viel roher wieder ausspeit, als es den Dingen guttut. Es gibt seine seltsam brachialen Methoden, sich in Parlamenten und in der Öffentlichkeit zu artikulieren, die im eingespielten Konsensgetriebe westlicher Demokratien unzivilisiert und bisweilen übergriffig wirken. Aber es ist mindestens so »mittelalterlich«, mit welch hilfloser Rohheit die anderen Parteien auf den Populismus reagieren. Die wohnzimmerhafter Gepflegtheit in der politischen Wohlstandsphase der Nachkriegsjahre haben in den bestehenden Parteiungen die Fähigkeit zur politischen Feldarbeit offenbar weitgehend verkümmern lassen. Sonnenschirme vor dem Supermarkt, Talkshows und geschliffene Reden im Parlament reichen nicht aus, wenn man aufgebrachte Ränder zurückgewinnen will. Martialisch mit verbalen Sensen und Dreschflegeln zu Felde zu ziehen, hilft nicht weiter, verfestigt allenfalls die Fronten.

Erschwert wird diese Operation offenbar auch dadurch, dass das strukturelle Gefüge des Politikbetriebs die nötigen politischen »Rampensäue« immer weniger anzieht, geschweige denn hervorbringt. Mit Österreichs Bundeskanzler Sebastian Kurz und Frankreichs Präsident Emmanuel Macron sind zwei Naturtalente durch besondere Krisensituationen an die Spitze gespült worden, die im Apparat eher überwintert haben, denn von ihm getragen wurden und sich Bewegungen gewissermaßen selbst auf den Leib schneidern mussten.

Der Populismus sollte auch mit Blick auf Strukturen und Organisation innerhalb der Parteien als Alarmsignal verstanden werden. Es gibt in Gestalt des SPD-»Ideen Camps« oder der Reformüberlegungen in CDU und CSU erste Hinweise darauf, dass diese Signale durchaus erkannt wurden. Nur an konkreten Ideen, wie Parteien im Jahr 2020 chic, hip und flott daherkommen, ohne sich in beliebigen Polit-Installationen wie dem #fedidwgugl am Haus der CDU zu verzetteln, mangelt es noch.

Der Populismus der Kanzlerin: Falsche Kompromisse vergiften die Politik

Es war eine Schlüsselszene in der jüngeren Geschichte der Union. Kurz vor dem Ende des CDU-Parteitags 2016 in der Essener Grugahalle geht Finanzstaatssekretär und CDU-Präside Jens Spahn noch einmal ans Rednerpult. Es ist Mittwochvormittag, kurz nach 10 Uhr, Antragsberatung. »Liebe Freunde, jetzt fühlte ich mich durch die Wortmeldung ermuntert, doch noch mal etwas zu sagen. Natürlich muss man in einer Koalition Kompromisse machen, aber wir sind hier auf dem CDU-Bundesparteitag und reden darüber, was wir als Partei wollen ...« Der Rest geht in Beifall, Pfiffen und Gejohle unter.

»Wir sind hier auf dem CDU-Bundesparteitag ...« Banaler geht es kaum. Eine Selbstverständlichkeit für jeden, der seine fünf Sinne beisammen hat, und doch keine Selbstverständlichkeit in den späten Jahren von Angela Merkels Kanzlerschaft.

Das Thema: die doppelte Staatsbürgerschaft für in Deutschland geborene Kinder türkischer Einwanderer. Seit Langem ist die Union gegen den sogenannten Doppelpass, hat sogar 1999 mit eine spektakulären Kampagne des hessischen CDU-Oppositionsführers Roland Koch die dortige Landtagswahl gedreht und der frisch gewählten Regierung von Kanzler Gerhard Schröder (SPD) eine erste Niederlage beigebracht. Doch hier in Essen sollen die 1000 Delegierten der CDU einem Kompromiss mit der SPD zustimmen, wonach die Pflicht der jungen Deutschtürken, sich mit 18 Jahren für eine Staatsbürgerschaft zu entscheiden, künftig entfallen soll. Dagegen wendet sich Spahns Antrag. Niemand müsse seine Wurzeln verleugnen, wenn er sich für einen Pass entscheide, argumentieren die jungen Rebellen. Der damalige Bundesinnenminister Thomas de Maizière hält dagegen: »Ich kenne keinen Koalitionspartner, mit dem wir das machen können.«

Da hat er recht. Weder die SPD, noch Grüne oder FDP (damals nicht im Bundestag) wollen den Migranten die Entscheidung für die eine oder andere Staatsbürgerschaft (»Optionszwang«) weiter auferlegen. Doch dass die Union in vorauseilender Bündnisdienlichkeit und veritabler Selbstverleugnung auf ihrem eigenen Parteitag Beschlüsse fassen soll, die in Programme anderer Parteien passen, wollen viele Delegierte weder verstehen noch mitmachen. Es ist die typische Konsens-Gefügigkeit, die Kanzlerin Angela Merkel über die Jahre zu einiger Perfektion entwickelt hat. Spahn gewinnt die Abstimmung. Doch noch während die letzten Delegierten sich draußen vor der Halle auf den Heimweg machen und drinnen die Tische abgebaut werden, sagt Merkel in die TV-Kameras, dass sie den Beschluss des Parteitags (oberstes Parteigremium) für falsch halte und ihn nicht umsetzen werde.

Für Zeitgenossen, die Demokratie noch ernst nehmen, hätte das ein beachtlicher Skandal sein müssen, doch das politische Berlin ging bald schon wieder zur Tagesordnung über. Eine Regierungs- und Parteichefin erklärt offen, sich über das Votum der Basis hinwegsetzen zu wollen. Absolutistische Herrschergeste mit Ansage. Wer nicht als kleinlicher Querulant gelten wollte, nahm das irgendwann im Dienste der größeren Sache und des Koalitionsfriedens hin. Regieren als Selbstzweck.

Es ist in der Rückschau tatsächlich mehr als verblüffend, wie nachlässig und wenig wertschätzend eine immerhin recht bedeutsame Demokratie der westlichen Welt mit solchen Verstößen gegen die so langwierig und schmerzvoll errungenen Spielregeln der politischen Willens- und Meinungsbildung umging und umgeht. Dabei geht es hier nicht um kleinliche Regelhuberei und großes Drama, sondern darum, dass der Wettbewerb der politischen Meinungen zu den konstitutiven Elementen unseres freiheitlichen Gemeinwesens gehört. Angela

Merkel ist politischer Profi genug, um Formulierungen zu finden, mit denen sie ihre Distanz hätte ausdrücken können, ohne mit solch offenem Regententrotz der eigenen Basis gegenüberzutreten. Viel wichtiger und heikler aber ist die Umwandlung von Parteitagen als höchstem Beschlussorgan von einem Ort der Selbstvergewisserung und Sammlung der eigenen Heerscharen zu einem vorgelagerten Marktplatz der Regierung. Ein Parteitag beschließt die eigenen Standpunkte der Partei. Erst danach werden im Ringen mit möglichen Partnern Kompromisse gefunden, bei denen man halt auch etwas preisgeben muss. Schon vorher auf die eigene Sicht zu verzichten, ist obendrein auch taktisch unklug, weil man noch gar keine Gegenleistung vom Kontrahenten bekommen hat. Doch auch jenseits der politischen Händlerpose ist dieses Vorgehen bedenklich. Wo aus politischer Opportunität nicht mehr debattiert und gerungen wird, werden Argumente nicht mehr ausgetauscht, verkümmert die öffentliche Aufmerksamkeit, wird eine diffuse Handlungsfähigkeit über die Klärung der Richtung des Handelns gestellt. Bequemes Regieren kann und darf nicht zum obersten Ziel politischen Handelns werden.

Das politische Erbe der Kanzlerin

Man könnte all dies als vergeben und vergessen in die Archive geben, weil der Wechsel im Vorsitz der CDU von Angela Merkel zu Annegret Kramp-Karrenbauer das parteipolitische Kapitel der Kanzlerin gewissermaßen beschließt. In Wahrheit aber hinterlässt Angela Merkel mit diesem Regierungsstil ein Erbe, mit dem sich die Union noch lange wird herumschlagen müssen. Das Aufarbeiten der Migrationspolitik der Jahre 2015 ff. ist ein Zeichen, dass Kramp-Karrenbauer dies sehr wohl verstanden hat. Auch ihr erster taktischer Schachzug, die Revisions- und Ausstiegsklausel im Koalitionsvertrag nicht allein der SPD zu überlassen, sondern auch als Druckmittel der Union gegenüber dem Koalitionspartner umzudeuten, weist auf eine grundsätzliche Korrektur des Merkel'schen Konsenskurses hin.

Denn der Doppelpass-Eklat von Essen war kein Einzelfall, sondern steht im Grunde exemplarisch für ein ausgefeiltes System der verweigerten Teilnahme an der politischen Willensbildung durch die Parteien, wie sie in Artikel 21 GG ausdrücklich niedergelegt ist. So verzichtete Angela Merkel seit Langem schon auf Parteitagen in ihren großen Reden auf einen Pflicht- und Standardblock der Mitgliedermotivation: das Prügeln der politischen Konkurrenz. Wurde ehedem genüsslich Partei für Partei durchgenommen, um an den großen Themen der Zeit zu zeigen, wie verhängnisvoll jede Stimme sei für die programmatischen Irrwege von SPD, Grünen, FDP und Linke gar, so findet sich heute allenfalls noch ein Absatz zum Kampf gegen Rechtspopulisten von der AfD. Während diese Form der mehr oder weniger kabarettistischen Selbstvergewisserung bei allen anderen Parteien noch fester Bestandteil jedes Basiskongresses ist, hat die CDU es im Dienste multikoalitionärer Bündnistauglichkeit abgeschafft.

Man mag das als erfrischenden Verzicht auf verstaubte Rituale würdigen oder auf die vermeintlich testosterongesteuerte Streitkultur der Gestrigen und Vorväter schieben, doch in Wahrheit ist politische Wettbewerbswirtschaft das Lebenselixier der Demokratie. Niemand ist gehindert, sich auf intelligente, originelle Weise mit der Konkurrenz auseinanderzusetzen. Lagerübergreifende Nettigkeiten schaden langfristig dem Gemeinwesen mehr, als es durch kraftvolle Standortbestimmungen gewinnt.

Wie tief der Regierungsstil der Kanzlerin in ihrer Partei inzwischen verwurzelt ist, zeigt auch das vorauseilende öffentliche Nachdenken über Koalitionsoptionen mit Linken und AfD, wie es im Sommer 2018 Brandenburgs CDU-Landeschef Ingo Senftleben und Schleswig-Holsteins Ministerpräsident Daniel Günther betrieben haben. Und es ist an taktischer Dummheit nicht zu überbieten, weil in Situationen mit ohnehin knappen Mehrheiten dem Wähler schon vor dem Urnengang signalisiert wird, dass es auf sein Votum eigentlich nicht ankommt. Am Ende bekommt er einen politischen Eintopf vorgesetzt, den die Politiker zum Fortsetzen der eigenen Laufbahn anrichten. Bürger, die Union aus Aversion gegen die Linke wählen, werden sich nach solchen Ansagen hüten, ihr Kreuz noch bei der Union zu machen. So gesehen, kann man das Vorgehen von Günther und Senftleben auch als faire Warnung vorab verstehen. Wer, wie ich, 25 Jahre seines Lebens in der DDR verbracht hat, könnte gallig anmerken: Jede Stimme für die Parteien der Nationalen Front. Saloppe Feingeister halten es vermutlich eher mit dem Tucholsky zugeschriebenen Bonmot: Wer nach allen Seiten offen ist, ist nicht ganz dicht.

Man sollte es sich allerdings nicht zu leicht machen und der Kanzlerschaft Angela Merkels im schnellen Affekt die alleinige Schuld für die Erosion des Parteiensystems in Deutschland zuweisen. Wer die Politik Merkels über längere Strecken aus nächster Nähe begleitet hat, wird aber auch nicht umhinkommen, einen Politikstil zu erkennen, der durch seine Geschmeidigkeit in ruhigen Wahlmomenten für Erfolge sorgte, in der Tiefe und auf der Langstrecke jedoch das Parteienspektrum schwächt oder gar zerstört. Dass die Union bei den Herbst-Wahlen 2018 in Bayern und Hessen dramatisch unter Druck geriet, hat in erster Linie mit Merkels Mitte-Kurs zu tun. Die Kanzlerin habe »ihre CDU bedingungslos für die Konzepte des früheren politischen Gegners geöffnet – und so die SPD bis zur Existenzbedrohung geschrumpft und die Grünen immerhin in Schach gehalten. Der Preis dafür war erst ein Anwachsen der Nichtwähler – und nach 2015 ein Erstarken des Rechtspopulismus«, schreibt Robin Alexander (*Welt*, 28. September 2018). »Aber auch radikale Machtpragmatik braucht einen letzten Rest an politischem Sinn, damit sie funktioniert.« Das Ins-Spiel-Bringen der letzten beiden bislang ausgeschlossenen Parteien für mögliche Bündnisse (Linke und AfD) markiert den Endpunkt jener Beliebigkeitsstrategie, die am Ende tatsächlich offen für alles ist und für den Wähler nutzlos. Bindekraft schafft man auch in der Politik am Ende nur durch Inhalte und Identifikation.

Merkel dagegen hat das politische Handwerk der gezielten Eindruckserweckung zu kaum übertroffener Meisterschaft gebracht: In

Reden und politischen Gesten Botschaften zu senden, die sich bei sachlicher Sichtung später nicht mehr auffinden lassen. Bestes Beispiel ist die zu den wenigen rhetorisch herausragenden Reden gehörende Ansprache auf dem CDU-Parteitag in Karlsruhe (14. Dezember 2015). Auf dem Höhepunkt der Migrationskrise gelingt es der CDU-Vorsitzenden, die verzweifelten Delegierten, die in ihren Wahlkreisen mit den Folgen der Masseneinwanderung ringen, aufzufangen, mitzunehmen und am Ende eine Stimmung zu erzeugen, die unten im Saal den Eindruck vermittelt, sich in schwieriger Zeit auf eine starke Kanzlerin verlassen zu können. Diese Rede durfte nicht schiefgehen, und sie ging nicht schief.

Dank einiger raffinierter rhetorischer Tricks. »Wir sind d i e eine Volkspartei der Mitte, und so handeln wir, damit wir auch morgen in einem Deutschland leben, das die Freiheit des Einzelnen und seine Würde schützt, damit wir auch morgen in einem Deutschland leben, in dem Frieden und Sicherheit zu Hause sind, damit wir auch morgen in einem Deutschland leben, das den Menschen mit all ihren Unterschieden eine gemeinsame Heimat ist, damit wir auch morgen in einem Deutschland leben, das in einem starken Europa Verantwortung für eine gute Zukunft unseres Kontinents übernimmt, weil wir wissen: Auch Deutschland geht es auf Dauer nur gut, wenn es Europa gut geht. Lassen Sie uns deshalb gemeinsam für diese Zukunft anpacken. Deutschland ist ein starkes Land. Wir schaffen das für Deutschland und Europa. Daran werde ich mit aller Kraft arbeiten – mit Ihnen zusammen. Ich bitte Sie um Ihre Unterstützung. Herzlichen Dank.«

In einer Zeit höchster nationaler Verunsicherung geht sie mit einem »Deutschland«-Stakkato aus der Rede, das jenen in der Union, die die Bedrohung der Identität ihres Landes durch Migration spüren, signalisiert: Deine CDU ist noch die Partei der wehenden Deutschland-Fahne, der Ergriffenheitstränen bei Erklingen der Hymne, die Partei von Fachwerkhäusern, Mercedes und Nordseedeich. In Wahrheit war die Rede eine kraftvolle Neuauflage, Begründung und trotzige Fortschreibung von Merkels Leitsatz »Wir schaffen das«, den sie selbst im nationalen Pathos des Schlussakkords noch untergebracht hat.

Luftbuchungen und Leerformeln mit Langzeitfolgen

Aus polithandwerklicher Sicht war diese Rede ein Meisterstück. Das Problem besteht allerdings darin, dass man diese Methode nicht allzu häufig anwenden kann, ohne dem aufmerksamen Zeitzeugen das Gefühl des Verschaukelns zu vermitteln. Ein weiteres markantes Beispiel für die gelungene Erweckung des gegenteiligen Anscheins des Gesagten ist der Auftritt nach dem für die CDU desaströsen Wahlergebnis in Merkels politischer Heimat (Wahlkreis Stralsund/Rügen) Mecklenburg-Vorpommern im September 2016. Damals sagte sie: »Wenn ich könnte, würde ich die Zeit um viele, viele Jahre zurückdrehen, um mich mit der ganzen Bundesregierung und allen Verantwortungsträgern besser vorbereiten zu können auf die Situation, die uns dann im Spätsommer 2015 eher unvorbereitet traf.« Was allenthalben als Eingeständnis von Fehlern und als Wunsch verstanden wurde, die unkontrollierte Migration der Jahre 2015/16 ungeschehen zu machen, war in Wahrheit bei genauem Lesen der Verweis auf eine bessere Vorbereitung derselben.

Nun kann, wer mag, solche Beispiele als semantische Krümelklauberei abtun. Doch auch die polithandwerkliche Konsensmethode Merkels ist geprägt vom Anschein, der schöner ist als es die Sache tatsächlich hergibt. Es beginnt bei verbotenen Wörtern wie etwa »Obergrenze« (für den jährlichen Zuzug von Migranten) oder »Spurwechsel« (von Asyl zu Arbeitsmigration), die nach den jeweiligen Kompromiss- und Krisensitzungen aus dem aktiven Wortschatz der beteiligten Parteien gestrichen wurden. Aus »Kopfpauschale« wurde »Gesundheitsprämie«, der »Mindestlohn« sollte »Lohnuntergrenze« heißen, und dergleichen durchsichtige Begriffsjonglagen mehr. Es sind probate Mittel der Politikdarstellung, die sicher auch von anderen Parteien und Politikern gern genutzt werden – und deshalb auch bei allen zum schleichenden Vertrauensverlust führen und bei den zurückliegenden Wahlen führten. Regierungen, bei denen ja täglich jeder Winkel und jeder Winkelzug detailliert ausgeleuchtet wird, richten da naturgemäß mehr Schaden an als andere Parteien, deren Aktionen außerhalb der Exekutivgewalt ja ohnehin weniger schwer wiegen.

Bei Sachkompromissen funktioniert die Anscheinerweckung so, dass man das ursprüngliche Projekt bis hart an die Sinnlosigkeitsgrenze aushöhlt, dann aber mit großem Zapfenstreich beschließt. Die »Frauenquote« für Aufsichtsräte mitbestimmungspflichtiger, börsennotierter Unternehmen etwa betrifft ungefähr 150 Firmen in Deutschland, wird erst bei neu zu besetzenden Posten angewendet und führt zu einer höheren zweistelligen Zahl weiblicher Top-Posten. Für die Lage der Frauen in Deutschland ist das völlig irrelevant, gilt aber als richtungsweisender Beschluss.

Ähnlich ist die Methode etwa beim Entgeltgleichheitsgesetz oder bei der Rückkehr von Teilzeit- zu Vollzeitjobs, wo über die Betriebsgröße geregelt werden konnte, dass weite Teile der Wirtschaft von zusätzlicher Bürokratie verschont blieben, die SPD ihre Lieblingsprojekte aber dennoch medienwirksam beschließen konnte.

Fataler ist diese Form politischer Leerverkäufe in der Migrations- und Europapolitik. Vom Europäischen Rat im Juni 2018 brachte Merkel ein ganzes Bündel beschlossener Maßnahmen mit, die allerdings bereits bei der Beschlussfassung als komplette Luftbuchungen gelten mussten. »Ausschiffungsplattformen« in Nordafrika wollen die betroffenen Länder bekanntermaßen nicht. Sie waren auch vorher nicht gefragt worden. Trotzdem beschloss es der Gipfel. Aufnahmeeinrichtungen auf freiwilliger Basis innerhalb Europas standen im Abschlusspapier, obwohl schon in Brüssel sich kein Land freiwillig gemeldet hatte. Rückführungsabkommen seien mit etlichen Ländern vereinbart worden, verkündete Merkel, wonach die erwähnten Osteuropäer umgehend dementierten und der tatsächlich verabredete Kontrakt mit Spanien völlig sinnlos war.

Da die geplanten Zurückweisungen nur die Grenze Bayerns zu Österreich betreffen, hätte ein in Spanien bereits registrierter Migrant um halb Deutschland herumreisen müssen, um sich dann einen von drei Grenzübergänge in Bayern auszusuchen, an dem er zurückgewiesen wird, während die restlichen 3000 Kilometer deutscher Grenzen problemlos zu überschreiten wären. Was er mit dem Spanien-Abkommen anfangen solle, hatte der zuständige Bundesinnenminister Horst Seehofer (CSU) die Kanzlerin nach dem Gipfel gefragt. Sie habe immerhin drei Abkommen präsentieren wollen, habe sie darauf geantwortet, erzählt Seehofer. Die milde Umschreibung solcher Methoden wäre »Tricksen«, die realistische »Täuschen« der Öffentlichkeit. Dass man so zusätzlichen Frust produziert und das eigentliche Thema nicht löst, versteht sich von selbst.

Was die Migration betrifft, wollte die Bundeskanzlerin das Problem allerdings auch gar nicht lösen, sondern in Vergessenheit geraten lassen. Als Ende Juni 2018 der Streit zwischen CDU und CSU über Zurückweisungen bereits in anderen EU-Ländern registrierter Asylbewerber auf dem Höhepunkt ist, macht sie intern klar, dass es vor allem die Tatsache ist, dass Bundesinnenminister Horst Seehofer und die CSU beim Thema Migration keine Ruhe geben, die sie empört. Wenn man Migration, Aufnahme von Flüchtlingen etc. nicht als die eigene Geschichte annehme und immer wieder hadere, dann mache das eben Probleme ... Dass Seehofer das Thema Migration immer wieder hochzieht, ärgert sie, findet sie grundfalsch und wohl auch gegen sich persönlich gerichtet. Das alles sei doch die Agenda der AfD, die die Union damit an einem Strick durch die politische Arena führe. Während die CSU versuche, im Wahlkampf die AfD zu bekämpfen und eine neue Sozialleistung nach der anderen einzuführen, mache sie mit dem steten Wachhalten des Migrationsthemas die Rechten erst richtig stark ...

Dass Angela Merkel wirklich glaubt, Migration und ihre Folgen vergessen machen zu können, machte sie auf dem Landesparteitag der Thüringer CDU (20. Oktober 2018) ausdrücklich klar. »Wenn wir uns für den Rest des Jahrzehnts damit beschäftigen wollen, was 2015 vielleicht so oder so gelaufen ist und damit die ganze Zeit verplempern, dann werden wir den Rang als Volkspartei verlieren«, sagte sie. »Deshalb fordere ich, dass wir uns jetzt um die Zukunft kümmern.« Der trotzig-gereizte Unterton dieser Ansage dürfte dabei durchaus die Stimmungslage der Kanzlerin widerspiegeln, deren nüchterner Blick auf die

Welt schlicht keine Erklärung dafür findet, warum das Thema nicht ebenso verschwindet, wie sich andere Probleme ihrer Regierungszeit verflüchtigt haben. Dass sie auf der gleichen Veranstaltung die Erinnerung an das Unrecht in der DDR wachhalten will (»Es ist gut und richtig, auch heute wieder darüber zu diskutieren – was ist damals vielleicht nicht so gut gelaufen, wem ist Unrecht geschehen – das kann man nicht wegwischen.«), ist eine ironische Fußnote zur speziellen, leicht selektiven Gedenkkultur. Gegen das Vergessen! Aber bitte nur, wenn's passt.

Ein besonders prägnantes Beispiel, wie das »Abräumen« eines Themas gelingen kann, ist in den Augen von Angela Merkel der Beschluss zum Atomausstieg nach der Reaktorkatastrophe von Fukushima im Frühjahr 2011. Nach dem Beschluss zum Abschalten der deutschen Atommeiler sei das Thema Kernenergie nahezu komplett aus der Öffentlichkeit verschwunden, merkte sie intern mehrfach an, obwohl die Kernkraftwerke völlig unbehelligt bis 2022 weiterlaufen, sich an der ungelösten Endlager-Frage nichts geändert habe und auch Castortransporte weiter nötig seien.

Da ist zweifellos etwas dran. Mit einem entscheidenden Unterschied: Das Thema Migration ist nicht gelöst, nur, weil weniger Migranten die deutschen Grenzen überschreiten. Weder ist eine Grundsatzentscheidung zur Begrenzung von Zuwanderung getroffen noch ist die Kernfrage beantwortet, wie die Deutschen sich das Zusammenleben mit Migranten vorstellen und welche Veränderungen sie in Alltagskultur und Staatsverständnis akzeptieren oder eben nicht akzeptieren. Die von den Unionsparteien vereinbarte »Richtgröße« (ehemals »Obergrenze«) von 200 000 Migranten pro Jahr ist kaum mehr als eine nette Bemühenszusage, denn die Mittel zum Steuern von Zuwanderung sind zumindest beim Asyl weiter wenig überzeugend bis untauglich. So ist es kein Wunder, dass auch Bundespräsident Frank-Walter Steinmeier zeitgleich ein Ende der Debatte darüber forderte, ob der Islam zu Deutschland gehöre (*FAZ*, 20. Oktober 2018), als ob man gesellschaftliche Debatten durch Ratschläge von oben beenden könnte.

Warum das so dringlich gewünschte Beenden der Migrations- und Integrationsdebatten nicht gelingt, beschreibt der Politikwissenschaftler Timo Lochocki in seinem Buch »Die Vertrauensformel«. Er nennt als gelungenes Beispiel für das Lösen eines veritablen Migrationsproblems den sogenannten Asyl-Kompromiss 1992. Damals stiegen vor allem »Die Republikaner« in den Ländern zu beachtlicher Stärke auf und zogen sogar ins Europaparlament ein. Durch die Einführung »sicherer Drittstaaten« und »sicherer Herkunftsländer« wurde jegliche legale Einreise nach Deutschland zur Erlangung von Asyl auf dem Landweg unmöglich. In der Folge sanken die Asyl-Zahlen deutlich und die Republikaner verschwanden. Die damalige Frauen- und Jugendministerin Angela Merkel saß in dieser Zeit am Kabinettstisch von Kanzler Helmut Kohl. Es müsste ihr deshalb eigentlich bewusst gewesen sein, dass der Zustrom über die Balkanroute im Jahr 2015 im Grunde ein Rückfall war in die Zeit vor dem Asyl-Kompromiss, als es sichere Drittstaaten im Asyl-Artikel 16 des Grundgesetzes noch nicht gab.

Lochocki erklärt das Funktionieren des Asyl-Kompromisses 1992 mit einem schlichten politischen Dreiklang: Problem benennen, Problem lösen, Thema wechseln. Der Asyl-Kompromiss löste das Zuwanderungsthema, beraubte die Rechtspopulisten ihres Themas und schickte sie in die Bedeutungslosigkeit. Ähnlich lief es bei der britischen Brexit-Partei UKIP, die nahezu verschwand, als der Brexit beschlossen und sie damit überflüssig war. »Erfolge von Konservativen machen Rechtspopulisten klein«, sagt Lochocki, versagen Konservative beim Lösen der Probleme, bleiben Rechtspopulisten stark. Das Vor-den-Kopf-Stoßen von Konservativen ist in seinen Augen der Grundfehler der deutschen Unionsparteien. Dabei trügen konservative Wähler durchaus linke gesellschaftspolitische Projekte mit, aber nur, solange sie sich als Konservative angenommen und respektiert fühlen. »Wir haben viele politisch heimatlos gemacht«, hat der CDU-Innenpolitiker Wolfgang Bosbach einmal gesagt.

Lochocki sieht einen Zeitkorridor von etwa drei Jahren, um dieses Vertrauen konservativer Anhänger zurückzugewinnen und die Union wieder glaubhaft zum Sachwalter ihrer Anliegen zu machen. Danach sei die Spaltung im bürgerlichen Lager rechts der Mitte verfestigt und die AfD zu einem dauerhaften Konkurrenten der Union erwachsen.

Auf der anderen Seite des politischen Spektrums konnten linkspopulistische Bewegungen wie Podemos (Spanien) oder Syriza in Griechenland erstarken, weil soziale Probleme nicht gelöst werden konnten.

Klar wird vor diesem Hintergrund aber auch, warum Merkels und Steinmeiers Forderung nach Ende der Debatte ebenso wenig fruchten, wie die sozialen Gesetzesvorstöße die SPD Wähler überzeugen. Solange der gesellschaftliche Raum identitätspolitisch aufgeladen ist, bleiben alle anderen sachpolitischen Aktivitäten unbeachtet und die sozioökonomische Achse der SPD läuft leer, wie der SPD-Stratege Nils Heisterhagen meint.

Lochockis Fazit: Sollte die Union bei ihrer einseitigen Fixierung auf die politische Mitte bleiben, kommt nicht nur sie selbst unter die Räder, sondern auch das Land. Denn ein dauerhaftes Festsetzen oder gar Erstarken sogenannter Rechtspopulisten schadet vor allem zwei Gruppen: sozial Schwachen und kulturellen Minderheiten. Zu glauben, mit einem verordneten Ende der Migrationsdebatte sei irgendetwas zum Besseren gewendet, ist ein gefährlicher Irrtum.

Es ist schon oft beschrieben worden, wie sehr Streit- und Polarisierungsvermeidung zum Wesenszug der Kanzlerschaft Angela Merkels geworden ist. Das »Abräumen« von Themen, bei denen sie der eigenen Parteiengruppe eine inhaltliche Dominanz nicht zutraut (Kernkraft, Homo-Ehe, Mindestlohn etc.), ist ein immer wieder zu beobachtender Reflex, der sich vermutlich maßgeblich aus Erfahrungen des Jahres 2005 speist. Damals holte der geradezu lustvolle Kampagnen-Kämpfer Gerhard Schröder (SPD) binnen weniger Wochen 14 Prozentpunkte gegen seine Herausforderin auf und brachte ihre längst sicher geglaubte erste Kanzlerschaft noch ernstlich in Gefahr. Seit ihrem klaren Absetzen von der Irak-Politik Schröders, den scharf konturierten Beschlüssen zur Steuerreform (Steuererklärung auf einem »Bierdeckel«) und der Kopfpauschale im Gesundheitswesen auf dem Leipziger Parteitag 2003 hat Merkel nur noch einmal versucht, eine Kampagne auf eigene Überzeugungen aufzubauen: Im Wahlkampf 2009 trieb sie die Union auf einen (durchaus richtigen!) Kurs, die Atomkraft als Brückentechnologie mit längeren Laufzeiten der Kernkraftwerke zu erhalten.

Ein Beschluss, den sie unter dem Eindruck des Unglücks von Fukushima (bei dem neben 13 000 Tsunami-Opfern allerdings keine Strahlenopfer zu beklagen waren) wieder zurücknahm. Es gehört zu den großen Mysterien der jüngeren Klimapolitik, warum die seit den frühen 1990er-Jahren immer wieder beschworenen Folgen des Treibhausgases Kohlendioxid nicht zu einer viel logischeren Reihenfolge der »Ausstiege« führte, nämlich mit der Kohle beginnend und nach deren Ersatz durch erneuerbare Energien die Atomkraftwerke in den Blick nehmend. Die Unterordnung unter diffuse Stimmungslagen führt nun zu einer doppelten Verschärfung der Energiekrise. Interne Berechnungen des Bundeswirtschaftsministeriums kommen zu dem Schluss, dass Deutschland im Jahr 2050 mehr als die Hälfte seiner Energie importieren muss, um stabile Versorgung und Einhaltung der eigenen Klimaverpflichtungen gleichzeitig zu erreichen. Vielleicht sollte man in der Energiepolitik zu allererst aus dem andauernden Selbstbetrug aussteigen.

Seither hat Angela Merkel gesellschaftliche Strömungen hingenommen, Konfliktthemen moderiert. Politik ereignete sich unter ihr. Geht man unvoreingenommen an diesen Politikstil heran, so kann er durchaus gesellschaftlich befriedende Wirkung entfalten. Voraussetzung ist allerdings, dass langfristig nicht mehr eingerissen wird, als man kurzfristig durch Ruhe gewinnt. Das Akzeptieren des Grünen Berichterstatters Jan Philipp Albrecht bei der Aushandlung der Europäischen Datenschutzgrundverordnung zum Beispiel schaffte nur so lange während der Beschlussphase Frieden, bis das Regelwerk in Kraft trat. Danach setzte der Verdruss ein. Was den großen internationalen Datenverarbeitern wie Google oder Facebook Fesseln anlegen sollte, wendet sich in der Praxis vor allem gegen die Kleinnutzer, die im Alltag unverständlichen und in der Regel viel zu langen Datenschutzerklärungen per Klick notgedrungen rasch zustimmen, während die Kirchgemeinde beim Verteilen der Gemeindeblätter eigentlich die Zustimmung jedes Einzelnen dokumentieren müsste und Vermieter durch das Anbringen von Klingelschildern ins rechtliche Zwielicht geraten. Am Ende kam ein weiteres Beispiel von EU-Reglementierung heraus, die unsinnig in den Alltag der kleinen Leute eingreift und das Gegenteil von Europaeuphorie schafft.

Entgeltgleichheitsgesetz, Arbeitsstätten- und Arbeitszeitverordnung ... die Liste der bürokratischen Monster, bei denen sich die unionsgeführte Regierung auf das Verhindern der schlimmsten Auswüchse beschränkte, ist lang. Vor dem Hintergrund der allgemeinen Konsensfixierung der Kanzlerin ist es auch kein Wunder, dass nach den verlorenen Wahlen der zurückliegenden Monate immer »Streit« per se als politische Unfallursache ausgemacht wurde. Nun ist Zanken auf offener Bühne in der Tat für die Bürger nun so lange überzeugend, wie dadurch ihre eigenen Anliegen verteidigt sieht und sich mit den Akteuren identifiziert. Grundsätzlich hilft es aber wenig, den »Streit« als solchen zu beklagen, ohne zu klären, welche Seite denn im Recht ist und welche sich besser fügen solle.

Streit ist kein Übel und Konsens kein Selbstzweck

Das Problem der Union war nicht der »Streit« an sich, sondern die Tatsache, dass eine gescheiterte Migrationspolitik der Kanzlerin zwar zu Recht von der CSU hart kritisiert wurde, diese Kritik aber komplett folgenlos blieb und die Schwesterparteien nicht daran hinderte, in vorgetäuschter Harmonie in den Wahlkampf zur Bundestagswahl 2017 zu ziehen. CSU-Chef Horst Seehofer heuchelte stets auf Neue, dass er mit der Kanzlerin sehr gut zusammenarbeite. Wo offener Streit zum durchsichtigen Schmierenstück wird, führt er aus guten Gründen zur Abstrafung der Akteure. Sie sind es, die sich diskreditieren, nicht der »Streit« um die Sache.

So wenig Konsens ein Selbstzweck ist, so wenig darf die Suche nach Übereinkunft dazu führen, Harmonie mit den Falschen zu finden. Nicht Ruhe ist erste Politikerpflicht, sondern Klarheit und Wahrheit. Man kann mit einiger Berechtigung auch die Politik in der Griechenland- und in der Migrationskrise nach dem Motto »Not kennt kein Gebot« als Vermeidung bruchhafter Konflikte sehen. In beiden

Fällen ist dennoch schwerer Schaden für den Rechtsstaat und das Vertrauen der Menschen in die Regelbasiertheit deutscher und europäischer Politik entstanden.

Man kann großes Verständnis dafür haben, dass die Europäische Union in der Euro-Schuldenkrise ein Auseinanderbrechen des Währungsraumes »um jeden Preis« (EZB-Chef Mario Draghi) verhindern wollte. Dass dies um den »Preis« des Bruchs fundamentaler Regeln des Maastrichtvertrags (Verbot monetärer Staatsfinanzierung) geschah, ist die dunkle Kehrseite der Medaille. Gerade die euroskeptischen Deutschen wurden ehedem mit dem Versprechen zu beruhigen versucht, dass der Euro nicht zum neuen Länderfinanzausgleich Europas werde. Dieses Versprechen wurde gebrochen und zur Geburtsstunde der AfD, die sich im Februar 2013 im Hessischen Oberursel unter ihrem ersten Vorsitzenden Bernd Lucke zunächst völlig der Kritik an der Euro-Rettung verschrieb.

Dass gleich mehrfach Klagen gegen die Griechenland-Rettung, gegen die Niedrigzinspolitik der EZB und ihre milliardenschweren Anleihenkäufe vor dem Bundesverfassungsgericht und dem Europäischen Gerichtshof scheiterten, hat das verlorene Vertrauen nicht zurückbringen können. Wer sich eingehend mit den Klagen und den Urteilen befasste, musste zu dem Schluss kommen, dass nicht das gegebene Gesetzeswort zählt, sondern der europäische Geist, dem sich auch oberste Richter verpflichtet fühlen. Was aber als Botschaft durchaus bei vielen Menschen ankam: Wenn es um Europa geht, machen »die da oben«, was sie wollen. Vertraue nie auf Versprechen, wenn sie Europa betreffen. Geringe Wahlbeteiligung und kräftige Einbrüche der großen Parteienfamilien bei den Wahlen zum Europa-Parlament sind die Quittung dafür.

In einem Rechtsstaat werden Regeln eingehalten oder geändert. Das hätte auch für die Migrationskrise zutreffen müssen. Immer wieder ist auch von der Kanzlerin darauf verwiesen worden, dass »Dublin nicht funktioniert«. Das war allerdings offensichtlich und an Absurdität nicht zu überbieten: Die Regierungschefin des stärksten EU-Landes räumt öffentlich Rechtsversagen ein und macht über Monate keine

Anstalten, entweder die Rechtsbrüche zu unterbinden oder funktionierendes Recht zu schaffen. Eine dritte Möglichkeit wäre es gewesen, sich vom Souverän, dem Parlament, die Zustimmung für den Kurs des fortgesetzten Rechtsbruchs an den deutschen Grenzen geben zu lassen. Das hätte für einige Aufmerksamkeit und unbequeme Debatten in der Öffentlichkeit gesorgt, wäre aber dank der übergroßen parlamentarischen Mehrheiten für die unkontrollierte Einreise im Herbst 2015 durchaus realistisch gewesen.

Für den einfachen Bürger musste so der Eindruck entstehen, penible bis ins Widersinnige gehende Rechtsanwendung betreffe nur die »Normalverbraucher«, die nicht geltend machen können, dass ein Parkverbot so für sie nicht »funktioniert«. Es ist somit auch nicht verwunderlich, dass in der Folgezeit nach dem Herbst 2015 bei jeder Gelegenheit der Widerspruch zwischen massenhaftem Einreise-Laissez-faire und präziser Rechtsanwendung etwa im Zusammenhang mit Haftverschonung krimineller Migranten oder bei der nicht korrekten Abschiebung des Gefährders Sami A. aufgemacht wurde. Der Rechtsstaat ist kein Multiple-Choice-Option, die man abwählen kann, wenn es gerade nicht passt. Der Verzicht auf die streitige Klärung der Migrationspolitik hat dem Rechtsfrieden im Land schwer geschadet.

Es ist vor diesem Hintergrund auch kein Zufall, dass die Bundesregierung in der Migrationskrise als »Getriebene« agierten, wie es bereits der Buchtitel des Bestsellers von Robin Alexander auf den Punkt bringt. Man mag die Unsicherheit des Handelns inmitten einer nie dagewesenen Krise als mildernden Umstand sehen, obwohl dazu die trotzige Geste der Kanzlerin nicht passt, die ausdrücklich jede Anmutung von Krise vermeiden wollte und erklärte, niemand könne Grenzen kontrollieren oder Migration aufhalten (in der Sendung »Anne Will«, 7. Oktober 2015). Entscheidend war aber auch die jahrelang eingeübte Praxis, nur ja keine kraftvoll-entschlossenen Entscheidungen zu treffen, sondern etwa die geplante Einführung von Grenzkontrollen am 13. September 2015 mit Verweis auf mangelnde Garantien seitens des Bundesinnenminister abzubrechen, weil keine hundertprozentige Planbarkeit vorlag. Hinzu kommt, dass der eingefahrene Politikstil des vorsichtigen Mitschwimmens im Zeitgeschehen hier hätte durchbrochen werden müssen und versagte.

Konsens ist für das Zusammenhalten von Gesellschaften ein hohes Gut, aber er darf nicht zum Selbstzweck werden. Oder gar zum kalkulierten Machtinstrument. Als Kanzlerin hat Angela Merkel es immer wieder genutzt: in Form von Bürgerdialogen mit Auswertung im Kanzleramt, in Gestalt von Regionalkonferenzen ihrer Partei in Zeiten von Euro- oder Migrationskrise oder in jüngster Zeit als »Bürgerdialog über die Zukunft Europas«. Der Ertrag ist in allen Fällen über- und durchschaubar: Partizipation ohne wirkliche Verbindlichkeit.

Wir wissen nicht, ob im Kanzleramt die Studie der Bertelsmann-Stiftung »Die Kunst des Reformierens: konzeptionelle Überlegungen zu einer erfolgreichen Regierungsstrategie« (Autoren: Friedbert Rüb, Karen Alnor und Florian Spohr, Gütersloh 2009) besonders aufmerksam gelesen wurde, in der es um die Durchsetzung von Reformen gegen gesellschaftliche Widerstände geht. So seien Interessengruppen anzuhören, um die »Legitimität der Reform« zu erhöhen und »Widerstände« durch einen »geschickten Partizipationsstil« zu mindern, sodass sich keine »geschlossene Abwehrfront« bildet.

Da Mitsprache und Mitwirkung ja grundsätzlich nichts Schlechtes sind, kann freilich auch niemand etwas dagegen einwenden, diese strategisch einzusetzen. »Durch eine selektive Partizipation während der Entscheidungsphase können Vetospieler in ihrer Kohärenz geschwächt, sozusagen ›gesplittet‹, und die Protestfähigkeit bestimmter Interessengruppen gemindert werden«, analysieren die Autoren nüchtern und beugen möglichen Skrupeln in der Leserschaft sicherheitshalber auch gleich vor: »Um ihrer politischen Verantwortung gerecht zu werden, muss eine Regierung sich im Zweifelsfall auch gegen den empirischen und kontingenten Volkswillen durchsetzen. Politische Entscheidungen, die der gegebenen Mehrheitsmeinung entgegenstehen, sind nur auf den ersten Blick demokratietheoretisch bedenklich.« Das ist nett gesagt kommt aber einem Politikstil entgegen, der Widerstände weder offen noch offensiv angehen will, sondern unbemerkt und schmerzfrei gestalten möchte.

Dialog ohne Folgen

Gut möglich, dass die Bürgerdialoge ein Versuch in dieser Richtung waren. Den ersten gab es im Jahr 2012. Wer wollte, konnte sich auf der eigens geschalteten Seite der Kanzlerin registrieren und seine Anliegen vorbringen, die dann am Ende im August 2012, ein Jahr vor der nächsten Bundestagswahl, von einer Expertenjury ausgewertet wurden. Das bloße Ranking nach Zahl der Unterstützer brachte Freunde der Legalisierung von Cannabis und Bürger an die Spitze der Dialog-Bewegung, die liberalere Waffengesetze forderten, deren Anliegen – nun ja – freundlich zur Kenntnis genommen wurden.

Das eigentlich interessante Ergebnis war ein anderes, wie die Experten im Schlussbericht erklärten: Der deutlich erkennbare rote Faden in den Hunderten Anliegen bestand darin, dass sich die Deutschen der Grundlagen ihres Wohlstands und ihrer gesellschaftlichen Freiheiten nicht bewusst sind, sondern diese als selbstverständlich hinnehmen.

Wirtschaftlich sahen die Deutschen ausweislich der Befragungen und Untersuchungen der betreffenden Arbeitsgruppe weder eine Abhängigkeit des inländischen Wohlstands von der Energieversorgung noch vom Zugang zu Rohstoffen oder dem Rahmenreglement für die Arbeit. Im Gegenteil: Energie werde schon da sein, lautete mehrheitlich die Aussage der Bürgerdialog-Bürger. Stattdessen gab es viele gute Ideen, wie deutsche Firmen klimaneutral wirtschaften, soziale Verpflichtungen übernehmen und ihren internationalen Handel nach Fair-Trade-Regeln ausrichten sollten. Finanziell sah die Mehrheit der Dialog-Teilnehmer ebenfalls keine Notwendigkeit für Rücksichten bei politischen Entscheidungen. Standardwendung: »Ein reiches Land wie Deutschland wird doch ...« Dann folgen viele schöne, wünschenswerte Projekte von Atomausstieg bis zur Integration von Migranten. Wie oft das gleiche Geld des »reichen Deutschland« da für visionäre Unternehmungen ausgegeben wurde, haben die Dialog-Experten allerdings nicht gezählt.

Politisch müsse sich einiges ändern – darüber waren sich die Mitsprachler ebenfalls einig. Sorgen, ob und wie das Gemeinwesen funktioniert, trieben die meisten Deutschen allerdings nicht um. Dafür sahen alle reichlich Reformbedarf. Entscheidungen müssten nicht nur transparent sein, sie sollten auch klar und schnell getroffen werden, aber unter Einbeziehung der Bürger – am besten per Volksentscheid, -abstimmung, -befragung. Dass all dies möglicherweise nicht gleichzeitig zu haben ist, wurde als kleinliche Verhinderungsrhetorik zurückgewiesen. Grundsätzlich Schuld: »die etablierten Parteien«, »die Politiker«, »die Wirtschaft« …

Gesellschaftlich war vor allem wichtig, dass die individuellen Lebensentwürfe nicht durch gesamtgesellschaftliche Verantwortlichkeiten beeinträchtigt oder eingeengt werden. Vor allem sah sich jeder, der nicht im gleichen Maße gefördert wurde wie andere, als Opfer von Diskriminierung. Motto: Was ich nicht bekomme, soll keiner haben oder alle. Dabei ist das gesellschaftliche Selbstbild der Deutschen kein egozentrisches. Es soll allen gut gehen, Migranten sollen alle nötigen Hilfen bekommen, sexuelle Identitäten sollen völlig gleichgestellt sein, Familien gefördert werden und Sozialschwache unterstützt. Maximale Solidarität bei maximaler Freizügigkeit.

Die Kanzlerin hat die Berichte am Ende des Dialogs mit Interesse zur Kenntnis genommen. Einfluss auf ihre Politik haben die Beiträge erkennbar nicht genommen. Dafür setzte sie diese Form der öffentlichen Dialog-Veranstaltungen in Zukunft sehr viel häufiger ein. Die Große Koalition von 2013 bis 2017 beschloss gleich eingangs eine Serie von Bürgerdialogen der Kanzlerin und der Minister unter dem dezent suggestiven Titel »Gut leben in Deutschland« und mit jeweils ausgewähltem Publikum. Um »böse Überraschungen« zu vermeiden, wurde den jeweiligen Veranstaltungen stets moderierte Runden mit dem ausgewählten Publikum vorgeschaltet, auf denen mit kleinen Fragekärtchen Themen und Fragestellungen »erarbeitet« wurden.

Robin Alexander beschreibt die Vorbereitungen zu einem Bürgerdialog in Jena (»Merkel zu Gast beim Volk«, *Welt*, 14. August 2018) wie folgt: »Zwei Stunden lang diskutieren sie in Kleingruppen und beschriften Karteikarten, über welche Themen sie gerne mit Merkel sprechen würden. Die Moderatorin leitet pädagogisch, aber nicht manipulativ von den kleinen zu den großen Fragen über: ›Mal ganz global-galaktisch gefragt: Hat Deutschland von Europa mehr Vorteile oder mehr Nachteile? Denken Sie erst ein paar Minuten nach. Dann zeigen Sie die grüne Karte, wenn Sie meinen, Deutschland hat mehr Vorteile. Aha, 49! Und zeigen Sie die rote Karte, wenn Sie meinen, Deutschland hat mehr Nachteile. Hm, drei.‹«

Es ist ein Format, das Merkel durchaus liegt. Das Besucher-Casting sorgt dafür, dass sie meist nicht allzu hart angegangen wird und die im Umgang mit politischen Großköpfen ohnehin ungeübten Fragesteller in ihrer Gegenwart von einer Aura des staatsmännischen Respekts gefangen genommen werden. Dabei kommen dann Fragen heraus wie: »Was können wir tun, um Europa den Menschen noch besser zu erklären?« Als ob hier nicht Menschen mit einem Menschen zusammensäßen, sondern eine Art Verantwortungsgemeinschaft, die sich im Schwebesitz über den Wassern um die Beschränktheit des unwissenden Bürgers sorgt.

Merkel kann in solchen Foren mit ihrem in der Tat stupenden Faktenwissen punkten, vor allem aber reichen winzige Sequenzen menschlicher Nahbarkeit, um nachhaltig Sympathien im Auditorium zu erzeugen. Ein scherzhafter Halbsatz, ein kaputtes Mikro, das sie kurzerhand selbst austauscht oder ein Verweis darauf, dass ihr Mann immer die zu geringe Zahl von Streuseln auf ihrem Kuchen bemängele (wie im Wahlkampf 2013), und das Publikum wird später überall erzählen, dass sie ja ganz anders sei, wenn man sie von Nahem erlebe. Politische Analysten haben darauf hingewiesen, dass Merkel mit ihrer völligen Allürenlosigkeit vor allem bei unpolitischen Wählern am besten ankomme, während politisch engagierte Bürger entweder dezidiert links und damit für die Union kaum zu erreichen seien oder starke, klar konturierte Ansagen schätzten. Beides liefere Merkel nicht. Stattdessen verkörpere sie eine umfassende »Kompetenzvermutung« (Karl-Rudolf Korte), die in politisch stabilen Zeiten zu einer Art »Arzt-Patienten-Verhältnis« (Alexander Dobrindt) würden: Man verstehe zwar die immer komplizierteren politischen Themen nicht, vertraue aber darauf, dass Frau Dr. das schon im besten Sinne verwalte.

Zumindest 2013 ging diese Rechnung voll auf und die Union mit 41,5 Prozent aus der Bundestagswahl hervor. Der Bestwert in Angela Merkels Kanzlerschaft. Schon zwei Jahre später, im Sommer 2015, legte dann ausgerechnet ein Bürgerdialog aber auch die Widersprüchlichkeit in Merkels Politik offen. Der Auftritt des Flüchtlingsmädchens Reem Sahwil erregte dabei deutschlandweit Aufsehen. Das damals 15-jährige palästinensische Flüchtlingsmädchen aus dem Libanon war 2010 zur medizinischen Behandlung ihrer Behinderung und der Folgen eines Unfalls mit ihren Eltern nach Deutschland gekommen und verfügte lediglich über den Status einer Duldung. Im Bürgerdialog fragte es die Kanzlerin, warum man sie denn in dieser Unsicherheit leben ließe, jederzeit wieder ausgewiesen zu werden.

Merkel verwies auf die Rechtslage, die sie auch nicht ändern könne, und darauf, dass manche eben auch zurückmüssten. Eine Haltung, die rechtsstaatlich völlig klar und zwingend war, aber weithin als kalt und hartherzig kommentiert wurde, nachdem Reem in Tränen ausgebrochen war. Die Einreise aus einem sicheren Land wie dem Libanon zum Zweck einer medizinischen Behandlung schafft kein dauerhaftes Bleiberecht. Keine zwei Monate nach dem Bürgerdialog in Rostock revidierte Merkel ihre klare Rechtsstaatsorientierung fundamental, indem sie den massenhaften, unkontrollierten und meist auch papierlosen Grenzübertritt von Migranten aus Sorge um Szenen und Bilder harter Konfrontation als eine Art logistische Herausforderung hinnahm und über Monate zur Regel werden ließ: »Wir schaffen das.« Auch Reem hat es geschafft und verfügt mit ihren Eltern inzwischen über ein dauerhaftes Bleiberecht.

In der Folge nutzte sie wiederum das Mittel der Regionalkonferenzen, um die innere Rebellion ihrer Partei aufzufangen und vor allem die untere und mittlere Funktionärsebene einzubinden. In einer ganzen Reihe solcher Konferenzen kam es nicht nur zu heftigen Attacken, sondern vor allem im Osten auch zu Rücktrittsforderungen und Beschimpfungen. Wirklich beeindrucken ließ sich die Merkel in ihrer Politik durch die Stimmung an der Basis freilich nicht. Ähnlich wie bei den alljährlichen Auftritten vor der Bundespressekonferenz kommt das Format der Kanzlerin durchaus entgegen. Denn in der Regel kann der Fragesteller nicht nachhaken und muss selbst offenkundig ausweichende Antworten auf seinem Platz schlicht hinnehmen. Weder Hinweise auf unterschlagene Fakten oder andere Interpretationen lassen sich nachlegen noch lässt sich die Kritisierte durch emotionale Wallungen aus der Ruhe bringen. Am Ende bleibt noch immer die Botschaft: Gut, dass wir gesprochen haben. Sage niemand, er sei nicht zu Wort gekommen.

Wichtige Debatten wandern ins Netz ab

So oft Angela Merkel das Konsenskonzept Bürgerdialog genutzt hat, so hohl ist das Format inzwischen geworden. Eine wirklich authentische Begegnung mit den »Menschen von nebenan« ist es nie gewesen, aber es konnte damit immerhin der Versuch unternommen werden, die Argumentationsketten, die in den Berliner Entscheidungszirkeln wieder und wieder durchgekurbelt werden, einem breiteren Publikum zu erläutern. Mit der Zeit sind diese Treffen zu einer weiteren Abspielplattform offizieller Verlautbarungen geworden, die nicht einmal den Eindruck hinterlassen, die politischen Akteure nähmen wenigstens eine gewisse Nachdenklichkeit daraus mit. Und ein Publikum, das nicht nur seine Meinung sagen, sondern eine andere Politik will, findet sich im Netz längst in eigenen Foren zusammen, die man mit nett arrangierten Fragerunden nicht mehr erreicht.

Doch nicht nur in der Binnenpolitik funktioniert Merkels Konsensmodell der Mitte schon lange nicht mehr. Wer mit der Kanzlerin auf Reisen ist, registriert bei ihr ein sich mehr und mehr verdüsterndes Weltbild. Sie ist fasziniert vom kühl-planmäßigen Aufstieg Chinas – dem technologischen, wirtschaftlichen, wohlgemerkt. Auf die damit unweigerlich einhergehende politische Dominanz hat sie keine Antwort, findet das rituelle »Ansprechen« von Menschenrechten bei Besuchen in Peking (zu Recht) hohl und wenig effektiv, sondern versucht stattdessen, intern einzelne Fälle zu klären. Außerdem predigt sie daheim immer wieder, dass »wir«, dass Deutschland und Europa schneller werden müssten, wenn wir von China nicht technologisch und damit auch wirtschaftlich abgehängt werden wollten. Das ist zwar völlig richtig, nur müsste sie bei diesen Appellen auch erklären, wie freiheitlich-demokratisch verfasste Gesellschaften im Wettbewerb mit einer Autokratie bestehen sollen, die ihre Bürger zur Abgabe ihrer Daten zwingt und in eine soziale Wohlverhaltenskonkurrenz schickt: fröhliche Tanz-Kirmes gegen Gleichschritt-Armee. Und die militärischen Thinktanks, die anderswo barrierefreies Denken und Zukunftsforschung vorantreiben, sind in Deutschland nicht akzeptiert. Merkel hat keine Antwort auf die schon jetzt hinter der traditionellen Bescheidenheit der chinesischen Seite erkennbare Siegerpose: Europa, auch Deutschland, braucht zum Erhalt des gewohnten Wohlstands die chinesischen Märkte, aus denen es herausgedrängt wird, sobald die chinesischen Branchen auf eigenen Beinen stehen. Damit im Abendland die Lichter nicht ausgehen, stärken wir sehenden Auges einen Riesen im Land des Lächelns, der dem Westen schon bald das Tanzen beibringen könnte. Eine Win-win-Situation – für China.

Merkel sieht dies ebenso nüchtern wie die Rückkehr Russlands unter Wladimir Putin als beinharten globalen Mitspieler und hat ihm doch nichts entgegenzusetzen. Dem klaren Machtanspruch des Westens in Russlands Vorhof trat sie 2008 beim NATO-Gipfel in Bukarest noch entgegen und verhinderte die Aufnahme der Ukraine und Georgiens in das Bündnis. Als Putin bei nächster Gelegenheit nach Krim und Ostukraine griff, blieb den Europäern an der Spitze nicht mehr als ein 17-stündiger Verhandlungsmarathon 2015 in Minsk, den Putin seitdem ebenso ignoriert wie die Sanktionen gegen sein Land. Er weiß, dass der Westen zwar die Stärke des Rechts predigt, für die Durchsetzung dieses Recht aber kaum militärische Mittel einsetzen will (oder kann).

Wann immer sich Merkel und Putin treffen, gibt es einen lächelnden Machtkampf, der inzwischen längst offen bei den Pressekonferenzen ausgetragen wird, aber folgenlos bleibt. Im Grunde aber verachtet Putin den Westen dafür, dass dieser nicht einmal seine eigenen Interessen wirklich durchsetzen kann. Der bringt in seinen Augen für das Durchsetzen von Gay-Paraden in Moskau regelmäßig mehr Empörung und politische Energie auf die Waage, als für die Sicherung des Einflusses der Europäer im Mittleren und Nahen Osten.

Konfliktvermeidung: Ein Konzept kommt an seine Grenzen

Auch im Umgang mit Trump hat Angela Merkel so ziemlich alles versucht. Sie hat früh Emissäre geschickt, die herausfinden sollten, über welche personelle Bande man Trump anspielen und Einfluss auf ihn gewinnen könnte. Sie hat seine Tochter umgarnt und zum Berliner Frauengipfel geladen und sich für ihre Treffen mit dem US-Präsidenten raffinierte psychologische Taktiken ausgedacht. »Lass es immer aussehen, als wäre es sein Sieg«, war das Motto beim letzten Kurztrip nach Washington. Doch das hat den Erraten im Weißen Haus auch nicht sonderlich beeindruckt. Trump empfand es als angemessen und nahm es als Bestätigung. Dass er um keinen Millimeter von seinem Kurs abweichen, dass er um jeden Preis seine Versprechen an seine Wähler halten werde, erkannte auch Merkel schon sehr früh.

Um jeden Preis? Auch EZB-Chef Mario Draghi sagte diesen Satz mit Blick auf die Rettung des Euro bei einer Investoren-Tagung in London 2012: »Whatever it takes«. Um jeden Preis werde er die Gemeinschaftswährung retten. Ein politisches Konstrukt, das bis heute allenfalls ökonomisch mit massiven Geldinfusionen funktioniert und den alten Kontinent nicht wirklich geeint hat. Trump sagt diesen Satz mit Blick auf seine Wähler. Das ist der Unterschied. Doch ist es auch Populismus? Man mag einwenden, Trump habe seinen Wählern das Falsche versprochen und versuche nun, mit falschen Mitteln die falschen Versprechen zu halten.

Fakt ist aber auch, dass der Westen mit der vermeintlich mächtigsten Frau an der Spitze dem weder wirtschaftlich noch politisch wirkungsmächtige Alternativen entgegenzusetzen haben. Freier Welthandel, Multilateralismus, Verzicht auf regionale Hegemonie-Politik ... – all unsere hoch gehaltenen und lieb gewordenen Ideale müssen in der Realität bestehen und vor allem die Menschen überzeugen. Im Spätsommer 2015 erhielten Union und SPD zusammen in Umfragen etwa 67 Prozent. Heute liegen sie zwischen 41 und 48 Prozent, Tendenz fallend. Die politische Mitte schmilzt.

Es lässt sich nicht überprüfen, ob der Rostgürtel der Vereinigten Staaten, statt auf Trumps Handelskrieg zu hoffen, nach dem Vorbild der bundesdeutschen Kohlereviere an Saar, Rhein und Ruhr hätte einem Strukturwandel unterzogen werden und zur Konkurrenz für das kalifornische Silikon Valley hätte aufgebaut werden können. Sicher hingegen ist, dass die Menschen vom liberalen Obama enttäuscht waren und dessen Möchtegern-Nachfolgerin Hillary Clinton ihnen nichts Überzeugendes anzubieten hatte. Und außenpolitisch müssen wir uns eingestehen, dass überall dort, wo der Westen aufhört, Ordnungsmacht zu sein (oder sein zu wollen), sich andere finden, die gern einspringen. Mit welchen Mitteln diese Ordnung angestrebt wird, steht auf einem anderen Blatt. Es müssen nicht immer militärische sein. Vor allem müssen sich Politiker finden, die klar aussprechen, dass nicht sie, sondern wir alle Interessen haben, in denen sich im Idealfall Eigen- und Weltnutz verbinden sollte.

Wie in der Innenpolitik hat Angela Merkel versucht, all dies dadurch zu bewältigen, dass sie harte Konfrontationen zu vermeiden suchte, ihre eigenen Überzeugungen notfalls taktisch verpackte und hoffte, im Austarieren gegenseitiger Interessen die andere Seite auf ihren Kurs zu ziehen. Eine Methode, die funktionieren kann, solange die Gegenseite ähnlich unentschieden, abwägend, zögernd und risikoscheu ist. Im Angesicht politischer Berserker vom Kaliber Trumps, Putins, Erdoğans oder des höflich-harten Herrn Xi funktioniert dieser Trick nicht mehr. Brachte die Defensiv-Kanzlerin lange Zeit ihre sturen Konkurrenten durch geschicktes Zurückweichen ins Wanken und ließ sie unversehens nach vorn auf die Nase fallen, so kommt die heutige Kämpfergeneration durch den unverhofften Geländegewinn erst richtig ins Laufen.

Das Konzept der Konfliktvermeidung kommt an seine Grenzen; innen-, wie außenpolitisch. Die internationalen Konflikte und das Aufwachsen des sogenannten Populismus zeigen: Dies ist die Stunde der Politik, nicht länger den Menschen die Welt zu erklären, sondern sich klar zu machen, welche Welt die Menschen erwarten. Es ist aber auch die Zeit eines neuen Stils der klaren Antworten. Vertrauen wächst, wenn Worte wieder das bedeuten, was sie bedeuten. »Gründliche Analyse« darf kein Synonym von »später« und »weiter so« sein, »personelle Erneuerung« keine hohle Phrase, die immer nur die anderen meint, »Reform« und »Harmonisierung« nicht länger als Drohung verstanden werden, und es darf nicht jeder »Populist« heißen, auf den einem keine Antwort einfällt.

Es geht in der Auseinandersetzung mit dem vermeintlichen Populismus nicht darum, Ideale aufzugeben, sondern sie im Sinne der Wähler zu verfolgen. Europa-Skeptiker überzeugt man nicht durch »mehr Europa«, sondern dadurch, dass das vorhandene funktioniert und man weitere Fortschritte immer in Rücksprache mit den Menschen vollzieht – auch auf die Gefahr hin, notfalls langsamer voranschreiten zu können.

Die Zeit ist reif für klare, offene Worte. Für Politiker, die sich selbst durch klare Positionen notfalls zur Disposition stellen und dem Wähler anstelle des fertigen Konsenseintopfs die Zutaten vor und zur Auswahl stellen. Und vielleicht ist die Zeit auch reif dafür, sich einzugestehen, wie verlogen das kollektive Herumhacken auf der FDP war, mit dem die um ihre Machtoption gebrachten Mitbewerber auf deren Ausstieg aus den Jamaika-Verhandlungen reagierten. Jamaika wäre kein frischer Neubeginn gewesen, sondern ein Würgekniff einer Union, die sich mit Blick auf den Herbst 2015 noch immer nicht ehrlich gemacht hat. Neue Farben, neues Glück und weiter so – obwohl schon damals klar war, dass es so nicht weiterging. »Lieber nicht regieren, als falsch zu regieren« ist nicht verantwortungslos, sondern sollte zum Ehrlichkeitsmerksatz und Beginn einer überfälligen Selbstreflektion der Parteien werden. Sollte. Groß ist die Hoffnung nicht.

Nicht wenige, sondern viele: Populismus gehört in die Mitte, nicht an die Ränder

Es ist eine Szene, von der CSU-Chef Horst Seehofer noch heute schwärmt: Beim ersten Treffen für die Koalitionsverhandlungen nach der Bundestagswahl 2013 kam der damalige SPD-Chef Sigmar Gabriel mit einem schelmischen Grinsen auf ihn zu und gratulierte zu der Idee der CSU, die Rentenanwartschaften von Müttern, die vor 1992 Kinder zur Welt gebracht haben, zum Wahlkampfthema zu machen. Immer wieder war die CSU-Forderung nach mehr »Mütterrente« in der zurückliegenden Kampagne aufgegriffen worden. Immer wieder hatte die SPD versucht, dagegenzuhalten und auf eine andere, bessere Verwendung der Mittel gedrungen. Am Ende hatte sie die Waffen strecken müssen, vor dem »Populismus« der Union. Dieser Punkt ging an die CSU.

Rentenpolitisch ist die Mütterrente eher ein Feinschmeckerthema, das gut zwanzig Jahre nach dem Stichtag fast schon wieder in Vergessenheit geraten war. Wurde Müttern für Niederkunft und Erziehungszeiten vor 1992 ein Jahr (und damit bis zu ein Rentenpunkt) gutgeschrieben, so gab es ab 1992 gleich drei Jahre (bzw. Rentenpunkte) auf das individuelle Rentenkonto. Dass Kinder vor 1992 nicht weniger wert sind und auch nicht weniger Arbeit machten (eher im Gegenteil, wegen geringerer Kita-Dichte), versteht sich von selbst. Der Stichtag gehorchte schlicht finanziellen Grenzen der Rentenkasse. Nun also hatte die CSU wie ein (bayerischer) Löwe dafür gekämpft, dass Mütter für ihre Kinder vor 1992 einen weiteren Rentenpunkt bekommen sollten, um die logische Lücke zwischen davor und danach wenigstens ein wenig zu schließen. Und um der stetig wachsenden älteren Wählergruppe ein spürbares Plus in die Geldbörsen zu zaubern. Denn die komplizierte Punkterechnung macht sich für die Seniorinnen deutlich bemerkbar: Für Kinder vor 1992 waren bis zu 28,14 Euro im Westen und 25,74 Euro im Osten monatlicher Rente mehr drin. Für die Erziehung ab 1992 geborener Kinder ergibt sich eine Rentensteigerung von 84,42 Euro im Monat im Westen und 77,22 Euro im Osten.

Logisch war gegen die »Mütterrente« also nichts zu sagen, menschlich und moralisch gleich gar nicht: Wer gönnte nicht tapferen Müttern auskömmliche Ruhebezüge nach selbstlosem Einsatz für Nachwuchs und Gesellschaft? Mit anderen Worten: Ein Trumpf, gegen den die rentenpolitischen Taschenrechner und ordnungspolitischen Pfennigfuchser keinen Stich machen konnten, obwohl das Schaffen solcher Anwartschaften bei immer weniger Beitragszahlern und immer mehr Rentenempfängern fürs Gesamtsystem mehr als heikel sind. Die Mütterrente – Populismus vom Feinsten.

Gabriel also schüttelte Seehofer die Hand mit jenem kumpelhaften Einschlag, der sportlichen Respekt nach hartem Kampf für den Gegner signalisiert. Die Mütterrente: gnadenlos gut, ökonomisch falsch und doch unangreifbar. Populismus pur, und zwei Populisten, die in ihrer Disziplin auch Punktsiege der anderen Mannschaft neidlos anerkennen können. Denn eigentlich wäre es Gabriels Part gewesen, soziale Geschenke zu verteilen ohne Rücksicht auf ökonomische Gesetze und Sachverstand. So aber musste er sich im Wahlkampf gegen ein CSU-Projekt stemmen, dass im Gefühl gerade der sozialdemokratischen Klientel nichts Verwerfliches an sich hatte. Gut gemacht, alter Gauner, sagte dieser Handschlag.

So sehr man über Sinn und Unsinn der Mütterrente streiten kann, so beispielhaft ist der Vorgang doch dafür, was Populismus ausmacht und wo er hingehört: in die Mitte der Gesellschaft. Denn da kommt er her.

Nicht wenige, sondern viele: Populismus gehört in die Mitte, nicht an die Ränder

Eine Studie der Bertelsmann-Stiftung in Zusammenarbeit mit dem Wissenschaftszentrum Berlin (*Die Welt*, 1. Oktober 2018) belegt das eindrucksvoll. Es »seien bei der politischen Mitte die größten Verschiebungen im Vergleich zur Erhebung 2017 zu verzeichnen, sagt Robert Vehrkamp, Demokratie-Experte der Bertelsmann-Stiftung und Mitautor der Studie. Etwa jeder achte Wahlberechtigte, der sich in der politischen Mitte verortet, habe populistische Ansichten. Im Vorjahr sei es noch etwa jeder neunte gewesen.

Auch insgesamt stieg der Anteil der populistisch eingestellten wahlberechtigten Bürger demnach gegenüber 2017 leicht von 29,2 auf 30,4 Prozent an. So ist laut der Erhebung fast jeder dritte Befragte populistisch eingestellt. Dabei gelte: Je höher der Bildungsgrad und das Einkommen, desto weniger verbreitet solche politischen Ansichten. Für die Online-Umfrage wurden im Mai und August dieses Jahres jeweils mehr als 3400 Wahlberechtigte von Infratest Dimap zu ihrer politischen Einstellung befragt. Als populistisch eingestellt gelten laut Studie Personen, die sich anhand eines Fragebogens zu acht Aussagen bekennen, die die grundlegenden Dimensionen des Populismus abbilden: Anti-Pluralismus, Einstellungen gegen das ›Establishment‹ und pro Volkssouveränität.«

Nun muss man solche Studien mit Vorsicht genießen. Sie geben Trends an, sind aber keine Punktlandung oder präzise Momentaufnahmen. Richtig ist: Die »kleinen Leute« mit niedrigen und mittleren Schulabschlüssen artikulieren ihre Unzufriedenheit über die sogenannten populistischen Strömungen. Das hat man sowohl bei der Wahl von Donald Trump als auch beim Brexit-Votum feststellen können. Und man muss einmal mit aller Klarheit sagen: Diese Menschen haben eine Mehrheit, wenn sie sich in einer Bewegung vereinen. Man kann es den Naserümpfern und Volksverächtern nicht oft genug erklären: Die Bevölkerungspyramide ist unten breit, nicht an der Spitze.

Und wenn selbst in sozialdemokratischen Intellektuellenkreisen herablassend davon gesprochen wird, dass es einen Unterschied gebe zwischen Demokratie und Ochlokratie – der Herrschaft des Haufens (Pöbels) –, dann haben da einige Volksvertreter ihre eigene politische

Ordnung gründlich missverstanden. Nein, es gibt keinen Unterschied zwischen den Bürgern im Lande und auch keinen Numerus clausus an der Wahlurne. Wer sich in seiner Not ein politisches Ständewesen zurückwünscht, geht in der Demokratiegeschichte zurück auf Start. Immerhin hatte die Sozialdemokratie da ihre besten Zeiten noch vor sich.

Kritisch muss man in der genannten Studie allerdings die Definition von »Populismus« hinterfragen, die in bester Holzschnittmanier stark verengt wurde auf ein rechtsnationales Spektrum, das laut Autor Vehrkamp vom Bild einer »homogenen Gesellschaft« geleitet wird. Er meint offenbar eine »ethnisch« homogene Gesellschaft, unterschlägt dabei aber, dass gerade linke Populismen ebenfalls und in viel grundsätzlicherer Weise auf Homogenität setzen und diese sogar ausdrücklich anstreben. Auch wenn der reale Sozialismus mit seinem Versuch gescheitert ist, eine »klassenlose Gesellschaft« zu errichten, als klassischer sozialistischer Markenkern ist das Ziel umfassender Gleichheit noch immer den meisten linken Bewegungen tief eingewurzelt und Motor weitreichender Umverteilungsbemühungen. Auch große Teile des Feminismus gehen denklogisch von einer homogenen Gesellschaft als unterstelltem natürlichem Idealzustand aus. Nur so ist die Forderung nach einer gleichmäßigen Verteilung der Geschlechter (oder anderer sozialer Merkmale) nach demografischem Repräsentanzschlüssel sinnvoll und erklärbar.

Populisten sind kein Randphänomen

Das andere Problem der Bertelsmann-Studie besteht darin, dass sie den klassisch-materialistischen Ansatz pflegt, bei dem niedrige Bildungsabschlüsse und niedrige Einkommen gekoppelt werden, um am Ende wieder bei ebenso klassischen sozialpolitischen Umverteilungsrezepten landen zu können. Studien zur Sozialstruktur der AfD und ihrer Wähler liegen aber längst vor. »Die Wählerschaft der Partei ist heterogen. Die meisten AfD-Wähler sind männlich, älter als 30 Jahre, durchschnittlich gebildet und verdienen gut«, geht aus einer Untersuchung des Instituts YouGov hervor, aus der die »Zeit« (23. August 2017) zitiert. »Auch die Daten von YouGov bestätigen: Die AfD-Wähler sind nicht das, was man gemeinhin ›die kleinen Leute‹ nennt.« Der größte Teil der AfD-Wähler (38 Prozent) verdient demnach zwischen 1500 und 3000 Euro monatlich, ein Viertel (25 Prozent) sogar noch darüber. Unterhalb der 1500-Euro-Grenze rangiert lediglich ein Viertel der Anhänger.

Vor dem Hintergrund dieser Zahlen kann niemand ernsthaft behaupten, Populisten seien ein Randphänomen, dem man mit Verächtlichmachung beikommt. Das Problem dieser Zeit ist nicht der »Populismus«, sondern es sind Parteien, die glauben, sie hätten die Hoheit darüber, was im Land gedacht und gefordert werden darf. Und: dass die Mitte dort sei, wo sie sich selbst befinden. Für manche Politiker ist das ein schmerzhafter Lernprozess. Was für die Christenheit der Abschied vom geozentrischen Weltbild war, ist für viele etablierte Parteien der Abschied vom egozentrischen.

Es sind nicht die Ränder mit ihren Sektierer-Themen und Verschwörungstheorien, die unter den Menschen wirklich Raum greifen und populär werden. Es sind in die Enge geratene Parteien, die den Populismus an die Ränder drängen wollen. Doch spätestens beim flächendeckenden Einzug sogenannter Populisten in die Parlamente müsste eigentlich klar werden, dass deren Themen keine Randthemen mehr sind, auch wenn man es als gestandener Politiker gern so hätte.

Die Mütterrente ist aufgeladen mit Metaphern aus unserem Alltag, die in der Bilderwelt jedes Menschen vorkommen und ziemlich einheitlich mit einer warmen, empathischen Gefühlsmusik unterlegt sind. Wer diese Bilderwelt im politischen Meinungskampf überwinden oder auch nur angreifen will, müsste sie mit rentenökonomischen Statistiken, der Alterspyramide oder dem Verweis auf den aktuellen durchschnittlichen Wohlstand der heutigen Rentnergeneration attackieren. Ein aussichtsloses Unterfangen, bei dem kühle Rationalität gegen frühkindliche Idyllen, Schutzreflexe und zeitgeistlich grundierten Widerstreit der Mutterrolle zur Erwerbstätigkeit stehen.

Und wer in der Migrationspolitik jene erreichen will, die den Kreuzberger »Karneval der Kulturen« zwar für wunderbar bunt, aber nicht für ein tragbares Gesellschaftskonzept halten, der muss es ebenfalls mit tiefsitzenden Bildern aufnehmen: Mit dem Menschenstrom, der sich die Balkanroute hinaufwälzt, mit einem Stadtbild, in dem das muslimische Kopftuch zum Alltag gehört oder damit, dass Anschläge und Übergriffe von Würzburg, Ansbach, Köln, Kandel, Freiburg, Berlin-Breitscheidplatz, Chemnitz, Köthen … sich in der Wahrnehmung vieler zu einer klaren Linie verlängern. Zu glauben, man könne das Problem aus der Welt schaffen, indem man kurzerhand alle demonstrierenden, »empörten« Bürger den am Rande Hitler-Gruß zeigenden Neonazis zuschlägt, der ist auf einem gefährlichen Holzweg. Die Nazifizierung der Mitte ist die dümmste und explosivste Form etablierter Hilflosigkeit.

Wenn mir die Frau eines Sparkassendirektors im Westfälischen erzählt, dass sie zum Geldabheben jetzt lieber zum Automaten einige Straßen weiter geht, statt sich durch lungernde Asylbewerber auf dem Markt zu schlängeln, ist etwas in der Mitte angekommen, das man analysieren (auf zentralen Plätzen gibt es oft kostenloses WLAN), aber nicht wegdiskutieren kann. Bei der Frau des Sparkassendirektors kann man soziale Konkurrenz um Arbeitsplatz und gesellschaftliche Anerkennung als Motivlage mit einer gewissen Wahrscheinlichkeit ausschließen, wie auch AfD-Anhänger, Pegida- und andere Demonstranten ausweislich etlicher Studien nicht zu den »Abgehängten« gehören. Ihre Ausgrenzung nach rechts führt unweigerlich zur Verfestigung des Michael-Kohlhaas-Gefühls, einem »System« gegenüber zu stehen, dass nicht bereit und in der Lage ist, ihre Anliegen fair und offen zu verhandeln. Wenn kulturelle Verunsicherung das Problem ist, gehört es auf den Tisch, in den Bundestag, in die Wahlkämpfe.

Man kann es schändlich finden, dass Politik sich solcher emotionaler Webfäden à la Mütterrente bedient oder durch sogenanntes Framing bildhaft aufgeladene Schlagworte setzt, die Denkrichtungen vorgeben sollen. In Wahrheit ist all das politisches Kerngeschäft. Wer auf der griechischen Agora oder auf dem nordischen Thing überzeugen wollte, musste den Nerv der Menschen treffen, ihre Gefühle und die Bilder in ihrem Kopf aktivieren. Wer in den aktuellen Auseinandersetzungen mit dem Populismus glaubt, er selbst oder die etablierten Parteien verträten das Wahre, Richtige und Schöne gegen die Falschwisser und Falschmeiner, der hat seinen Job als Politiker nicht verstanden. Oder um es mit Gabor Steingart zu sagen: »Um die Argumente der Rechtspopulisten zu widerlegen, muss einem mehr einfallen, als dass es die Argumente der Rechtspopulisten sind.« (Briefing, 21. September 2018) Ein Satz, der den Kern der Hilflosigkeit vieler Auseinandersetzungen trifft. Absender und Herkunft lästiger Zwischenrufe zu diskreditieren, schafft deren Themen nicht aus der Welt.

Dabei haben alle größeren Parteien in der Vergangenheit durchaus bewiesen, dass sie nicht bereit sind, den Populismus den Populisten zu überlassen. »Mehr Netto vom Brutto« (FDP), die »Entlastung der Bürger« (Union) oder »Reichtum für alle« (Linke) setzen da durchaus populistische Maßstäbe. Das SPD-Projekt der »Rente mit 63« belegt dabei einen guten zweiten Platz hinter der »Mütterrente«, was rentensystematische Schädlichkeit und treffsichere, populäre Verpackung angeht. Wurde im Wahlkampf immer wieder der sprichwörtliche Dachdecker oder Gerüstbauer bemüht, der sich nach 45 Arbeits- und Beitragsjahren die Knochen ruiniert und seinen Ruhestand mehr als verdient habe, so zeigte die Praxis sehr schnell, dass gerade dieser sympathische Zeitgenosse sich abschlagsfreie Rente mit 63 gar nicht leisten kann. Genau jene geringverdienenden Berufsgruppen arbeiten notgedrungen meistens weiter, um bis zum 65. oder 67. Lebensjahr noch weitere Rentenanwartschaften zu erwerben. Stattdessen wählen gutverdienende Angestellte in der Mehrzahl der Fälle gern einen vorfristigen Ruhestand und nehmen dafür das Einfrieren der Altersbezüge auf dem Stand des 63. Lebensjahres in Kauf. Kurz: Den Wählern wurde im Wahlkampf etwas Falsches erzählt, die »Rente mit 63« funktioniert nicht, schwächt die Rentenkasse und setzt zusätzlich noch Anreize, gut qualifizierte Arbeitskräfte aus dem Erwerbsleben abzuziehen.

Interessant ist außerdem, dass es der SPD mit Blick auf Wahl- und Umfrageergebnisse hier überhaupt nichts genützt hat, ein Thema zu beackern, welches für die Wähler gar keines war. Tatsächlich zeigen Analysen der Wählerwanderungen, dass die SPD mit ihrer traditionellen Sozialstaatsprogrammatik nur noch wenig bis sehr wenig gewinnen kann. In der Wahlperiode 2013 bis 2017 konnten die Sozialdemokraten fast schon revolutionäre Veränderungen durchsetzen. Mit ihrer Hilfe wurde der Mindestlohn eingeführt, die Frauenquote in Aufsichtsräten, das Entgeltgleichheitsgesetz für Männer und Frauen … Den desaströsen Abstieg der Partei hat es nicht aufgehalten.

Die AfD als neue deutsche Arbeiterpartei

Union und SPD agieren nach dem Motto: Die Mitte ist, wo wir sind. Die Union schreibt »Die Mitte« sogar auf ihre Plakate und die Rednerpulte im »Konrad-Adenauer-Haus«. Die bittere Wahrheit lautet: Die Mitte ist (auch) da, wo die Populisten sind. Völlig zu Recht schreibt Gabor Steingart (5. September 2018): »Die AfD, das zeigen Milieustudien und die Erkenntnisse zur Wählerwanderung, ist die neue deutsche Arbeiterpartei. Bei der NRW-Wahl und bei der Bundestagswahl gab es für die SPD die größten Abflüsse in Richtung der Rechtspopulisten. Der Angstgegner der Sozialdemokratie heißt nicht Merkel, sondern Gauland. Das untere Drittel der Einkommenspyramide, da wo früher Dosenbier getrunken, ›Bild‹ gelesen und SPD gewählt wurde, hat sich nach rechts abgemeldet. Dosenbier und ›Bild‹ sind geblieben. Die Rest-SPD hat sich im Lehrerzimmer verschanzt.«

Betrachtet man die soziale Zusammensetzung der SPD-Fraktionen in Bundestag und Landtagen, dann hat Steingarts böser Nachsatz durchaus seine Berechtigung. Die SPD ist zur Partei der Lehrer, Gewerkschafter und Beamten geworden. Und es erklärt einen großen Teil der aktuellen Probleme der ältesten deutschen Partei: Die Funktionäre analysieren fachkundig Lage und gesellschaftspolitische Notwendigkeiten im Land unter Berücksichtigung von Grundsatz- und Wahlprogrammen der SPD und legen einen Kurs fest, der natürlich auf gar keinen Fall populistisch angehaucht sein darf, und am Ende allerdings noch nicht einmal populär ist, und wundern sich anschließend über den Absturz bei der Wahl. Oder um es mit Steingart zu sagen: »Das vorsätzliche Nichtverstehen der eigenen Klientel – der SPD-Stammwähler sagt dauernd Flüchtling, die SPD versteht unentwegt Rente – zahlt sich für die Partei nicht aus.«

Das ist nicht verwunderlich. Das Auseinanderklaffen von individueller, materieller Lebenssituation und Beurteilung der politischen Gesamtlage hat sich in den zurückliegenden Jahren messbar verschärft. Man muss es nur zur Kenntnis nehmen – wollen. So sieht die sogenannte Generation Mitte, die vom Institut für Demoskopie in Allensbach kürzlich wiederum unter die Lupe genommen wurde, die eigene Situation durchaus solide. »42 Prozent der Befragten empfinden die eigene wirtschaftliche Situation als besser als vor fünf Jahren, nur 18 Prozent beklagen eine Verschlechterung. Nur noch elf Prozent sehen die Gefahr eines sozialen Abstiegs. 2016 waren es noch 15 Prozent gewesen. 83 Prozent sehen gar keine oder eine weniger große Gefahr.« (*Die Welt*, 19. September 2018)

Das ist umso interessanter, da Allensbach »die Mitte« nicht nach Einkommen abgrenzt, sondern nach Lebensalter (die 30- bis 59-Jährigen). Während sich der wirtschaftliche Horizont also in der Mitte aufhellt, verdüstert sich der politische: »Zugleich ist das Vertrauen in die politische Stabilität in Deutschland von 49 Prozent im Jahr 2015 auf nur noch 27 Prozent abgesackt. Allensbach-Geschäftsführerin Renate Köcher sprach von einer Erosion. Nur ein Drittel der 30- bis 59-Jährigen sei überzeugt, heute in einer glücklichen Zeit zu leben. 42 Prozent hielten die Zeiten sogar für ausgesprochen schwierig.«

Die Ursache für diese Verunsicherung sieht Köcher in »weltweiten Krisen, dem Verlust an politischer Stabilität in Deutschland, den Veränderungen des politischen Klimas«. Und Steingart bilanziert: »Die Politik sieht diese Menschen, aber sie hat sie noch nicht angesprochen.«

Blickt man sich um in Deutschland, dann fasst man allerdings auch wenig Hoffnung, dass sich daran etwas ändert. Der Wille, unvoreingenommen auf Menschen zuzugehen, sie auch mal ins Unreine reden zu lassen, ist so gut wie nicht erkennbar. Politiker-Persönlichkeiten, die es sich zum Programm gemacht hätten, verlorenes Vertrauen wieder zurückzugewinnen, erst recht nicht. Selbst Kanzlerin Angela Merkel hält die »materielle Verunsicherung« vieler Bürger für bedeutsamer als die »kulturelle Verunsicherung«. Es ist auch nicht zu erklären, woher dieser Widerstand gegen die inzwischen zahlreichen Untersuchungen rührt, die das Gegenteil zeigen und auch der Abteilung für Politische Planung, Innovation und Digitalpolitik ihrer engen Vertrauten Eva Christiansen vorliegen. Die alte materialistische Schule, die in der DDR zur Staatsdoktrin und in der bundesdeutschen Linken zum fakultativen Weltverständnis gehörte, kann es ja nicht sein. Hofft man.

Die grassierende Resistenz gegen Wähler und Bürger ist umso erstaunlicher, als schmerzhafte Wahlverluste oder gar Niederlagen ja eigentlich als politische Denkhilfe gedacht waren. Doch genau hier scheint etwas nicht mehr zu funktionieren. Wie dramatisch die Lage bereits ist, beschreibt ein ostdeutscher Ministerpräsident im vertraulichen Gespräch. Man sei im Landtag wie auch sonst inzwischen dazu übergangen, erzählt er im Hinterzimmer eines bekannten Edel-Italieners, die SPD zu schonen, sie auch bei größeren Meinungsunterschieden nicht allzu hart anzugehen, »damit wir in der Mitte überhaupt noch einen Partner haben«. Auch verzichte man inzwischen sogar schon auf die traditionellen Aufrufe, zur Wahl zu gehen und seine Stimme abzugeben, weil die Nichtwähler in der Regel viel radikaler sind, als die immer weniger werdenden Stammwähler der etablierten Parteien.

Nun mag es im politischen Tagesgeschäft hin und wieder Gelegenheiten geben, in denen man aus taktischen Gründen mit Konkurrenz unterschiedlich hart ins Gericht geht, obwohl demokratischer Wettbewerb der Ideen eigentlich das Grundprinzip in der Arena sein sollte. Aber um es einmal in der gebotenen Härte und Dramatik zu sagen: Wenn die Politik Angst vor dem Wähler hat, wenn sie nicht mehr mobilisieren, sondern demobilisieren will, um keine bösen Geister zu wecken, dann brennt es unter dem Dach der freiheitlich-demokratischen Hütte lichterloh!

Wenn die Nichtteilnahme am politischen Willensbildungsprozess das kleinere Übel ist im Vergleich zur Artikulation des Volkswillens, dann muss es jeden aktiven Politiker um den Schlaf bringen. Es mag schwierige Meinungen im politischen Spektrum geben, inakzeptable und sicher auch ein sehr kleines Segment an menschenfeindlichen, aggressiven Auffassungen, die zu bekämpfen sind. Aber im alltäglichen Regelfall gibt es keine Meinung, mit der ein Politiker nicht umgehen könnte und sollte.

Die Reaktion auf die verschiedenen Spielarten des Populismus und Rechtspopulismus reichen in Europa von aggressiver Ausgrenzung bis zu kompletter Ignoranz. Es mag Zeitgeistströmungen geben, die klein genug sind, um sie auf diese Weise wieder verwehen zu lassen. Beim sogenannten Populismus, der seit einigen Jahren in Europa und der Welt zu Kräften kommt, ist das nicht nur falsch, sondern fahrlässig. Zumindest in den freiheitlichen Gesellschaften der nordwestlichen Hemisphäre unseres Planeten ist die Gepflogenheit der ungehinderten Meinungsäußerung inzwischen eingeübt genug, um als Politik nicht mehr zwischen solchen Themen unterscheiden zu können, die man aufgreifen möchte, und solchen, die man für falsch und verboten hält. Sie werden sich artikulieren und Bahn brechen.

Was ausgesprochen werden muss

Dazu gehört als Erstes das Aussprechen der Wahrheit. Einer der maßgeblichen Gründe für das Erstarken des Populismus ist das untergründige Ahnen der Menschen, dass die Dinge nicht so sind, wie man sie ihnen erzählt, dass veröffentlichte Meinung und Realität auseinanderdriften und um den wahren Kern der Dinge herumgeredet wird. Und das auf einer immer breiter werdenden Themenpalette, die von den großen geostrategischen Fragen bis zum alltäglichen Leben reicht.

Migration ist keine Naturgewalt, sondern lässt sich steuern. Mit welchen Mitteln und zu welchem Preis, muss diskutiert werden. Und ja: Auch das Gift-Wort »Abschottung« darf man in den Mund nehmen.

Globalisierung kann gestaltet werden. Niemand ist gezwungen, sich an ihr zu beteiligen, wenn eine Mehrheit von Menschen sich lieber auf sich selbst verlässt, darf auch das kein Tabu sein. Anders gesagt: Wenn ein gesellschaftlicher Konsens darüber besteht, lieber auf die Vorzüge weltweiter Verflechtung zu verzichten, um auch von ungewollten Nebeneffekten wie Handelsungleichgewichten oder Migration verschont zu werden, ist das völlig in Ordnung und muss vom Rest der Welt akzeptiert werden.

Nationen haben noch immer Interessen, sind noch lange nicht aufgegangen in übernationalen Verbünden. Das »postnationale Zeitalter« hat es nie gegeben und wird es auf absehbare Zeit nicht geben. Wer heute die »Rückkehr« des Nationalismus beklagt, hat nicht verstanden, dass er nie weg war. Nationen sind noch immer der entscheidende Bezugsrahmen der Menschen. Separatistische Bewegungen selbst mitten in Europa (Katalonien, Schottland, Flamen, Wallonie etc.) legen bis heute beredtes Zeugnis davon ab. Das Vertreten der eigenen, nationalen Interessen ist nicht nur legitim, sondern erste Pflicht der gewählten Politiker. Alles andere muss man gut begründen.

Europa funktioniert nicht; als einstimmiger Chor schon gar nicht. Warum gibt niemand zu, dass in einem Staatenbund niemand überstimmt, bestraft oder zum Gleichschritt gezwungen werden kann? Die Abgabe von souveränen Rechten in wichtigen Belangen kann, wird und soll nicht funktionieren, weil niemand ernsthaft seine Nation einem fremden Willen unterordnet, wenn es um zentrale Interessen, Militäraktionen, ökonomischen und politischen Einfluss geht. Wer das ideale geeinte und geschlossen agierende Europa erzwingen will, zerbricht es.

Freihandel ist nicht wirklich frei, weil sonst die Starken immer stärker und die Schwachen dominieren würden. Deshalb müssen die Regeln so ausgehandelt werden, dass alle Seiten sich wiederfinden. Und zwar nicht nur die Unterhändler, sondern vor allem die Menschen.

Russland und China stecken Einflusszonen ab, streben mit extremer Härte nach Überlegenheit in wirtschaftlichen wie auch in politischen Dingen. Hören wir doch auf, so zu tun, als täten wir das nicht auch, als spielten wir ein besseres Spiel. Geben wir offen zu, dass es zwar wünschenswert wäre, wenn die Stärke des Rechts über dem Recht des Stärkeren stünde. So ist es aber nicht. Das Recht hilft den Schwachen. Das ist gut so. Doch natürlich spielen auch wir unsere Stärke aus, wann und wo immer wir können.

Es gibt auch keine Auflösung der Geschlechter, wie man den Eindruck haben könnte, wenn man Medienkonsum mit der Realität verwechselt. Mann und Frau sind und bleiben Träger des menschlichen Lebens auf der Erde. Die soziale Prägung der Rollenbilder mag sich verschieben, die biologische Disposition tut es nicht.

Die klassische Mutter-Vater-Kind-Familie ist weder »out« noch zu ersetzen. Sie ist das Kleinkraftwerk der Gesellschaft, ohne das Betreuung, Erziehung, Pflege, Demoskopie und Sozialsysteme auch in Zukunft nicht in den Griff zu bekommen sind. Die traditionelle Familie muss Politik im Blick haben, ohne andere Lebensformen aus demselben zu verlieren. Fakt ist, dass die Übertragung klassischer Familienfunktionen an gesellschaftliche Einrichtungen (Kita, Schule, Pflege, Seniorenbetreuung) schon jetzt nicht wirklich zufriedenstellend funktioniert. Ohne den noch immer dominierenden Anteil von Familien ginge es gar nicht. Niemand möge sich täuschen: Das klassische Familienbild importieren wir auch durch Migration, nicht selten ein sehr viel strengeres als das unsrige.

Klima: Tun wir nicht immer so, als könnten wir die Zukunft per Beschluss herbeiführen. Die Ziele der globalen Klimaabkommen werden an allen Ecken und Enden gerissen. Die Energiewende in Deutschland funktioniert trotz gigantischer Umverteilung von Geld nicht wirklich und wird zur Mitte des Jahrhunderts dazu führen, dass Deutschland in massiven Größenordnungen Energie importieren muss, um Klimaziele und Energiebedarf nach Atom- und Kohleausstieg in Einklang zu bringen. Der G7-Gipfel 2015 auf Schloss Elmau verstieg sich sogar dazu, die »Dekarbonisierung« der Welt bis 2100 zu beschließen, als könnte irgendwer realistisch vorhersagen, ob und wie die Nutzung von Kohlenstoff bis dahin beendet werden kann. Schon das Erreichen von Luftgrenzwerten in unseren Städten funktioniert nicht, weil zwar die Motoren immer sauberer werden, aber wenn mehr Menschen mit schweren Autos fahren, sinkt der Ausstoß eben nicht wie prognostiziert. Die Alternative zu unrealistischen Beschlüssen besteht nicht im Nichtstun, sondern in realen, harten, erreichbaren Beschlüssen. Dazu ist eine offene Debatte darüber nötig, welche Einschnitte wir als Gesellschaft hinzunehmen bereit sind, um Klimaziele zu erreichen, und welche Folgen wir nicht (er)tragen wollen.

Der Islam schafft in den libertären Gesellschaften Europas große Probleme. Jeder sieht es, jeder weiß es, und wer es sagt, wird als Rassist oder Schlimmeres beschimpft. Wo aber schon die Benennung der Realität abgeblockt wird, muss man sich nicht wundern, wenn sich Dinge an die Ränder verdrücken, anstatt in der Mitte diskutiert und gelöst zu werden. Wo und warum kulturelle Unverträglichkeiten entstehen, darüber kann und muss man sprechen und auch darüber, wie darauf zu reagieren ist. Nur ignorieren oder gar schönreden kann man es nicht.

Und es wäre sehr viel gewonnen, wenn die sich oft genug selbst ermächtigenden polit-wirtschaft-medialen Eliten sich mit dem schmerzhaften Gedanken auseinandersetzen würden, dass sie selbst nur so lange »die Mitte« sind, wie sie diese tatsächlich vertreten. Es hat schon mitunter einen recht anmaßenden Unterton, wenn sich etwa auf dem Historiker-Kongress Ende September 2018 in Münster die Inhaber der historischen Draufsicht zu Wort melden und politische Noten verteilen. Bundestagspräsident Wolfgang Schäuble (CDU) etwa sprach in seiner Eröffnungsrede von einer Zweiteilung der Gesellschaft: Eine Gruppe sei »ängstlich und rückwärtsgewandt«, die andere »selbstbewusst und zukunftsoffen«. Man sollte nicht unterschlagen, dass beides zulässig und vertretbar ist. Gerade Historiker wissen, dass der Wissens- und Erfahrungszuwachs der Menschheit nicht zuletzt durch Lehren zustande gekommen ist, die man aus immer größeren Katastrophen hat ziehen müssen. Man darf also mit einiger Berechtigung die »selbstbewusste Zukunftsoffenheit« durchaus infrage stellen, auch wenn im Augenblick die Fantasie womöglich noch nicht in der Lage ist, die nächsten Katastrophen, die etwa aus Gentechnik oder Digitalisierung erwachsen, in allen Farben auszumalen.

Die tiefe Selbstgewissheit der Guten und Offenen

Die von Schäuble beschriebene Polarisierung zwischen den »Ängstlichen und Rückwärtsgewandten« und den »Selbstbewussten und Zukunftsoffenen« ist weit mehr als eine vergröberte Töpfchen-Kröpfchen-Sortierung. Aus solchen und ähnlichen Unterscheidungen spricht die tiefe Selbstgewissheit, zu den Guten, »Offenen« zu gehören und darüber hinaus auch dieser einen Denkrichtung eine gewissermaßen singuläre, naturgesetzlich abgeleitete Existenzberechtigung mit dem Recht zur Durchsetzungserzwingung zuzuschreiben. Nicht nur die vermeintlichen Reaktionäre neigen zu aggressiver Härte, es sind auch die »Fortschrittler«, die ihren grundlegenden Weltansatz als unverhandelbar und jeglicher Debatte entzogen betrachten.

Das ist nicht nur töricht, sondern auch gefährlich. Denn in Wahrheit schreitet die Welt nicht rückwärts, wenn sich die sorgenvollen Beharrer durchsetzen, sie geht nur langsamer vorwärts, was durchaus die klügere Alternative sein kann. Es gehört zu den wenig reflektierten Nebeneffekten der immer rascher rotierenden digitalen Innovationsspirale, dass die tradierte Methode des konservativen Prüfens und Wägens neuer Entwicklungen im Zeitalter disruptiver Technologien und Erfindungen zu langsam und damit untauglich geworden ist. Entweder man übernimmt neue Trends sofort und unbesehen, oder man läuft Gefahr, abgehängt und überfahren zu werden. Ein zweites Google oder Facebook hat keinen Platz, und wer beim autonomen Fahren, elektronischer Bezahlung, künstlicher Intelligenz, Blockchain-Technologie oder Digitalisierung seiner Produktion zu spät kommt, ist rasch in seiner Existenz gefährdet. Wer unter dem Druck der Entscheidung auf die falsche Trendlinie setzt, ebenfalls.

Bestes Beispiel dafür ist die Mobilität der Zukunft, bei der keineswegs ausgemacht ist, dass sie elektrisch sein wird. Brennstoffzelle, Wasserstoff oder künstliche Kraftstoffe können durchaus Alternativen sein, die Umweltverträglichkeit mit hoher Effizienz und Benutzerfreundlichkeit verbinden. Während deutsche Hersteller, die bei all diesen Technologien in ihren Entwicklungsabteilungen weit vorn liegen, diese Unentschiedenheit sahen, ließ sich die von technischem Wissen wenig angefochtene Öffentlichkeit im Verein mit besserwisserischer Politik auf die elektrische Stromschiene in die Zukunft setzen, obwohl die derzeitige Batterietechnologie mehr Probleme aufwirft als löst. Will Deutschland nach dem milliardenteuren Ausstieg aus der Kernenergie jetzt tatsächlich in die E-Mobilität einsteigen, werden neue Milliarden fällig, bei denen man wenigstens ein Auge zu und beide Daumen drücken muss, dass die Entwicklung auch wirklich den kursierenden Vermutungen der grünen Stürmer und Dränger folgen werden.

E-Mobilität ist aber auch deshalb ein gutes Beispiel für das Irren der »Zukunftsoffenen«, weil die Autokäufer trotz Prämien, billigen Stroms und anderer Vergünstigungen bislang partout nicht auf die teuren und reichweitenschwachen Stromautos abfahren wollten. Dort, wo es leidlich funktioniert, wie etwa in Norwegen, gibt es ein rigides Steuersystem für Normalautos, das beim Erwerb von Elektrofahrzeugen nahezu 100 Prozent Vergünstigungen schafft und so diese Verkehrssparte extrem subventioniert. Ansonsten sind die E-Mobile schlicht viel zu unpraktisch für Normalverdiener-Familien, die sich in der Regel ein Fahrzeug mühsam ersparen und damit dann möglichst alle Transportprobleme vom Familienausflug bis zum Verladen von Tapeziertischen und Leitern lösen wollen. Ein Gefährt mit dem schmalen Leistungsspektrum Kurzstrecke mit wenig Platz und teurer Anschaffung ist da nicht attraktiv, wenn man keinen größeren Fuhrpark für alle anderen Nutzungsvarianten parat hat. Lange Ladestopps auf dem Weg in den Urlaub verleiden das E-Vergnügen ebenso wie das ständige Betteln beim Nachbarn nach dessen Kombi, wenn man was aus dem Baumarkt holen will. Und genau an dieser Stelle unterscheiden sich die Lebenswelten der meist großstädtischen E-Promotoren in Politik und Medien vom gelebten Alltag der meisten Menschen.

E-Mobilität ist dabei nur ein weitgehend unideologisches Alltagsdetail, das aber den Blick freigibt auf eine viel weiter reichende Entfremdung breiter Schichten von dem Geschehen auf der politischen und medialen Bühne. Diese Entfremdung beginnt bei den Themen (siehe weiter oben), sie berührt aber auch den Politik- und Kommunikationsstil, die Art des Umgangs mit jenen, die man dem weiten Feld des Populismus zuordnet.

Ein interessantes Indiz für diesen Entfremdungsprozess nehmen in den letzten Monaten und Jahren die Mitarbeiter von Callcentern der großen Umfrageinstitute wahr. Es ist die Angst, missliebige, vom medialen Mainstream nicht gedeckte Meinungen zu äußern. Die Telefonisten berichten davon, dass ein Drittel bis die Hälfte der Angerufenen entweder die Aussage verweigern oder aggressiv werden. Da ist zum einen die unterschwellige Sorge, die Furcht, »in diesem System« könnten freimütig gemachte Meinungsäußerungen doch auf undurchsichtigen Wegen gar nicht anonymisiert ihren Weg zu Vorgesetzten oder Behörden finden. Zum anderen wird aber auch der Interviewer als willkommene Verkörperung »des Systems« genommen, das sich ja sonst auch einen Dreck für die Meinung »von uns kleinen Leuten« interessiere, und massiv angegangen. »Ihr wollt gar nicht wissen, was ich wähle!«, zitieren Callcenter-Agenten gängige Wortmeldungen. Oder: »Das geht euch gar nichts an!«, »Ihr werdet die Quittung schon bekommen, darauf könnt ihr euch verlassen ...«

Vor allem aber zeigt sich der von Demoskopen »soziale Erwünschtheit« genannte Effekt im Anlügen der Befrager, was zu wachsender Verzerrung der Erhebungsergebnisse führt. In der Regel sind dabei die Werte der AfD zu niedrig im Vergleich zum späteren Wahlergebnis, diejenigen allgemein akzeptierter Bewegungen, wie etwa der Grünen, zu hoch. Der Wähler straft lieber geheim an der Urne und kündigt es nicht an. Das betrifft inzwischen sogar die Ausgangsbefragungen am Wahltag (Exit Polls), die zum Teil deutlich von den tatsächlichen Voten abweichen. In der Vergangenheit waren die Angaben nach vollzogenem Wahlakt meist recht präzise, wenn man beim Befragen die soziale und regionale Mischung repräsentativ ansetzte.

Wo Menschen aber zu dem Schluss kommen, dass ihre Dinge nicht verhandelt werden, und beginnen, auch den demokratischen Mess- und Regelmechanismen zu misstrauen, ist nicht nur der innere Frieden einer Gesellschaft in Gefahr, sondern mittelbar auch innere

Sicherheit. Dass dies keine hypersensible, akademische Warnung ist, zeigt sich in den oben beschriebenen Effekten der »sozialen Erwünschtheit«, wie Meinungsforscher aus Ängstlichkeit verzerrte Umfragewerte nennen, es zeigt sich im rasanten Anstieg der Anträge auf den »kleinen Waffenschein« für Schreckschusswaffen (von 300 949 im Januar 2016 auf 557 560 Ende 2017 – ein Zuwachs von 85 Prozent innerhalb von knapp zwei Jahren) oder dem steigenden Verkauf entsprechender Waffen, Pfefferspray und Ähnlichem. Die dahinter liegende Verunsicherung zu erkennen, ist kein Hexenwerk und wäre dringliche Pflicht der Politik. Aber selbst in deren Berliner Alltagsbetrieb schleichen sich immer öfter ähnliche Zeichen von Verunsicherung und Ängstlichkeit ein, wenn Abgeordnete etwa unter die Tischplatte klopfen, um von der Fraktionsführung nicht beim Zuspruch für kritische Meinungsäußerungen erwischt zu werden, wenn man als Reporter plötzlich Anrufe von bekannten Abgeordneten auf einem geborgten Handy erhält oder aufgefordert wird, Kurznachrichten nur über vermeintlich sichere Apps mit Ende-zu-Ende-Verschlüsselung zu verschicken.

»Systemische Erschöpfung«

Einer, der diese Vertrauenskrise als Erster ungeschminkt ausgesprochen hat, ist der frühere Bundesumweltminister und Außenpolitiker Norbert Röttgen (CDU). »Wir erleben in den westlichen Demokratien, und seit einiger Zeit auch in Deutschland, eine ernste Krise, die ich als systemische Erschöpfung bezeichnen würde. Die globalen Veränderungen sind riesig, und gleichzeitig hat die etablierte Politik ihren Gestaltungsanspruch aufgegeben. Das macht vielen Menschen Angst. Wir müssen wieder politisch gestalten, denn tun wir das nicht, wird es weiter dramatisch den Bach runtergehen.« (*Der Spiegel*, Nr. 41/2018).

Die Situation ist weder neu, noch war sie bislang schwer zu erkennen, und so ist es ein bemerkenswertes Faktum, dass es bis zum Oktober 2018 braucht, bevor ein aktiver Politiker die Dinge ungeschminkt beim Namen nennt. »Die Mitte schrumpft, die populistischen Ränder wachsen. Anderswo, etwa in Italien, haben diese Ränder inzwischen die Regierung erobert. Trotzdem fehlt noch immer das Bewusstsein dafür, wie breit und tief die Krise ist. Davon ist keiner auszunehmen, auch die CDU nicht. Aber dieser Befund gilt deutlich über die Regierungsparteien hinaus.« Mit anderen Worten, gerade jene Parteien, die eigentlich die Mitte repräsentieren sollten, stehen ratlos ihrer eigenen Klientel gegenüber und verfügen offenbar nicht mehr über das Sensorium, die relevanten Meinungsströme aufzunehmen. Oder es fehlt der Wille.

Wer daraus Schlüsse für das Funktionieren oder Nichtfunktionieren des politischen Systems ziehen will, muss sich vor Augen führen, dass diese Erkenntnis bei Röttgen und vielen anderen in seiner Partei trotz allgemeiner Offensichtlichkeit erst vorgetragen wird, wenn die persönliche Betroffenheit der Akteure in Gestalt von Mandatsverlust auf dem eigenen Bildschirm erscheint. Die SPD ist im Herbst 2018 bereits dauerhaft unter 20 Prozent auf Bundesebene, und bei der Union zeichnet sich nachhaltiges Unterschreiten der 30-Prozent-Marke ab. Die »personelle Stabilität« der Ära Merkel verkehrt sich hier in ihr Gegenteil, wird zum Nachteil für die Partei und destabilisiert das System. Womit man vermutlich gut leben könnte, wenn es nicht am Ende auch den eigenen Posten der politischen Akteure gefährdete. Nicht ohne Grund hat sich die neue CDU-Vorsitzende Annegret Kramp-Karrenbauer gleich nach der Amtsübernahme beeilt, in zahlreichen offenen Dialogformaten zu Migration oder einem neuen Grundsatzprogramm für alle sichtbar frische Luft ins Innere der Partei zu lassen.

Am Beispiel der Union lässt sich dabei gut zeigen, wie Parteien zunächst durch Ausweichbewegungen versuchen, diesem Abwärtstrend ohne Veränderung von Politik und Stil zu begegnen. Es ist kein Zufall, dass in der zweiten Hälfte 2018 die Debatten darüber, ob die Union möglicherweise, unter gewissen Umständen, also naja, wenn es sich so ergeben sollte … mit der Linkspartei Regierungsbündnisse eingehen könne. Wenig später durchbricht Sachsens neuer CDU-Fraktionschef Christian Hartmann zum ersten Mal das Tabu und schließt auch eine

Kooperation mit der AfD nicht mehr aus. Es ist das Motto, das schon hinter den Gesprächen zur schwarz-grün-gelben Jamaika-Koalition im Bund gestanden hatte: Farben neu mischen und weitermachen. Eine Methode, die weder funktioniert noch den Vertrauensverlust ins politische System nachhaltig bekämpfen oder widerlegen kann.

»Doch Merkels Konzept der indifferenten Anschlussfähigkeit an alles scheint der CDU zur zweiten Natur geworden zu sein«, schreibt Robin Alexander dazu (*Welt*, 28. September 2018). »Aber auch radikale Machtpragmatik braucht einen letzten Rest an politischem Sinn, damit sie funktioniert.« Diesen haben die bürgerlichen Bewegungen in Europa im Allgemeinen und die Union in Deutschland im Besonderen inzwischen verloren. »Demoskopiegeleiteten Opportunismus« hat Jürgen Habermas einmal den Regierungsstil der Kanzlerin genannt.

Doch das Problem sitzt in Wahrheit noch viel tiefer. Neben der Unfähigkeit, die Essenz der von vermeintlichen Populisten besetzten Themenfelder zu verstehen und sie diesen zu entziehen, fehlt auch der Wille dazu. Dahinter steckt das hartnäckige Missverständnis, Dinge, die man als progressiv und zukunftsweisend erkannt zu haben glaubt, seien gewissermaßen unverrückbar, demokratischer Korrektur und Gestaltung entzogen. Weil »Abschottung« keine Lösung, reaktionär und geradezu ein Tabu ist, durfte und darf über Grenzen, Migrationskontrolle, Begrenzung von Zuwanderung und eben Abschottung nur eingeschränkt und nicht wirklich ergebnisoffen diskutiert werden.

Um keine Missverständnisse aufkommen zu lassen: Niemand spricht hier plumper Abschottung, Stacheldraht und gekappten Strömen von Waren und Dienstleistungen das Wort. Aber Politik muss die Bedingungen, unter denen sich Globalisierung, Freizügigkeit und Migration vollziehen, begründen. Sie muss die Menschen davon überzeugen, dass die Vorzüge die Nachteile überwiegen oder zumindest in einem guten Verhältnis zueinander stehen. Wem das nicht gelingt, der erntet Mehrheiten für stumpfe Abschottung oder den Brexit. »Niemand will sich abschotten«, schreibt AfD-Chef Alexander Gauland in einem Gastbeitrag für die *FAZ* (6. Oktober 2018). »Aber ein Mann wie Donald Trump ist gewählt worden, weil er versprochen hat, dass er seine Landsleute vor dem internationalen Lohndumping ebenso schützen wird, wie vor der illegalen Masseneinwanderung.« Da hat er recht. Es hätte allen Mitbewerbern freigestanden, eigene, bessere Antworten auf diese Probleme zu geben als Trump mit seiner Mauer und Strafzöllen, deren bildhafte Schlichtheit freilich schwer zu überbieten sind. Der schulterzuckende Verweis darauf, dass all dies nun mal zur Globalisierung gehöre und insgesamt irgendwie toll sei, überzeugt ganz offensichtlich nicht alle gleichermaßen und viele gar nicht. Und wer wollte bestreiten, dass Trumps Wähler die »Mitte der Gesellschaft« sind?! Politik beginnt mit dem Betrachten der Wirklichkeit – Populismus hilft drastisch nach und erzwingt es andernfalls.

Multilateralismus, Identitätspolitik, globalisiertes Handeln und Wirtschaften, der Brexit, Klimawandel, die Europäische Union und der Euro, soziale Repräsentativität von Medien, Grenzen der Integration … Es ist eine lange Liste von Themen, bei denen jedes einzelne so von Glaubenssätzen umstellt und blockiert ist, dass Unzufriedenheit der Bürger leider nicht berücksichtigt werden kann, weil es höhere Einsichten gibt, die dem im Wege stehen.

Um es klar zu sagen: Bei all diesen Themen müssen Grundwerte und Überzeugungen nicht aufgegeben oder gebeugt, sondern vertreten werden. Notfalls unter Verlust des Mandats. Es ist das Durchmogeln, Wegducken und Überspielen von Konflikten, was nicht mehr akzeptiert wird.

Wider den mechanischen Modernismus

Genau hier brauchen wir einen Reset und eine Revitalisierung von Volksnähe. Dazu wäre schon viel gewonnen, wenn man sich auf allen Seiten vom mechanistischen Vorwärts-rückwärts-Weltbild verabschieden würde. Politik, vor allem demokratische Politik, ist permanente Veränderung. Anders, nicht besser. Mehr nicht. So, wie das nicht auszurottende Missverständnis, dass die Evolution sich vom »Niederen«

zum »Höheren« entwickle, gibt es auch in der Politik kein Vor und Zurück, sondern nur anders, obwohl es offensichtlich unserem tiefen Bedürfnis entspricht, auf Gewesenes herabzublicken. Die Natur bringt in jeder Umwelt die passenden Lebensformen hervor, mal komplexer, mal weniger, und die vermeintliche »Krone der Schöpfung« besitzt sogar die erstaunliche Fähigkeit, das Gesamtsystem komplett zu ruinieren oder gar in die Luft zu jagen. Während wir aber im ökologischen Verständnis mehr und mehr zu begreifen gelernt haben, dass wir zum gegenseitigen Wohl uns mit dem letzten Tiefseefloh am Beginn auch unserer Nahrungskette auf auskömmliche Lebensräume einigen, gibt es in der Politik noch immer das schräge Motto: Vorwärts immer, rückwärts nimmer. Und selbstverständlich legen wir selbst fest, wo vorn ist.

Das traditionelle Familienbild der 1950er-Jahre ist düster reaktionär, unser heutiges Rattenrennen zwischen Job, schlechter oder teurer Kinderbetreuung und Job zukunftsträchtig progressiv. Wer sich ernsthaft, kritisch und nicht selbstgerecht mit gesellschaftlichem Wandel befasst, der wird feststellen, dass die Summe aller Vor- und Nachteile häufig weit weniger krass auseinanderfällt als wir landläufig meinen. Wachsende Mobilität zerstört Umwelt, bringt Verkehrstote hervor, Digitalisierung macht anfällig für Hacks und Fremdsteuerung … Der kluge konservative Blick auf die Errungenschaften schließt auch ihre Schattenseiten mit ein.

Wenn wir uns darüber klar werden, dass wir durch die Digitalisierung den wohl entscheidenden Schritt in eine Zukunft nahezu unbegrenzter Meinungs- und Gedankenfreiheit gemacht haben, wird offenbar, dass es keine Alternative dazu gibt, selbst für komplexeste Themen breite Akzeptanz herzustellen, wenn man sie durchsetzen will. Reichte es ehedem meist aus, auf prozedurale und institutionelle Korrektheit beim Zustandekommen von Beschlüssen zu verweisen, um diese dann unter Murren der Öffentlichkeit durchsetzen zu können, so gelingt dies zusehends schwerer. Was in Ausschüssen, im Europäischen Rat oder der UN-Vollversammlung die nötigen Hürden übersprungen und Mehrheiten erhalten hat, muss deshalb noch lange nicht auf den Straßen von Minden, Ottendorf-Okrilla oder Schwetzingen vermittelbar sein.

Das Volk will nicht wollen, was man will, dass es wollen soll. Populismus treibt die Politik zurück auf die Straße und natürlich auch ins Netz. Meinungen, die man liegenlässt, lernen von selbst laufen und holen ignorante Politiker irgendwann wieder ein. Was politische Lernschwäche im Umgang mit Populismus und Populisten bedeutet, beschreibt René Pfister in einem Essay (*Der Spiegel*, Nr. 30/2018): »Parteien können aufsteigen und vergehen, das gehört zu Demokratie. Aber ist es wünschenswert, dass die Ära der Volksparteien zu Ende geht? Die SPD ist auf dem Weg des Niedergangs schon weit vorangekommen, und es ist eine Illusion zu glauben, dass eine Union, die alle ideologischen Wurzeln kappt, in Zukunft so stabil sein wird wie in den vergangenen 70 Jahren. Man muss gar nicht ins Ausland schauen, um zu sehen, wie schnell sich das Parteiengefüge verschiebt. Ein Blick nach Sachsen, wo die AfD bei der Bundestagswahl vor der CDU lag, genügt völlig.«

Pfister sieht vor allem die politischen Kulturen von CDU und CSU mit Sorge. Während die Fixierung der CSU auf absolute Mehrheiten in Bayern die südliche Schwesterpartei der CDU stets zu einem gesunden, grundgesetztreuen Populismus zwang, der Bayern, aber auch der Union insgesamt und damit Deutschland guttat, hat sich die Union der Mitte und Kanzlerin Merkel klar auf die Seite des modernistischen Metropolen-Zeitgeistes gestellt und damit maßgeblich zur Etablierung der »populistischen« AfD an der rechten Flanke beigetragen. »Noch ist Deutschland in einem Zwischenreich, das Alte ist nicht vergangen und das Neue noch nicht da«, schreibt Pfister. »Noch kann die Union wählen, welchen Weg sie einschlägt. Dazu gehört allerdings, dass sich CDU und CSU darauf verständigen, wer sie eigentlich sein wollen. Merkel und Seehofer wird das nicht mehr gelingen, das haben sie mehr als einmal bewiesen. Sie gehören der Vergangenheit an. Dies zu verstehen wäre ein erster Schritt in die Zukunft.«

Eine Einschätzung aus dem Juli 2018, die sich schon im Herbst des gleichen Jahres bewahrheiten sollte. Beide genannten Parteichefs kämpften jenen innerparteilichen Überlebenskampf aus, der mit den großen und dramatischen Verschiebungen im Gefüge der politischen Parteien gar nichts mehr zu tun hatte, Regierbarkeit und gesellschaftlichen Zusammenhalt aber mit jedem weiteren Tag irreparabel gefährdete. Beide Politiker mussten einsehen, dass sie diesen Kampf nicht mehr gewinnen konnten, und legten zumindest den Parteivorsitz nieder. Es wird spannend zu beobachten sein, wie nachhaltig auch die einstigen Hoffnungsträger für die Zeit nach Merkel durch die Zeit an ihrer Seite bereits zu verbraucht sind. Selbst für Annegret Kramp-Karrenbauer und den in der Vergangenheit immer wieder aufbegehrenden Bundesgesundheitsminister Jens Spahn drohte im Rennen um die Merkel-Nachfolge an der CDU-Spitze die Verwurzelung in der Ära Merkel zu einer schweren Hypothek zu werden. Dabei geht es weniger um programmatische Nähe zur Kanzlerin, sondern allein um das Entstammen aus ihrer Zeit und im Falle Kramp-Karrenbauers um den von Merkel beförderten Aufstieg. Um die Glaubwürdigkeit zurückzugewinnen, die täglich in der Endphase Seehofers und Merkels verspielt wurde, werden deutliche Absetzbewegungen unvermeidlich sein. Schließlich war es kein Zufall, dass der frühere Merkel-Widersacher Friedrich Merz mit so deutlichem Vertrauensvorschuss in den Wettbewerb um den Vorsitz ging, den er nur denkbar knapp verlor.

So verkehrt sich am Ende längerer Amtszeiten die anfängliche Tugend kampfesmutigen Durchhaltens und politischer Resistenz im Dienste der Sache zum unverantwortlichen Zerstörungswerk. Da diese Prozesse aber in eine Zeit der Erosion des gesamten Parteiensystems fallen, sind die Folgen umso verheerender und könnten die Tendenz weg von Maß und Mitte sogar noch verschärfen. Durch das Abschmelzen der großen bürgerlichen Parteienblöcke in der Mitte werden künftig bunte Mischungen aus Kleinparteien koalieren, deren Themen- und Politikmix wiederum zu mehr Verdruss in den jeweiligen Lagern führt und die Attraktivität der Ränder stärkt.

Populismus gehört in die Mitte der Gesellschaft. Dahin, wo er herkommt.

Zurück zu den Wurzeln: Das christliche Kreuz gehört in der Politik dazu

Im Grunde war es nicht viel mehr als ein üblicher Deal unter Koalitionären. Als Kanzlerin Angela Merkel Mitte März 2018 nach fast einem halben Jahr quälender Regierungsbildung vom Bundestag mit den Stimmen von CDU/CSU und SPD für ihre vierte Amtszeit gewählt war, konnte die große Koalition endlich ihre Arbeit aufnehmen. Einzig eine winzige Randgeschichte war bei den Koalitionsverhandlungen liegen geblieben, weil man das Thema zur Streitvermeidung ausgeklammert hatte: das Werbeverbot für Abtreibungen nach Paragraf 219a StGB, das durch ein Gerichtsurteil gegen die Gießener Ärztin Kristina Hänel wieder ins öffentliche Bewusstsein gerückt war.

Hänel hatte auf ihrer Webseite die Modalitäten der von ihr durchgeführten Schwangerschaftsabbrüche erklärt und war nach einer Anzeige zu 6000 Euro Geldstrafe wegen Verstoßes gegen Paragraf 219a verurteilt worden. Das Verbot selbst ergibt sich logisch aus dem Kompromiss um den Paragrafen 218, der Abtreibungen zwar verbietet, aber bei Einhaltung von Fristen und Wahrnehmung einer Pflichtberatung straffrei stellt. Dass für eine verbotene Handlung keine Werbung gemacht werden darf, ist zwar folgerichtig, doch ob und welche Informationen bereits als Werbung gelten, ist nach wie vor umstritten. Die SPD hatte einen Gesetzentwurf zur kompletten Streichung des Paragrafen 219a bereits im Dezember 2017 eingebracht, als Union, FDP und Grüne noch über ein »Jamaika«-Bündnis verhandelten, weshalb der Vorstoß im parlamentarischen Betrieb steckengeblieben war und jetzt zum Start der Groko wieder auf den Tisch sollte. Gegen den Willen der Union, die jede Änderung ablehnte.

Als eine Art Zeichen des guten Willens hatte der damalige Unionsfraktionschef Volker Kauder (CDU) mit SPD-Fraktionschefin Andrea Nahles vereinbart, dass die SPD ihren Antrag zur Streichung des Paragrafen 219a ausnahmsweise entgegen dem im Koalitionsvertrag standardmäßig vereinbarten Verbot des Abstimmens mit wechselnden Mehrheiten unter Zuhilfenahme der Opposition dennoch einbringen könne. Eine Koalition, in der jeder abstimmt wie und mit wem es ihm gerade gefällt, ist keine und wäre sowohl sinn- als auch nutzlos und obendrein noch regierungsunfähig. Aber in diesem einen Fall, naja, also gut, ausnahmsweise.

Ausnahmsweise?

In dieser vermeintlichen Alltagsgeschichte aus dem Beziehungsleben politischer Bündnispartner findet sich das ganze Elend der christlich-demokratischen und christlich-sozialen Volksparteien wie unter einem Brennglas. Dabei geht es noch nicht einmal in erster Linie um die Außenansicht einer sich gerade eben mehr schlecht als recht zusammengewürgten Koalition, bei der ein Partner gleich zum Start öffentlich und vor Publikum »fremdgeht«. Es geht vor allem um die Selbstverleugnung der Akteure. Ausgerechnet Volker Kauder, der sich weltweit für verfolgte Christen einsetzt, der der evangelikalen Deutschen Evangelischen Allianz nahesteht und über den der frühere CDU-Abgeordnete Georg Brunnhuber einmal sagte: »Der Kauder ist der katholischste Protestant, den ich kenne. Wenn's ums C geht, wird der zur Dampfwalze«, ausgerechnet der bekennende Christ Kauder verdealt einen Lebensschutz-Paragrafen im Dienste des Koalitionsfriedens.

Außenstehende mögen das mit einem gleichgültigen Schulterzucken zur Kenntnis nehmen. Es ist aber gerade diese paranoide Trennung innerster Überzeugungen und politischer Tagesroutine, die nach außen so unglaubwürdig wirkt. Wenn der Schutz ungeborenen Lebens für den Menschen Kauder (das darf man ihm getrost glauben) so ein zentrales Anliegen ist, wieso kann es dann für den Fraktionschef Handelsware sein? Wenn die Union zumindest den Versuch unternehmen will, an alte Größe und Glaubwürdigkeit anzuknüpfen, wird sie um eine Diskussion über eine Rückbesinnung auf das C in ihrem Namen nicht herumkommen.

Denn ohne das C, ohne das christliche Kreuz, ist in Deutschland kein Staat zu machen. Was viele nicht wahrhaben wollen oder längst vergessen haben: Der deutsche Rechts- und Sozialstaat ist tief und bis in die letzten Ecken durchwurzelt vom Christentum. Und das im besten Sinne des Wortes. Sich dies bewusst zu machen und zu pflegen, ist zuvörderst Aufgabe der Christen, aber eben auch der christlichen Parteien, die sich auf dieses christliche Fundament explizit beziehen. Konservativ zu sein (nach der lateinischen Wortbedeutung *conservare* – erhalten) heißt, sich und dem politisch interessierten Publikum klarzumachen, dass die christlichen Prägungen unseres Gemeinwesens nicht allein davon abhängen, wie viele organisierte Christen es in den beiden großen und vielen kleinen Freikirchen noch gibt. Es geht auch und vor allem darum, Atheisten und Nichtchristen die Bedeutung dieses Fundaments mit großer Eindringlichkeit zu erklären.

Die Würde des Menschen als Ebenbild Gottes

Die unantastbare Würde des Menschen in Artikel 1 des Grundgesetzes ist ohne die Ebenbildlichkeit des Menschen mit dem Gott der Bibel schwer denkbar. Und diese Ebenbildlichkeit hat gewaltige Folgen: Wenn jeder Mitmensch Ebenbild Gottes ist, dann ist er es auch, wenn er diesen Gott ablehnt, bekämpft oder gar nicht kennt. Er ist es, wenn er sündigt, Verbrechen begeht, ein Stinkstiefel ist oder alles falsch macht, was ich für richtig halte. Mit anderen Worten: Die Ebenbildlichkeit nimmt jeder Aggression gegen Andersdenkende, Andersglaubende und Andere überhaupt den Wind aus den Segeln. Wenn ich Gott in jedem meiner Mitmenschen begegne, kann und darf ich nicht herabwürdigen, verachten, hinrichten, versklaven oder Religionskriege gegen ihn führen. Zumindest geht all dies nicht mit Verweis auf die christliche Religion, sondern nur in massivem Bruch mit ihr.

Es ist eine Saat der Verständnis vom Menschen, die lange keimen musste, bevor sie (auch den Christen) in dieser Deutlichkeit vor Augen trat und Eingang in der abendländische Verfassungsgeschichte fand. Humanisten, europäische Aufklärer und französische Revolutionäre haben daran ihren Anteil, sind aber nicht die ideengeschichtliche Wurzel der umfassenden und unantastbaren Menschenwürde. Zum einen gab es in zurückliegenden Zeiten noch viel weniger als heute die Chance, überhaupt »gottlos« oder an der Kirche vorbei zu denken, ganz gleich, ob mit ihr oder gegen sie. Sämtliche Protagonisten der Aufklärung lernten und studierten an konfessionellen Kollegien oder mussten sich zwangsläufig mit christlicher Theologie auseinandersetzen. Bei der Kritik an den Kirchen wendeten sie deren eigene Ideale gegen die verkrusteten und im Eigennutz erstickenden Strukturen. Wie schwer es ist, die unantastbare Menschenwürde tatsächlich im Getümmel der irdischen Händel zu leben, bewiesen übrigens die französischen Revolutionäre selbst im Blutrausch ihrer gegenseitigen Abrechnungen. Und es ist leider in Vergessenheit geraten, dass die Abschaffung der Sklaverei in Amerika auch auf Druck christlicher Gemeinschaften schließlich durchgesetzt wurde.

Nun könnte man sagen: Schön und gut, geschenkt. Wer hat's erfunden? Die Christen. Aber das Patent auf die Menschenwürde ist nach gut 2000 Jahren abgelaufen und wird weltweit frei gehandelt. Stimmt. Wenn man von einer nicht ganz kleinen islamistischen Strömung absieht, die Ungläubigkeit und weltliche Gegnerschaft noch immer als Grund zur Aberkennung jeglicher Würde ansieht. Ausweislich der aktuellen Verfassungsschutzberichte von Bund und Ländern ist Islamismus nach wie vor die größte Bedrohung der Gesellschaft und ihres inneren Friedens. Auch die Auseinandersetzungen zwischen militanten Sikhs, Hindus und Moslems führen zu regionalen Konflikten, erlangen aber bei Weitem nicht das weltweite Gewicht islamistischer Bewegungen. Doch das ist nicht der Kern: Worum es geht, ist die Anerkennung der tiefen christlichen Wurzeln Europas, die zu einer Ordnung geführt haben, die den Kontinent für alle Menschen jeglicher Religionszugehörigkeit oder parteipolitischer Vorliebe zu einem lebenswerten Raum und attraktiv für Migranten aus aller Welt gemacht haben.

Und was hat das nun alles mit dem Phänomen des Populismus zu tun? Sehr viel. Denn die als nationalistisch oder islamkritisch wahrgenommenen Bewegungen nicht nur in Deutschland, sondern in ganz Europa, entstammen immer auch einem Verlustgefühl gegenüber einer gewohnten Ordnung, zu der das alles durchdringende christliche Wertegeflecht gehört. Es griffe zu kurz, dies an klassischer Frömmigkeit, Kirchgang oder theologischen Kenntnissen festmachen zu wollen. Dass eine im Grunde säkulare Demonstrantengruppe wie »Pegida« (Patriotische Europäer gegen die Islamisierung des Abendlandes) den Begriff »Abendland« in den Titel nimmt, ist weniger tiefer Religiosität geschuldet als vielmehr dem Wunsch, dass eine eher gefühlte als rational durchdrungene Werte- und Traditionswelt nicht in eine beliebige Reihe gestellt werden, sondern hier prägend bleiben soll.

Denn diese christliche Prägung unserer europäischen Gemeinwesen kann kaum überschätzt werden. Unser Verständnis des Rechts und des Richtens folgt der Logik des »verlorenen Sohnes« (Lk 15,11). Wir strafen mit dem Ziel der Resozialisierung und stellen Täter gegen jedwedes Lynchen unter Schutz, wie Gott selbst es mit dem Brudermörder Kain getan hat, als er ihm sein Zeichen auf die Stirn drückte: »Darauf machte der Herr dem Kain ein Zeichen, damit ihn keiner erschlage, der ihn finde.« (Gen 4,8-15). Auch das säkulare Staatsverständnis ist in der christlichen Tradition bereits angelegt: »So gebet dem Kaiser, was des Kaisers ist, und Gott, was Gottes ist!« (Mt 22,21) und unterscheidet sich aktuell doch erheblich von Regimen mit Wächterrat oder Imamen mit weltlicher Macht. Von der 7-Tage-Woche, der christlichen Soziallehre oder den Rechtsnormen der Zehn alttestamentarischen Gebote ganz zu schweigen. Aus all dem folgt keine Pflicht zur Gefolgschaft Christi, aber es sollten sich alle bewusst sein, dass die Grund- und Selbstverständnisse unserer gesellschaftlichen

Verfasstheit eben nicht selbstverständlich sind, sondern Herkunft und hoffentlich auch Zukunft haben. Mit einem Staatsverständnis, dessen Grundwerte sich nach den wogenden Mehrheiten zu- und abreisender Vereinsteilnehmer oder zeitgeistlichen Moden richten, ist dies freilich nicht zu machen.

Das Christentum diente in seiner Geschichte auch der Begründung absolutistischer Ordnungen. Doch heute halten wir der Welt mit dem Kreuz nicht ein fanatisches Abwehrzeichen entgegen, das jeden in den Staub unseres Bekenntnisses drücken soll, sondern ein zutiefst patriotisches Symbol, hinter dem sich eigentlich von Pegida bis Antifa, von National-Konservativen bis Radikal-Marxisten oder muslimischem Migranten bis römisch-katholischem Kardinal alle versammeln können. Es ist das eher schlichte Signet einer staatlichen Grundordnung, die aus der christlichen Ideengeschichte ein weltliches Haus gezimmert hat, in dem das Ideal einer Toleranz bis fast zur Selbstverleugnung (die andere Wange hinhalten – Mt 5,39) gelebt, gepflegt und geschützt wird. So sehr wir uns mitunter darüber ärgern mögen, dass selbst dschihadistische Gefährder bei uns Schutz vor den staatlichen Henkern ihrer Heimat erhalten, so sehr sollten wir die Verfassungsordnung hochhalten, die uns das zivilisierte, friedliche, unblutige Austragen unserer Meinungsverschiedenheiten in einem Maße erlaubt, wie nirgendwo sonst auf der Welt. Selbst jene, die diese tolerante Ordnung beseitigen wollen, dürfen gemäß dem Urteil des Bundesverfassungsgerichts im NPD-Verbotsverfahren nur dann mit allen Mitteln bekämpft werden, wenn sie wirklich gefährlich sind und kein zu vernachlässigender Haufen arme Irrer. Eine fast schon übermenschliche Großzügigkeit, die ihre bildhafte Entsprechung im christlichen Aufopfern des eigenen Sohnes für die Sünden der Menschen hat. Die weltliche Vernuft geböte es, Verfassungsfeinden von Anfang an zu wehren und mit aller Macht entgegenzutreten.

Es ist die Geschichte des Christentums, die uns in Stadtbild, Gebräuchen, Redewendungen (auf Sand gebaut, über den Jordan gehen, das A und O, aus der Taufe heben, aus dem Herzen keine Mördergrube machen, bei Adam und Eva anfangen …), Feiertagen und den Grundbegriffen von Recht und Gesetz begegnet, die uns prägt, die in uns denkt, und die in der Gesamtheit des historischen Prozesses Deutschland und Europa bis heute zu einem erfolgreichen und vor allem menschlichen Ort gemacht hat. Gott und das christliche Kreuz haben unserem Kontinent dazu verholfen, Fluchtziel zu sein und Flüchtenden auch helfen zu können. Selbst Atheisten leben im christlich geformten Europa besser und freier als in jedem atheistischen Regime mit »wissenschaftlicher« oder anders verbrämter Weltanschauung. Wem das zu pathetisch klingt, der möge im Geiste die Regionen der Welt durchgehen und für sich entscheiden, wo er lieber leben würde.

Das Kreuz ist ein Zeichen der Inklusion

Es ist deshalb ein kolossales Missverständnis von Kreuz und Christentum, wenn im Januar 2018 ein Amtsrichter im Bayerischen Miesbach für Verhandlung über einen 21-jährigen Afghanen das Kruzifix im Gerichtssaal abhängen lässt, um diesem zu signalisieren, dass es keinen »Heiligen Krieg« (Dschihad) zwischen Christen und Muslimen gebe: »Ich habe mir Gedanken gemacht, wie bringe ich den erzieherisch dazu, davon abzurücken, dass er glaubt, ein Dschihad würde zwischen Christen und Islamisten bestehen. Und da hielt ich es nicht für opportun, dass ich unter dem sichtbaren Kreuz ihn verurteile. Das war das Thema«, sagte Richter Klaus-Jürgen Schmid dem Bayerischen Rundfunk. Im Kern hat er mit dem Entfernen des Kreuzes das Gegenteil getan und sich auf die Logik des Afghanen eingelassen, der andere Migranten wegen des Konvertierens zum Christentum mit dem Tod bedroht haben soll. Indem er das Abhängen des Kruzifixes als Zeichen friedlichen, unfeindlichen Entgegentretens verstanden will, macht er es gerade zum »Kriegssymbol« des Christentums, dessen Abwesenheit erst unvoreingenommenes und faires Verhandeln möglich mache. Das Gegenteil ist der Fall. Erst das konsequente Anwenden der christlichen Feindesliebe eröffnet den Rechtsraum, in dem nur härtestens belegte

Vorwürfe verhandelt werden, die Unschuldsvermutung gilt, der Angeklagte ungestraft lügen darf, sich nicht belasten muss und ohne negative Folgen für sich auch komplett schweigen darf.

Es ist nicht bekannt, ob der pädagogische Ansatz des Richters den Afghanen nachhaltig beeindruckt oder gar vom dschihadistischen Pfad abgebracht hat. Vielmehr gab er später zu Protokoll, das Kreuz sei ihm egal gewesen, was eher nicht auf eine reflektierte Aufnahme der gut gemeinten Lektion des Richters schließen lässt. Zugunsten des Richters muss man freilich darauf hinweisen, dass in Deutschland selbst höchste kirchliche Würdenträger ähnlich denken und verfahren, wie man beim Besuch des Vorsitzenden der Deutschen Bischofskonferenz, Reinhard Kardinal Marx, und des EKD-Ratsvorsitzenden, Bischof Heinrich Bedford-Strom, Ende 2016 auf dem Jerusalemer Tempelberg gesehen hat. »Aus Respekt und Höflichkeit« hätten sie ihre Kruzifix-Ketten abgelegt, hieß es zur Begründung.

Der Vorgang ist vielfach diskutiert worden. Es fällt allerdings schwer, auch nur irgendeinen Aspekt von interreligiösem Dialog darin zu erkennen, wenn dazu der Verzicht auf zentrale Symbole des eigenen Glaubens nötig sein sollte. Ganz abgesehen davon, dass Marx und Bedford-Strom ja als offizielle Vertreter ihrer Kirche unterwegs waren und der Verzicht auf die Amtskette völlig sinnlos ist, da beide ja auch nackt noch Bischof und Kardinal wären. Es ist aber schon einigermaßen alarmierend, wenn hohe Vertreter der Amtskirche ein Verständnis von Religionsfreiheit pflegen, wonach die bloße Ansicht der eigenen Symbole als Zumutung für den anderen verstanden und das sonst alltagsübliche Tragen unterlassen wird. Während emsige Juristen und Kirchenvertreter in Deutschland ein Verbot der Vollverschleierung für nicht durchsetzbar halten, finden es christliche Oberhirten nachvollziehbar, dass ihr eigenes sichtbares Bekenntnis zum Gekreuzigten als anstößig empfunden werden könnte. Das Gleichnis der anderen Wange sollte den Gegenüber zwar beschämen, von Selbstaufgabe war nicht die Botschaft.

Hier nähern wir uns leider dem Kernproblem: Anstatt mit aller Kraft die christliche Botschaft zu erklären und wenigstens in die nähere

Umgebung zu tragen, wie der Missionsbefehl (Mt 28,19) es aufträgt, verstehen sich die Amtskirchen und etliche ihrer Würdenträger eher als politische Akteure und lassen sich obendrein noch auf unchristliche Kampfeslogik anderer ein. Das Kreuz ist der Garant von Feindes- und Nächstenliebe, Gewaltfreiheit und Ebenbildlichkeit Gottes in jedem anderen Menschen. Seine Abwesenheit im physischen, vor allem aber im geistlichen Sinne, sollte Sorgen bereiten.

Es ist deshalb auch nicht zu verstehen, warum die beiden großen Kirchen sich so vehement gegen den Kreuz-Erlass für Bayerns Amtsstuben gestellt haben. Man hätte sehr wohl und zu Recht vor der politischen Indienstnahme dieses zentralen christlichen Symbols warnen und gleichzeitig dessen wahre Botschaft und Bedeutung für Gemeinwesen und Zusammenleben erklären können. Eine bessere Vorlage für Kommunikation in verschiedensten Facetten hätte sich die unter Mitgliederschwund leidende Christengemeinde gar nicht wünschen können.

Wenn man das Kreuz nur als kulturelles Symbol verstehe, enteigne man es im Namen des Staates. Das sorge außerdem für »Spaltung, Unruhe, Gegeneinander«, hatte etwa Kardinal Marx in einem Interview mit der *SZ* (29. April 2018) betont, als wäre es nicht seine vornehmste Aufgabe, unermüdlich zu erklären, warum das Kreuz gerade nicht für Spaltung und Gegeneinander steht, sondern das Gegenteil anstrebt. Stattdessen legt er den Verdacht nahe, dass ihm Ruhe durch Abwesenheit des sichtbaren Kreuzzeichens wichtiger wäre. Das wäre freilich mehr als absurd.

Man kann nur vermuten, dass die politische Mission einiger Würdenträger hier der geistlichen die Sicht verstellt hat. Denn in nahezu jedem Amt lassen sich christliche Prägungen des jeweiligen staatlichen Handelns finden: vom säkularen Steuerwesen auf dem Finanzamt (inklusive Kirchensteuer) über das christliche Familienbild bei den Familienkassen bis zur christlichen Soziallehre, die sich in Sozialämtern mehr oder weniger zufriedenstellend wiederfindet.

Der Kreuz-Erlass, die abgenommenen Kreuze und die Reaktionen darauf sind allerdings nur Episoden, die für sich genommen zu den vielen Aufgeregtheiten des politmedialen Alltags gehören, die aber symptomatisch sind, für ein mehr und mehr verblassendes Bewusstsein der eigenen gesellschaftlichen Wurzeln. Das mag auch daran liegen, dass die Studentenunruhen von 1968 oder der Terror der Rote-Armee-Fraktion biografisch und publizistisch präsenter sind als ein Christentum, das mit 2000 Jahre alten Liturgien, sperriger Wortwahl und aneckenden gesellschaftlichen Vorstellungen daherkommt. Während aus den Sphären der christlichen Kirchen vor allem über Missbrauch, den Papst und das Geld der Bistümer berichtet wird, stehen der vom Geist der 68er ausgegangene leichtfüßig beschwingte Multikulturalismus oder etwa konsequenter Feminismus heute erst recht in Blüte und dominieren viele gesellschaftliche Debatten. Auch der antistaatliche Affekt gegen vermeintlichen Muff des Bürgerlichen und überkommene Regeln hält sich tapfer und offensiv gegen eher bewahrende Denkrichtungen. Wo es, wie etwa beim Schutz von Umwelt/Schöpfung oder Frieden durchaus Überschneidungen zwischen Bewahrern und Progressisten gibt, hat das Jahr 1968 sein Erbe in Gestalt oft naiver, antistaatlicher oder antikapitalistischer Haltungen eingebracht.

Vor allem aber ist die Vorstellung einer übergeordneten Wesenheit, einer existenziellen Konstante und Richtgröße durch die rasenden Innovationsspiralen unserer Zeit noch surrealer, ja abwegiger geworden in der Wahrnehmung vieler Menschen im »modernen« Westen. Aber ist sie auch verzichtbar? Wer sich mit der so tief prägenden christlichen Verwurzelung unserer westlichen Gesellschaften befasst, muss sich unweigerlich die Frage stellen, ob sich das rechtliche, soziokulturelle und gesellschaftspolitische Gefäß auch ohne aktives, gelebtes und verstandenes Christentum erhalten lässt. Ließen sich Wohlstand und freiheitliche Verfasstheit in einen Index fassen, so dürften Staaten mit christlicher Tradition gut vertreten sein auf den vorderen Rängen. Das Christentum allein schützt nicht vor Massenwahn oder Gefolgschaft für Diktatoren, es ist keine individuelle Imprägnierung gegen »das Böse«, aber es kann in der gesellschaftlichen Übernahme und Umsetzung seiner Werte den verlässlichsten Rahmen bilden für die Freiheitlichkeit und die Werte, die uns im Westen zentral sind.

Das Kreuz ist ein Zeichen der Inklusion

Während Thilo Sarrazin (als bekennender Agnostiker) in seinem Buch »Deutschland schafft sich ab« die zentrale These aufstellt, dass ein staatliches Gebilde durch Migration aber auch durch soziale Verwerfungen und versagendes Bildungssystem durchaus seiner Wesensmerkmale verlustig gehen kann, sieht Kanzlerin Angela Merkel zumindest den christlichen Traditionsstrang nicht gefährdet.

Eine interessante Episode dazu stammt von einer Kurzreise der Kanzlerin nach Bern am 2. September 2015. Von einer Frau aus dem Publikum wird Merkel nach der schleichenden Islamisierung Europas durch muslimische Migranten gefragt. Es ist eine ruhige, alles andere als aggressiv vorgetragene Frage im unaufgeregt-kantigen Schweizer Akzent. »Wie wollen Sie Europa und unsere Kultur in dieser Hinsicht schützen?«

Die Antwort ist in mehrfacher Hinsicht interessant. Zunächst verweist Merkel darauf, dass der islamistische Terror in Syrien und dem Norden Iraks ja durchaus auch durch Kämpfer aus Europa unterstützt werde, die sich dem »Islamischen Staat« (IS) angeschlossen hätten und »bei uns aufgewachsen sind«. Die Botschaft: Auch wir sind da nicht ganz unschuldig. Bei Lichte besehen, ist diese Antwort ein starkes Stück! Es waren ausnahmslos fanatisierte Muslime, die sich dem IS aus Europa kommend angeschlossen haben, wobei es gleichgültig ist, ob sie konvertierten oder bereits muslimisch aufwuchsen. Dass diese Kämpfer sich offenbar auch bei uns radikalisieren (Studien zufolge vor allem in der zweiten und dritten Generation von Migranten), ist alles andere als ein Argument für die Verträglichkeit der angesprochenen Einwanderung. Einer Frau, die muslimische Migration als Bedrohung wahrnimmt, in dieser Weise zu antworten, ist mehr als verwunderlich und bestätigt deren Sorge eher noch.

Angst sei noch nie ein guter Ratgeber gewesen, sagt Merkel dann, weder im persönlichen Leben noch in der Politik. Und an die Frau gewandt: »Wir haben doch alle Chancen und alle Freiheiten, uns zu unserer Religion, soweit wir sie denn glauben, zu bekennen. (…) Haben wir aber auch bitte schön die Tradition, mal wieder in den Gottesdienst zu gehen oder bisschen bibelfest zu und sein … Wenn Sie mal Aufsätze in Deutschland schreiben lassen, was Pfingsten bedeutet, da würde ich mal sagen, da ist es mit der Kenntnis über das christliche Abendland nicht so weit her. Sich anschließend zu beklagen, dass sich Muslime im Koran besser auskennen, das finde ich irgendwie komisch.«

Eine bemerkenswerte Antwort, die seitdem vielfach auch anderen Unionspolitikern als Argumentationsvorlage diente – und dabei nicht sinnhaltiger wurde. Zuerst einmal muss man ganz nüchtern festhalten, dass in einer Demokratie gesellschaftsprägender Einfluss nicht von der Glaubenstiefe oder der Häufigkeit des Kirchganges abhängt, sondern von Mehrheiten und Minderheiten. Die Frage nach dem numerischen Zuwachs von Muslimen ist somit nur logisch und mehr als berechtigt – ganz gleich, wie man sie denn beantworten mag (noch immer geringer Anteil, Integration gelingt, Sorgen unbegründet, Leitkultur etc.). In einer funktionierenden Demokratie wie der unseren wäre etwas nicht in Ordnung, wenn sich die muslimische Quantität nicht irgendwann auch in politischer Qualität repräsentierte.

Das Verständnis dafür, dass die religiösen Meridiane immer auch die Koordinaten weltlicher Alltäglichkeiten und langfristig staatlicher Verfasstheit vorgeben (wie weiter vorn in diesem Kapitel beschrieben), geht Merkel allerdings offenbar gänzlich ab. Das zeigt sich auch in der Hartnäckigkeit, mit der sie in Bern wieder darauf hinwies, dass sie es für eine kleinliche Unterscheidung halte, ob nun die Muslime zu Deutschland gehörten oder der Islam. Als auf einer Auslandsreise das Thema zur Sprache kam, habe ich sie einmal gefragt, ob nach dieser Logik nicht auch der Kommunismus zu Deutschland gehöre. Schließlich lebten ja auch Kommunisten in Deutschland. Darauf antwortete sie nach einer kleinen Pause: »Ja«. Etwas anderes bleibt einem allerdings konsequenterweise auch nicht übrig, wenn man das mitgeführte Denken von Menschen automatisch dem umgebenden Gemeinwesen zuordnet.

Der zweite Aspekt, der sich hinter Merkels Kirchgänger-Retoure von Bern verbirgt, ist eine Art Religions-Battle: Es wird indirekt der Eindruck erweckt, als hinge die kulturelle Prägekraft in diesem Falle davon ab, dass Christen oder Muslime gewissermaßen in einen Frömmigkeitswettbewerb träten, den der eine oder andere für sich entscheiden könne. Eine absurde Idee, die auch niemand von den Merkel-Nachsprechern ernsthaft vertreten würde, aber im Kern der Antwort durchaus enthalten ist. Im Grunde müsste eine ehrliche Antwort entweder die unpopuläre Botschaft überbringen, dass selbstverständlich das Land sich mehr und mehr den muslimischen Lebenswelten anverwanveln werde oder aber die spannende Erklärung enthalten, dass sich am gesellschaftlichen, soziokulturellen Rahmen nichts ändere, auch wenn sich die Bevölkerung im Innern des staatlichen Gefäßes verändere. Letzteres wäre ein durchaus interessanter Ansatz, vor allem die Begründung.

Drittens schließlich ist der Hinweis auf die Entchristlichung aber auch das indirekte Eingeständnis, dass sich die Kanzlerin des Problems der Fragestellerin nicht anzunehmen gedenkt, sondern dies vielmehr an sie zurückgibt. Motto: Geh' du mehr in die Kirche, dann hast du das Problem nicht! Das ist zwar Unsinn, steckt aber implizit in der Antwort, die im Grunde keine ist. Die Bevölkerung müsse Islamisierung, Wertewelt, gesellschaftlichen Kulturhintergrund unter sich ausmachen. Ganz offensichtlich teilt die Kanzlerin schon die Problemanalyse der fragenden Frau nicht und bleibt deshalb eine konkrete Antwort schuldig.

Wie also kann christliche Grundprägung in einem mehr und mehr entchristlichten Land und unter den Bedingungen vielfältiger Zuwanderung erhalten werden? Durch die selbsttragenden Kräfte der freiheitlichen Demokratie allein sicher nicht. Die schafft es ja nicht einmal, ihre eigenen Grundlagen zu sichern, wie der Verfassungsrichter Ernst-Wolfgang Böckenförde bereits 1976 in seinem Buch »Staat, Gesellschaft, Freiheit« schrieb: »Der freiheitliche, säkularisierte Staat lebt von Voraussetzungen, die er selbst nicht garantieren kann. Das ist das große Wagnis, das er, um der Freiheit willen, eingegangen ist. Als freiheitlicher Staat kann er einerseits nur bestehen, wenn sich die Freiheit, die er seinen Bürgern gewährt, von innen her, aus der moralischen Substanz des einzelnen und der Homogenität der Gesellschaft, reguliert. Anderseits kann er diese inneren Regulierungskräfte nicht von sich aus, das heißt mit den Mitteln des Rechtszwanges und autoritativen Gebots zu garantieren suchen, ohne seine Freiheitlichkeit aufzugeben und – auf säkularisierter Ebene – in jenen Totalitätsanspruch zurückzufallen, aus dem er in den konfessionellen Bürgerkriegen herausgeführt hat.«

Migration, zumal in relevanter Größenordnung, verschärft dieses Dilemma noch, weil sie die verschiedensten Einflüsse in Land und Gesellschaft trägt, aber gleichzeitig noch viel dringlicher auf einen stabilen soziokulturellen Rechtsrahmen angewiesen ist, wenn sie sich verträglich einfügen soll. Die Einwanderung in bereits bestehende, mehr oder weniger abgekapselte Migranten-Milieus oder Clan-Strukturen zeigt auf, was in größerem Umfang unter allen Umständen vermieden werden muss: Gesellschaftliche Strukturen neben oder gar gegen die aufnehmende Gesellschaft.

Die Antwort kann nur in stark kontrollierter und vor allem begrenzter Migration liegen. Auch die Europäische Union hat sich in dieser Hinsicht seltsamen Illusionen hingegeben, als sie etwa Quoten für die Aufnahme von Migranten im Zuge der Flüchtlingskrise vereinbaren wollte. Unabhängig davon, dass sich viele Länder (nicht nur in Osteuropa) gegen diesen Vorschlag sperrten, lassen sich auch Zuwanderer nur begrenzte Zeit mit Wohnortauflagen in Gegenden zwingen, in denen sie nicht leben wollen. Bundesinnenminister Horst Seehofer (CSU) hat zu Recht immer wieder darauf hingewiesen, dass er keine rechtliche Handhabe besitze, etwa Polen zugewiesene Migranten an der Oder-Neiße-Grenze wieder zurückzuschicken, wenn diese lieber in Deutschland leben möchten. Migranten jene Freizügigkeit zu verweigern, die sich Binnen-Europäer gewähren, wäre im Sinne Böckenfördes bereits eine Teilaufgabe der eigenen freiheitlichen Verfasstheit und der Einstieg in eine Zwei- oder Mehrklassengesellschaft.

Ethik ohne spirituelle Bindung?

Und was hat all das nun mit Kreuz und Christentum zu tun? Führt nicht eine bunte Migrationsgesellschaft von allen Seiten neue Riten,

Gebräuche, Wertewelten und – ja – auch Götter nach? Dem ist wohl so, nur sollte man dann auch offen und klar darüber reden, dass eine andere Gesellschaft dabei herauskommt. Das kann man wollen oder auch nicht. Zu glauben, dass der Austausch mit der Welt die eigenen Fundamente nicht berühre, wäre naiv.

Der Augsburger Theologe, Publizist und Prediger Johannes Hartl setzt sich in seinen Veranstaltungen auch mit der selbstbewussten Behauptung bekennender Atheisten auseinander, dass Ethik sehr wohl auch ohne Religion bestehe und gelebt werden könne. Hartl bezweifelt das. »Die Erfahrung zeigt, dass die metaphysische Grundierung ethischer Verhaltensweisen und Wertegebäude viel stärker und bindender ist, als eine losgelöste, abstrakte Ethik.« Er verweist beispielsweise darauf, dass selbst verhängnisvollste Dogmen wie etwa die »Rassekunde« oder der »wissenschaftliche Sozialismus« in ihrer Zeit als wissenschaftlich, also vermeintlich faktenbasiert und »fortschrittlich« daherkamen und ihre ganz eigene Ethik mitbrachten. Die sollte angeblich dem Menschen dienen und ihm eine bessere Zukunft bereiten und schuf am Ende das Gegenteil.

Ein interessanter Ansatz: Ethik, die immer auch im Zeitgeist und auf den Wissensströmungen ihrer Gegenwart fußt, ist naturgemäß volatiler, wechselhafter, mit kürzerem Verfallsdatum versehen. Es ist noch nicht lange her, da war der weltweite Ausbau der Atomenergie eines der höchsten ethischen Projekte auf beiden Seiten des Eisernen Vorhanges, weil damit humane Lebensbedingungen und Wohlstand für die ganze Welt, die Armen und Beladenen geschaffen werden sollte. Kulturphilosophen entwarfen Visionen einer Welt, in der unabhängig von regionalen Voraussetzungen Energie, Arbeit und Moderne geschaffen werden könnten, als würde Lenins alter Kommunismus-Leitsatz endlich wahr, wonach es nicht mehr braucht als »Elektrifizierung und Sowjetmacht«. Ein Ansatz, der heute zumindest in Europa kaum noch Anhänger findet. Das Internet wurde zu Beginn der 2000er-Jahre als größtes Demokratisierungsprojekt der Menschheitsgeschichte gefeiert, heute sehen es nicht wenige als Gefahr, der Philosoph Richard David Precht gar als manifeste Bedrohung.

Ich gebe zu, dass mich der Gedanke an Zeitgenossen amüsiert, die bei Hartls These sofort empört auffahren, dass eine belastbare, verlässlichere Ethik nur transzendenzbasiert sein könne. Es spricht aus meiner Sicht aber viel dafür, dass ein Denkgebäude mit einem Maßstab außerhalb unserer selbst verbindlicher wirkt. Es gehört zum Wesen transzendenter Denkmodelle, dass sie aus der Ewigkeit entstammen und auf diese abzielen. Das macht ihren Gesamtkosmos aus Überlieferungen, Schriften, Gebräuchen und Liturgien vergesslichkeitsabweisender als kurzatmige Gegenwartsbezüge. Der Islamismus ist dafür ein – wenn auch negatives – Beispiel, indem er archaische mittelalterliche Denkformen mit Gewalt ins Jetzt bombt. Eine christliche Ethik, die mit gleicher Zähigkeit Feindesliebe und Solidarität gegen die Zeitenstürme verteidigt, erscheint mir um ein Vielfaches standfester als jegliche soziale Strömungen oder Denkschulen.

Die christliche Grundierung unserer westlichen Gesellschaften zu erhalten, klingt womöglich etwas verstaubt und mag für manche schon deshalb von Übel sein, weil auch Ungarns Premier Viktor Orbán schon davon sprach. Wer hier allerdings lediglich drögen sonntäglichen Kirchgang mit ermüdender Predigt und gähnfördernden Liedern assoziiert, greift viel zu kurz. Sich der eigenen christlichen Wurzeln bewusst zu sein und sie in moderner weltlicher Übersetzung fortzuschreiben, ist für Deutschland und Europa *das* Zukunftsthema. In den großen geostrategischen Bögen gedacht, können wir aus christlichen Grundkoordinaten wie Gewaltfreiheit (oder Gewaltskepsis), Gemeinschaft (ein Thema, das zentral im letzten Abendmahl angelegt ist) und Solidarität unseren Weg zwischen so gegensätzlichen Polen wie dem zielstrebig zur Weltmacht wachsenden China, der unentschlossenen Ordnungsmacht Amerika, autoritären Regimen wie Russland oder der Türkei und der an der eigenen Rückständigkeit leidenden arabischen Welt finden.

Wohl dem, der inmitten dieser globalen Spannungen auf einen Kompass jenseits der augenblicksgetriebenen Taktik zurückgreifen kann, um zu entscheiden, wo Vermittlung enden und Widerstand beginnen muss, wo berechtigte Hilfe von Ausnutzung geschieden werden kann und vor allem, mit welchem Menschenbild wir in die Zukunft gehen wollen. Die bereits recht weit gediehenen Pläne Chinas, vollvernetzte und somit voll überwachte Menschen in ein umfassendes System von Wohlverhaltensprämien und Sanktionen einzuflechten und so zum kollektiven Gleichschritt zu trimmen, stoßen in der westlichen Welt völlig zu Recht auf Befremden und Ablehnung. Die digitale Welt bietet hier Möglichkeiten, die einen nur schaudern lassen können. Und doch werden wir uns eher früher als später mit der Frage befassen müssen, wie wir reagieren, wenn Chinas Modell mangels verzögernder demokratischer Dreinrede erfolgreicher ist als das unsere. Halten wir unsere Werte hoch und gehen mit ihnen unter?

Auf einer Reise nach Shenzhen hat sich Kanzlerin Angela Merkel die chinesischen Pläne aus der Nähe angesehen. In einem hippen Start-up-Unternehmen wird der Mensch nahezu vollkommen biologisch vermessen. In einem Analysekorridor erfassen Sensoren beim Betreten Körpergewicht, Temperatur, lesen Gesichtsausdruck, Schweißfilm, scannen die Iris. Beim Griff in eine armstarke Röhre wird wie nebenbei Blut abgenommen, nach allen derzeit ermittelbaren Parametern analysiert und der vollständige Gensatz ermittelt. Der unmittelbare Nutzen liegt auf der Hand: Früherkennung von Krankheiten, Prävention, Ernährungspläne, Erstellung individueller Fitnessprogramme und vor allem die Herstellung individualisierter Arzneien und Medizinpräparate. In zehn Jahren, so erklärte der völlig kühl und ausdruckslos wirkende Mitarbeiter den Gästen aus Deutschland, werde kein Mensch mehr standardisiert in Kapseln gepresste Wirkstoffkombinationen schlucken, sondern auf seinen Körper abgestimmte Dosierungen und Zusammensetzungen erhalten.

Doch die Anwendungsmöglichkeiten gehen noch viel weiter. Sie reichen von gezielten Kaufempfehlungen etwa bei Produkten, die allergene Reaktionen auslösen könnten, oder Hinweise zur Auswahl von Reisezielen, die der biologischen Disposition des Einzelnen entsprechen. Integriert in eine Netz sozialer Kontrolle und Lenkung, sind der Fantasie bei der »Förderung« gemeinschaftsdienlicher Lebensweise kaum Grenzen gesetzt. Zu wenig Bewegung, Verzehr wenig hilfreicher Genussmittel, »adäquate« Beitragsberechnung bei Krankenkasse und verschiedensten Versicherungen bis hin zur Vorausabschätzung schlecht kontrollierbarer Erregungszustände und natürlich erblicher Risiken bei der Fortpflanzung.

Wollen wir wirklich den Wettbewerb mit China um die freizügigste Daten-Ethik gewinnen? Wollen wir das? Wer jetzt verständlicherweise »Nein« ruft, muss sich mit der Frage auseinandersetzen, welche technologischen, ökonomischen und vor allem auch ethischen Rutschbahn-Effekte wir schon jetzt beobachten können. Und ob und wie künftige aufgehalten werden können. Die Kanzlerin nahm aus Shenzhen vor allem einmal mehr die Botschaft mit, wie heftig Deutschland und Europa daran arbeiten müssten, technologisch den Anschluss zu halten. Künstliche Intelligenz, autonomes Fahren und die dafür notwendigen Kapazitäten bei der Verfügbarkeit schnellster Netze und Server … – nie sprach die Bundesregierung mehr über Digitalisierung, setzte in der Folge ein Digitalkabinett und einen Digitalisierungsrat aus beratenden Experten ein und hielt im November 2018 eine »Digitalisierungsklausur« im Potsdamer Hasso-Plattner-Institut ab.

Ob und wie dieser Wettbewerb, der auch ein Wettbewerb um die freizügigste (Daten-)Ethik ist, zu gewinnen ist, wird die Zukunft zeigen. Ob es überhaupt wünschbar ist, ihn zu gewinnen, auch. Es wird die christliche Grundierung unseres Denkens sein, die darüber entscheidet, ob wir alltagspraktischem Vorteil das alleinige Prä einräumen oder einen regulativen Schutzkordon um den Einzelnen und seine unantastbare Würde legen wollen. Schon jetzt ist erkennbar, dass etwa die hohen staatlichen/gesellschaftlichen Ansprüche an den Datenschutz bei der digitalen Erfassung medizinischer Werte von Patienten, von vielen Menschen lächelnd beiseitegeschoben werden, wenn sämtliche abgreifbare Daten über Fitness-Armbänder, Tracker oder sonst wie erfasst und in sozialen Netzwerken geteilt werden können.

Lebensschutz in unserer christlich geprägten Ausrichtung ist deshalb ein Zukunftsthema, das weit über die gängigen Klischees von Abtreibungsverbot und Ablehnung von Sterbehilfe hinausgeht und existenzielle Fragen durchaus anders beantwortet, als etwa im konfuzianischen Kontext. Jede andere Lesart hat ihre Berechtigung, die christliche allerdings auch. Sie ist geistesgeschichtlich prägend für Europa und soll es auch bleiben. Es muss darum gehen, den Begriff wieder positiv und vor allem produktiv zu besetzen. Dabei ist es ganz gleich, ob man eher liberal oder restriktiv an den technologischen Fortschritt herangeht, eher Chancen oder Risiken sieht: Der individuelle Mensch mit seinen unveräußerlichen Rechten, dessen Wert sich nicht über die Nützlichkeit für die Gruppe bemisst, und der auch in seinen Schwächen und Verfehlungen anzunehmen ist, muss der Leitmeridian sein, an dem sich ein gesellschaftlicher Konsens orientieren muss. So oder so.

Ethiker zerbrechen sich derzeit den Kopf, wie dieser menschliche Mittelpunkt im Zeitalter erwachender künstlicher Intelligenz zu definieren und zu halten ist. Noch offensichtlicher und dringlicher ist die humane Zentrierung allerdings beim Thema Genanalyse. Der sogenannte Präna-Test, mit dem mittels einer Blutuntersuchung der Schwangeren mit 99-prozentiger Sicherheit Trisomie 21 (Down-Syndrom) beim werdenden Kind diagnostiziert oder eben ausgeschlossen werden kann, ist da nur ein winziger Blick in die medizinische Zukunft. Denn schon jetzt ist erkennbar, dass die Versuche, solche vorgeburtlichen Untersuchungen einzugrenzen, nicht wirklich gelingen. So ist etwa festgelegt, dass lediglich im Falle von konkreten Anhaltspunkten für ein Down-Baby oder bei »Risikoschwangerschaften« ein Blick in die genetische Zukunft des Kindes gestattet ist. Da »Risikoschwangerschaften« alle ab dem 35. Lebensjahr der Frau sind oder wenn die werdende Mutter psychische Belastung durch die Ungewissheit geltend macht, kann aber im Grunde jedes Paar auf den Test zugreifen.

In den allermeisten Fällen (neun von zehn Frauen) wird bei der Diagnose Down-Syndrom abgetrieben, was unausweichlich Rückwirkungen auf das Verständnis und den Umgang mit Behinderungen und Behinderten in der Gesellschaft hat. Vor einiger Zeit gab es gar eine Klage, die die Geburt eines Down-Kindes als Arztfehler geltend machen wollte (und glücklicherweise abgewiesen wurde). Dabei steht das Aussortieren von Leben vor der Geburt in einem befremdlichen Kontrast zu den Bemühungen, Diversität und Inklusion in der Gesellschaft geborener Menschen zu leben.

Vor allem aber ist Lebensschutz ein Zukunftsthema, weil die Möglichkeiten der vorgeburtlichen Untersuchungen sich rasant erweitern werden. Schon jetzt sind mit dem Prena-Test auch Edwards-, Pätau-, DiGeorge- sowie verschiedene Syndrome nachweisbar, die mit Fehlverteilungen von Geschlechtschromosomen zu tun haben. Es ist absehbar, dass auch viele andere Veranlagungen und Eigenschaften sich künftig im Voraus ermitteln lassen. An einem Markt besorgter Eltern wird es nicht fehlen, und so sehr die Vorstellung eines vorgeburtlichen Avatars in ethischer Hinsicht verstören mag, so nachvollziehbar ist doch, dass die Sorge Eltern treibt, jedwede verfügbare Information über ihr Kind so früh wie möglich zu bekommen. Die Frage, ob wir über werdendes Leben alles wissen müssen, was wir wissen können, wird eine ganz neue Dringlichkeit erhalten. Darf nur in Verdachtsfällen gesucht werden? Wonach darf gesucht werden? Und vor allem: Welche Konsequenzen dürfen aus der Diagnostik gezogen werden?

Wenn nach Trisomie 21 gesucht werden darf, mit der man sehr gut leben kann, warum nicht auch nach einer möglichen Lippen-Kiefer-Gaumenspalte? Oder schlimmen Allergien, Krebsneigung, Stoffwechselstörungen …? Und wenn ja: Berechtigt jedweder menschliche »Makel« zu einer Abtreibung? Kann man Eltern das Wissen über minderschwere Beeinträchtigungen vorenthalten? Welche wären das und wer legt es fest? Und schließlich werden wir eine Antwort darauf finden müssen, wie wir mit anderen Gesellschaften umgehen, die weniger Skrupel haben, das genetisch Machbare auch zu tun. Wenn die Ersparnis im Gesundheitswesen und bei menschlicher Fitness in volkswirtschaftlich relevante Größenordnungen vordringt oder vorgeburtlicher Screening-Tourismus einsetzt, wird man sich dazu verhalten müssen. Wird sich eine andere als eine rein pragmatische Sicht der Dinge dann noch durchsetzen lassen? Was ist Artikel 1 des Grundgesetzes mit seinem auf ewig angelegten, umfassenden Schutz der Menschenwürde noch wert, wenn menschliches Leben zum ersten Mal vor der Geburt nach seinem Wert taxiert und gegebenenfalls verworfen wird? Ganz zu schweigen davon, dass von der Ebenbildlichkeit Gottes in einem solchen Szenario nichts mehr übrig bleibt. Es ist an der Zeit, politische Ethik aus der »Gedöns«-Ecke zu holen und als elementares Politikfeld für unser Zusammenleben in der Zukunft zu verstehen.

Christentum und Populismus

Nun mag man fragen, was dies alles mit Populismus zu tun habe. Populismus erwächst auch aus dem schleichenden Auseinanderdriften der Lebenswelten von einfachen Menschen und den geltenden Regeln im Gemeinwesen. Gerade bioethische Themen waren und sind in der Gefahr, sich auf abseitigen Pfaden der demokratischen Meinungsbildung zu entscheiden oder knapp neben diesen. Die zentrale Lehre aus dem Erstarken populistischer Strömungen oder was man dafür hält, ist, dass auch innerhalb der repräsentativen Demokratie viel intensiver die Rückbindung zu den Menschen gesucht werden muss. Das muss nicht zwingend durch zusätzliche Mittel der Mitbestimmung (Volksentscheide, Volkbefragungen etc.) geschehen, zumindest aber durch vernehmbaren gesellschaftlichen Diskurs, damit sich einbringen kann, wen es umtreibt und Desinteressierte immerhin mit halbem Ohr hören, bei welchen Themen sie auf Mitwirkung verzichten.

Beim Thema Leihmutterschaft beispielsweise ist der Politik die Hoheit über das Thema bereits entglitten. Obwohl in Deutschland ein breiter gesellschaftlicher Konsens darüber herrscht, dass Frauen nicht zu Austragsdienstleisterinnen fremder Kinder werden sollen und das Verbot der Leihmutterschaft bestehen bleiben muss, sind die restriktiven Regelungen des Gesetzgebers durch Richterrecht bereits ausgehöhlt worden. Dabei geht es nicht nur um die erheblichen gesundheitlichen Beeinträchtigungen der Leihmütter, die mit der Verabreichung von Medikamenten zur besseren Einnistung des fremden Embryos entstehen, sondern es geht vor allem um das Verständnis von Elternschaft als biologische und soziale Schicksalslinie. Schwangerschaft ohne Bindung zum werdenden Kind, Selbstausbeutung des weiblichen Körpers und Kinder, die im widrigsten Wechselfall des Lebens zwischen austragenden und »Besteller-Eltern« verloren sind – all das steht auch im krassen Widerspruch zum christlichen Werte- und Familienbild. Im Zusammenspiel mit den ständig wachsenden Möglichkeiten vorgeburtlicher Tests erhält auch das Thema Leihmutterschaft eine neue Dimension.

Vorangetrieben von zumeist homosexuellen Paaren, die das deutsche Verbot der Leihmutterschaft umgingen und »ihre« Kinder im Ausland austragen ließen, haben Gerichte über die Abwägung des Kindswohls geurteilt, dass die »fremden« Kinder, die biologisch und rechtlich eigentlich den Leihmüttern zugeordnet werden, dennoch nach Deutschland einreisen dürfen. So nachvollziehbar das im Einzelnen ist, so klar ist aber auch, dass es einem Akzeptieren der in Deutschland verbotenen Leihmutterschaft gleichkommt, wenn dies im Ausland geschieht. Der nächste Schritt sind absehbar Musterklagen, die die Legalisierung der im Ausland geduldeten Praxis auch in Deutschland fordern. Das Fazit daraus lautet: Egal welchen ethischen Ratschluss deutsche Parlamente treffen und welcher Konsens in der Gesellschaft herrscht, es finden sich Wege, die Partikularinteressen druckvoller Minderheiten durchzusetzen und bestehende Gesetze auszuhebeln. Was im Steuerrecht zumindest ärgerlich und nicht hinnehmbar ist, sollte umso vehementer bekämpft werden, wenn es um die ethischen Kernbestände der Gesellschaft geht.

Bemerkenswert ist zudem ein Rechtskonflikt, der durch das schleichende Akzeptieren von Leihmutterschaft entsteht: Das Kind, das von einer fremden Frau ausgetragen wird, erhält indirekt eine Art von Persönlichkeitsrechten und wird zum Rechtssubjekt der Auftraggeber. Der Bauch der Leihmutter gehört also nicht ihr, um einen so gängigen wie falschen Slogan aufzugreifen. Ein Status, den Abtreibungsbefürworter für leibliche Kinder nicht akzeptieren. Es ist traurig und absurd, dass ein ungeborenes Kind erst in dem Falle als Person anerkannt und akzeptiert wird, wo »Besitzansprüche« Dritter ins Spiel kommen.

Es ist höchste Zeit, dass Ethik – aus meiner Sicht zwingend die uns prägende christliche Ethik – eine kraftvolle politische Stimme erhält.

In ihrer Werberede für den von ihr favorisierten Unionsfraktionschef Volker Kauder (CDU) sagte Angela Merkel auf der entscheidenden Sitzung der CDU/CSU-Fraktion Ende September 2018: »Der Volker hat, was mir ja immer vorgeworfen wird, dass es mir fehlt: Ein klares Wertefundament …« Nur macht er halt zu wenig Gebrauch davon, schoben jene nach, die diesen Satz hinaustrugen und am Ende für die Abwahl Kauders sorgten. Auch für Merkel selbst ist es ein nicht sehr schmeichelhafter Reklameansatz, mit einem vermeintlichen eigenen Manko für einen Vertrauten zu werben, der es ausgleichen soll. Fakt ist aber auch, dass die rituelle Berufung auf das »christliche Menschenbild« in der Union inzwischen einigermaßen hohl geworden ist. Es ist im Laufe der Jahre zu einem Schlagwort der wohligen Selbstvergewisserung geworden, das im Zweifel nichts abverlangt. Wofür es steht und welche konkreten Positionen man davon in der Union erwarten darf, bleibt völlig unklar.

Ist das Mittragen der Homo-Ehe »im besten konservativen Sinne« ein Beitrag zu gelebten christlichen Werten, wie etwa Gesundheitsminister und CDU-Präside Jens Spahn meint? Ist es die intellektuelle Verbrämung dafür, dass er sein Privatleben zum Gegenstand von Politik macht, oder ist es das Umwidmen der klassischen Fortpflanzungsgemeinschaft Ehe als gesellschaftlichem Kleinkraftwerk zu einer bloßen Partnerregistratur?

Mit der Union kann man alles haben. Als nicht ganz unerheblicher Nebeneffekt muss im Zuge der Homo-Ehe auch das »Kindswohl« im Adoptionsrecht neu geregelt werden. Wenn homosexuelle Partnerschaften der Ehe gleichgestellt werden und keiner systematische Benachteiligung bei Adoptionen ausgesetzt sein sollen, kann der anzustrebende Idealzustand für Adoptivkinder nicht länger »Vater und Mutter« als familiäres Umfeld vorsehen. Nun behauptet niemand, dass es Kindern in gleichgeschlechtlichen Partnerschaften zwingend schlechter gehe, es ist aber schon interessant, dass die Beschreibung dessen, was gut fürs Kind ist, nicht von diesem aus definiert wird, sondern davon abgeleitet, wie die Erwachsenen ihr Ehe-Verständnis neu ordnen.

Parität in allen Lebensbereichen: Gesellschaftsplanung auf dem Reißbrett

Allgemeiner Konsens ist, dass das christliche Menschenbild den einzelnen Menschen mit seinen Fehlern, Unzulänglichkeiten und individuellen Prägungen in den Mittelpunkt stellt und davon ausgehend eine freiheitliche Gesellschaft entwirft. Aber wie passt das zusammen mit einer Auffassung von Geschlechtergerechtigkeit, die den genau umgekehrten Weg beschreitet und dem gewünschten Gesellschaftsbild die Individuen regulatorisch eingliedern will? »Man muss doch nicht drum herumreden: Die Quoten waren wichtig, aber das Ziel muss Parität sein«, sagte Kanzlerin Angela Merkel während einer Gedenkstunde zum 100. Jahrestag des Frauenwahlrechts am 12. Dezember 2018 im Deutschen Historischen Museum (!). »Parität überall, ob in der Politik, der Wirtschaft, der Verwaltung, Wissenschaft oder im Kulturbereich.«

Parität in allen Lebensbereichen als Ziel? Eine Gesellschaft auf dem Reißbrett? Ist dies das »christliche Menschenbild« der Union? Ausgerechnet im Deutschen Historischen Museum redet die CDU-Kanzlerin einer Vorstellung von Gesellschaft das Wort, die analog schon einmal entlang »sozialer Klassen« en vogue war und auf den Straßen ringsum glücklicherweise friedlich beendet wurde. Wer gedacht hatte, die prinzipiellen Ursachen für das Scheitern der sozialistischen Gesellschaft als bewusst nach einem sozialen Ideal konstruierten Gesellschaft, hätten sich wenigstens bei ehemaligen DDR-Insassen nachhaltig eingebrannt, wird hier bitter enttäuscht. Parität mag wünschenswert sein, aber sie ist kein Ziel, kann keines sein. »Hier irrt die kluge Kanzlerin: Weder Quote noch ›Parität‹ haben etwas mit Normalität zu tun«, kommentiert Reinhard Müller in seltener Deutlichkeit einen Tag später in der *FAZ*. »Das Ziel, das Parlament auf einen Frauenanteil von fünfzig Prozent zu bringen, ist weder der DDR noch Nordkorea eingefallen. Aber dort gehört eine solche Idee eigentlich hin. Wenn aus freien Wahlen eine Volksvertretung hervorgeht, in der achtzig Prozent

Frauen, Männer, Migranten oder Muslime sitzen, oder auch nur zwanzig Prozent, dann ist das – Demokratie.«

Eine homogene, nach welchen sozialen Merkmalen auch immer repräsentativ in allen Lebensbereichen zusammengesetzte Gesellschaft kann es in einer freiheitlichen Demokratie nicht geben. Wenn selbst in der bürgerlichen Union, wo man eigentlich die letzte Bastion gegen soziale Utopismen vermuten sollte, der Sensus für diese elementare Einsicht fehlt oder dem wohligen Teamspirit versammelter Frauen geopfert wird, muss man sich über schlechte Wahlergebnisse nicht wundern. »Und darum muss es gehen: die Gleichheit vor dem Gesetz durchzusetzen«, schreibt Müller völlig zu Recht. »Quoten, gar die Vorgabe einer Parität in Parlamenten verstoßen gegen grundlegende demokratische Grundsätze. Hier wird nämlich ein bestimmtes Ergebnis vorgegeben. Demokratie heißt jedoch, dass alle in freien, gleichen und geheimen Wahlen abstimmen – aber nicht, dass dabei eine repräsentative Volksvertretung herauskommen muss. Sonst müsste man ja auch Vorgaben nach Alter und Herkunft machen. Mit gutem Grund könnte man argumentieren, dass die Jungen die Hälfte im Parlament stellen sollten, weil sie von den Folgen der Entscheidungen länger betroffen sein werden. Und warum nicht auch gleich nach Vermögen und Bildung?«

Der frühere Verfassungsrichter Udo di Fabio weist zu Recht immer wieder darauf hin, dass der Bundestag keine Stände- oder Stammesversammlung ist, in der sämtliche Zugehörigkeiten anteilmäßig vertreten sind. Im Laufe einer langen Verfassungs- und Menschheitsgeschichte haben wir ein Menschenbild entwickelt, nach dem jeder Einzelne Träger der universalen Menschenrechte und Menschenwürde ist und Geschlecht, Abstammung, Herkunft oder andere Merkmale gerade nicht mehr gesondert über Stellung und Einfluss in der Gesellschaft entscheiden sollen. Hinter dieses Ideal treten Quotierer und Paritätsverfechter zurück.

Was ist das »christliche Menschenbild« wert, wenn ein konservativer Katholik wie Gesundheitsminister Jens Spahn (CDU) zur Steigerung der Zahl der Organspenden für die Widerspruchslösung plädiert, die jeden unbescholtenen Bürger zum Spender seiner Organe macht? Nun kann man Spahns Vorstoß durchaus auch christlich motivieren, wenn man ihn aus der Perspektive der auf eine neue Lebenschance hoffenden Organempfänger begründet. Nur leichthin einen Beitrag zum rein materialistischen Menschenbild der anschließenden Vernutzwertung des Körpers leisten, kann und darf man nicht, wenn man die christliche Wertewelt hochhalten will. Zumindest sollte man das Projekt auch unter diesem Blickwinkel diskutieren.

Weil das »christliche Menschenbild« ein offenes ist, bietet es Raum für viele Weltsichten und Interpretationen. Wenn es nicht zum billigen Unterschlupf für stromlinienförmigen Zeitgeist werden soll, kommt man um eine aktive und schonungslose Auseinandersetzung damit allerdings nicht herum. Dabei genügt es eben nicht, es im Munde zu führen, sondern Politiker müssen es in Worte und Taten fassen.

Islam und Islamismus

Warum herrscht breiter Konsens darüber, dass der sozialen Spaltung der Gesellschaft gegengesteuert werden muss, während man zögert, die religiöse Spaltung durch sich verfestigende muslimische Milieus mit der gleichen Dringlichkeit anzugehen? Auf den Regionalkonferenzen für den CDU-Vorsitz sagte Bundesgesundheitsminister Jens Spahn: »Ich halte Ehrenmorde, Zwangsehen und Antisemitismus nicht für eine Bereicherung der Gesellschaft.« Doch was folgt daraus? Gemeinsames Sich-Luft-Machen ist kein Politik-Ersatz.

»In der vorherrschenden Sicht von Politik und Medien darf der Islam als solcher kein grundsätzliches Problem darstellen, weil sonst mehr Fragen entstehen, als man politisch zu beantworten in der Lage ist«, schreibt Thilo Sarrazin in seinem Buch »Feindliche Übernahme« (S. 14). »Entsprechend steht der Islamismus mit seinen unterschiedlichen Erscheinungsformen vielen als eine Fehlentwicklung, die außerhalb des Islam steht. Integrationsprobleme muslimischer Einwanderer können aus dieser Sicht schon definitorisch nicht existieren. Wo sie gleichwohl bestehen, müssen andere Faktoren verantwortlich sein, sodass der islamische Glaube und besondere Integrationsprobleme der Gläubigen allenfalls in einer Scheinkorrelation miteinander zu tun haben.«

Gibt es also Sprech- und Denkverbote im öffentlichen Diskurs? Im klassischen Zensur-Sinne kaum. Nur muss man halt das Echo vertragen. Der Dresdner Politik-Professor Werner Patzelt hat das auf einer Veranstaltung der konservativen WerteUnion der CDU Mitte Februar 2019 in Köln so ausgedrückt: Dinge auszusprechen, die dem politmedialen Mainstream zuwider laufen, habe natürlich seinen Preis. »Dieser Preis war schon einmal geringer.« Idealerweise sollte man in freiheitlichen Demokratien für Meinungsäußerung innerhalb des Verfassungsbogens keinen Preis zahlen müssen, schon gar keinen unterschiedlichen. All jenen, die etwa bei dezidiert konservativen Einlassungen einen unverhältnismäßig starken Gegenwind bis hin zur regelrechten Bekämpfung beklagen, eine Art Wahrnehmungsstörung zu attestieren, hilft wenig weiter und ist eher ein Indiz der Bestätigung als des Gegenteils.

Der frühere Bundestagspräsident und jetzige Chef der Konrad-Adenauer-Stiftung, Norbert Lammert (CDU), formulierte die Sicht der Trennung von Islam und Islamismus ausdrücklich und unter dem noch frischen Eindruck des Anschlags auf den Berliner Weihnachtsmarkt am Breitscheidplatz: »Wir bekämpfen nicht den Islam, sondern Fanatismus, nicht Religion, sondern Fundamentalismus – das gilt unter dem Eindruck des Terrors in unserem Land nicht anders als nach den Anschlägen in unseren europäischen Nachbarländern. Wo islamistisches Gedankengut verbreitet wird, haben wir es mit aller gebotenen rechtsstaatlichen Härte zu bekämpfen. Terror ist nie religiös, Terror ist politisch – und die Antwort darauf muss auch politisch sein«, sagte Lammert unter dem Applaus der Bundestagsabgeordneten am 19. Januar 2017.

Ich bin nicht sicher, ob diese Entkoppelung der ideellen Grundlage vom islamistischen Terror selbst tatsächlich möglich ist. Zum einen spannt sich der Bogen des Islamismus mit den bekannten Namen seiner Zellen (Boko Haram, Al Qaida, Islamischer Staat, Abu Sayyaf etc.) von Afrika bis in den pazifischen Raum Asiens und infiltriert die westliche Welt mit radikalen Untergruppen. Zum anderen käme auch niemand auf die Idee, rechts- oder linksextremistische Gewalt von der jeweiligen Ideologie loszulösen. Lammert muss sich hier eines raffinierten intellektuellen Winkelzugs bedienen, um islamistischen Terror in »politischen« umzudeuten, der vermeintlich nichts mehr mit der religiösen Vorlage zu tun hat. Man darf mit einiger Berechtigung daran zweifeln, wie realistisch diese Trennung ist, wenn sich Attentäter etwa ausdrücklich gegen »Ungläubige« wenden, gegen Christen oder »unislamischen« Lebenswandel. Gelingt es wirklich, den »Islamischen Staat« ohne Islam gewissermaßen als regionale Autonomiebewegung oder Streitmacht zur rein imperialen Claim-Absteckung und ohne die namensgebende Religion zu denken?

Der niederländische Sozialwissenschaftler Ruud Koopmans kommt in einem bemerkenswerten Kapitel des Buches »Der politische Islam gehört nicht zu Deutschland« (Herder 2019) zu dem Schluss, dass auch das Attribut »politisch« im Grunde weggelassen werden müsse. Er untersucht dazu den Islam auf drei Ebenen: die islamischen Staaten weltweit, die dominierenden muslimischen Organisationen in Deutschland und auf der individuellen Ebene die Auffassungen der in Deutschland lebenden Muslime. Auf allen drei Ebenen sind die Befunde problematisch. Dass in den 47 muslimisch dominierten Staaten der Welt Meinungsfreiheit, Demokratie, sexuelle Gleichberechtigung und Friede herrschten, hätte vermutlich kaum jemand erwartet. Auch die problematischen Tendenzen innerhalb der türkischen DITIB oder islamischen Gemeinschaft Milli Görüs und selbst im eher liberalen Zentralrat der Muslime, sind bekannt. Aber auch die Umfragen zu Glaubensauffassungen, Rollenbildern der Geschlechter, säkularem Staat und religiöser Toleranz unter in Deutschland lebenden Muslimen ist weit von einheimischen Denkmustern entfernt.

In seinem Fazit warnt Koopmans vor einer »Traumwelt des wahren, unbefleckten Islams«: »Es ist noch ein langer Weg zu gehen, bis der Mainstream des real existierenden Islams zu Deutschland gehören wird. (...) Um auf diesem Weg voranzukommen, ist die voreilige Botschaft ›Der Islam gehört zu Deutschland‹ alles andere als hilfreich. Sie erweckt nämlich den Eindruck, als sei der Islam selbst unproblematisch und das Hauptproblem bestünde darin, dass Nicht-Muslime in Deutschland den Islam immer noch nicht als dazugehörig akzeptieren wollen.«

Eine ideologische Vorlage für Gewalt und Aggression muss in kritischem Blick behalten werden. Bei weltlichen Theoremen ist dies völlig unbestritten: Sozialisten oder Kommunisten können liebenswürdige Zeitgenossen sein, und doch ist ihre Weltanschauung, wo sie zur Vorherrschaft kam, für grausame Fehlentwicklungen verantwortlich. Interessanterweise findet sich die Argumentation, die Entartungen hätten nichts mit dem jeweils »wahren« Glauben zu tun, sowohl in sozialistischen/kommunistischen wie in muslimischen Communities. Beide müssen zuvörderst selbst dafür sorgen, dass diese Sicht wahr und sichtbar wird.

Oder um Schopenhauer abzuwandeln: Die Welt als Wunsch und Vorstellung. Es ist die wohl entscheidende Bruchlinie unserer Tage, dass die Ideen vom Zusammenleben national wie international (Geopolitik, Welthandel, Migration, soziokulturelle Identität...) oft nicht mit der Realität in Deckung zu bringen sind und die versuchte Erzwingung von Kongruenz zu massiven Widerständen führt. Ein Zustand, der vermutlich jede bisherige Gesellschaft kannte und jede zukünftige kennen wird. Nur sind die Bedingungen für Brückenschläge in einer digital vernetzten Welt neu und ungleich komplizierter. Die beiden Hauptlinien zum Umgang mit derartigen Verwerfungen sind freilich die bekannten, klassischen geblieben: die linke der vom Ideal beseelten druckvollen Durchsetzung und die rechte (konservative) der vorsichtigen, evolutionären Anverwandlung.

Fakt ist, dass eine solche, dem Augenschein widersprechende Haltung – nicht nur in der Islam-Frage – vielen Menschen kaum noch zu vermitteln sind. Wendungen wie »das hat aber nichts mit dem Islam zu tun« oder »das ist wieder nur ein Einzelfall« sind zum fatalistischen Ausdruck des Widerspruchs gegen gewünschte Lesarten der Dinge geworden. Wer dennoch versucht, realitätsferne Verklärungen als einzig korrekte, akzeptable Sicht der Dinge zu etablieren, erntet Gegenbewegungen, die sich mit der derben Wut der Ungehörten und Verächtlichen gegen den Konsens der Duldsamkeit stellen. Wenn das Kind dann längst in den populistischen Brunnen gefallen ist, halten es Politik und leider auch die große Kirchen für angemessen, die vermeintlich fehlgeleiteten Schäflein mit Bann und Verachtung zu strafen. Im Angesicht von AfD-Kundgebungen etwa das Licht an Dom und Kirchen auszuschalten, um politische Zeichen zu setzen oder AfD-Funktionäre ausdrücklich von Kirchentagen auszuladen, entspricht ganz sicher nicht dem christlichen Menschenbild. Oder sollte das Jesu Botschaft im Umgang mit dem missliebigen Nächsten gewesen sein? Und die Wirkung ist regelmäßig die gegenteilige der gewünschten.

Ein neuer Kopf an der Spitze der Union ist eine gute Voraussetzung für einen neuen Start mit neuen Ideen. Man kann nur hoffen, dass es im Zuge der Erarbeitung eines neuen Grundsatzprogrammes auch zu neuem Nachdenken über vermeintlich alte Gewissheiten wie das christliche Menschenbild führt und wie es heute im politischen Alltag zu buchstabieren ist. Das Kreuz des Künstlers Markus Daum im Fraktionssaal von CDU und CSU ist längst zum Inventar geworden, das kaum noch auffällt und Beachtung findet. Es ist ein rostiges Kreuz aus rohem Eisen, gebogen, schief und kantig, stört es die geraden Linien des schnörkellosen Saales. Es ist ein störendes Kreuz, kein ebenmäßiger Schmuck, kein weltanschaulicher Zierrat für Seelen und Gemäuer. Der Querbalken ist mehr schlecht als recht eingefügt und hängt viel zu tief im Vergleich zur bekannten Erhabenheit anderer Kruzifixe. Es ist unfertig, unpassend, in keiner Dimension berechenbar, sondern krumm und ungenau wie der Alltag und das Leben, in welches die Abgeordneten mit ihrer Arbeit möglichst geradlinige Regel einziehen sollen.

Es täte gut, wenn jene, die darunter Platz nehmen, vor allem aber auch jene, die von den erhöhten Plätzen des Fraktionsvorstandes während der Sitzungen auf das Kreuz blicken, ihm wieder die gebührende Aufmerksamkeit schenken würden.

Bunt, bunt, bunt ist alle Theorie: Vielfalt und Diversität sind kein Selbstzweck

Es war eine große Erleichterung, die sich breitmachte, als Kanzlerin Angela Merkel am 31. August 2015 nach gut anderthalb Stunden mit ihrer historischen Pressekonferenz fertig war. Nicht in erster Linie ihre Botschaft »Wir schaffen das« sorgte für den allseitigen, öffentlichen Stoßseufzer, sondern vor allem *dass* die Kanzlerin sich endlich erklärt hatte, wie sie mit der weiter anschwellenden Migrationswelle nach Deutschland umgehen wolle. Vorausgegangen war eine quälende Zeit, in der das Land schlichtweg kein Zeichen von der Regierungschefin erhielt, wie es weitergehen sollte. Das Bundesamt für Migration und Flüchtlinge hatte zum zweiten Mal in diesem Jahr die Zahl der für 2015 zu erwartenden Migranten drastisch erhöht und rechnete seit Ende August mit jetzt 800 000 Zuwanderern. Eine Zahl, die etwa viermal der Einwohnerschaft der Stadt Kassel entspricht, und eine wirkliche Marschrichtung war nicht zu erkennen. Längst liefen die Aufnahmeeinrichtungen über, mussten Turnhallen und andere leere Immobilien belegt werden, um dem Ansturm Herr zu werden.

Merkel selbst hatte sich seit Mitte Juli zu dem Thema bedeckt gehalten. »Ich muss die Dinge erst zu Ende denken, bevor ich entscheiden kann«, pflegt sie intern ihre Zögerlichkeit zu erklären. Die Signale, die sie in der Zwischenzeit intern gab, waren zwiespältig. Am 17. Juli fliegt sie direkt nach der gewonnenen Abstimmung im Bundestag über ein weiteres Hilfspaket für Griechenland für einen knappen Tag nach Brasilia zu Regierungskonsultationen mit der dortigen Regierung. Es ist der routinemäßige Irrsinn in der Hochphase ihrer Macht: Um die halbe Welt, 28 Stunden in der Luft, 22 Stunden vor Ort, ein paar Gespräche, diplomatischer Luxus, wenn man sonst keine anderen Probleme hat. Doch die hatte sie. Im Flieger spricht sie bereits darüber, dass die Flüchtlinge alles andere in den Schatten stellen werden. Doch mehr als eine blasse Ahnung ist es nicht. Sie will, anders als SPD-Chef Sigmar Gabriel, kein Flüchtlingslager besuchen, sagt sie. Ihr Job sei es, die Probleme zu lösen, nicht symbolische Besuche zu absolvieren. Wenige Tage später ist sie doch auf Gabriels Spuren im sächsischen Heidenau, besucht die Erstaufnahmeeinrichtung in einem ehemaligen Baumarkt, ist geschockt vom Hass, der ihr von Bürgern entgegenschlägt. Intern ist Merkel zu dieser Zeit noch unentschlossen. Es seien nicht wirklich Flüchtlinge, die da kämen, sagt sie in Hintergründen, sondern Vertreter der Mittelschicht aus Afrika und dem Nahen Osten, die Zehntausende Euro fürs Schleppen bezahlen. Hinter den Kulissen ihrer Partei bricht in diesen Tagen bereits Panik aus. Am Abend des Besuches in Heidenau ist die nordrhein-westfälische Landesgruppe im Bundestag bei ihr zu Gast im Kanzleramt. Mehrere Vertreter (darunter der einflussreiche Bundestagsvizepräsident Peter Hintze) appellieren dramatisch an die Kanzlerin, den Zustrom zu stoppen. Doch sie zögert. Bis zum 31. September 2015. An diesem Tag stellt sie die Weichen für Deutschland. Ganz allein. Der Rest ist Geschichte.

Problematische Willkommenskultur

Deutschland übertrifft sich in der von links so lange schon eingeforderten »Willkommenskultur«, applaudierende Bürger empfangen Migranten am Münchner Bahnhof, die Bahn stellt Sonderzüge bereit, immer mehr Notaufnahme-Einrichtungen müssen in Städten und Kommunen gefunden werden. Man könne Grenzen nicht schließen, sagt Angela Merkel in der Sendung »Anne Will« am 7. Oktober, niemand könne entscheiden, wer zu uns kommt. Die AfD beginnt in diesen Tagen ihre Wiedergeburt, wird sich drei Jahre später fest im Parteiensystem verankert haben, und Deutschland gleitet in die wohl tiefste Spaltung der Nachkriegsgeschichte. Der ideelle Hintergrund, die zentrale Idee, aus der sich die AfD als institutionalisierte Antithese speist, verbirgt sich geradezu punktgenau verdichtet in dem Wort »Willkommenskultur«. Es ist das zentrale, deutsche Missverständnis von Migration, das in dieser Vokabel zum Ausdruck kommt und es eigentlich in geradezu historischer Dimension zum Unwort des Jahres hätte machen müssen. Tatsächlich wurde »Gutmensch« 2015 zum Bäh-Wort der Nation gekürt. Ein Fehlgriff mit Methode. Es gehört zum systematischen Fehlansatz der »Unwort«-Jury, nicht etwa den Ursachen bestimmter Begrifflichkeiten analytisch nachzuspüren und diese zu erklären, sondern sehr schlicht und geradlinig eine politische Denkrichtung (die eigene) für sprachbildend zulässig zu halten. Dabei müsste jeder mittelbegabte Semantiker wissen, dass Worte nicht ohne Grund und Begründung entstehen: Gutes zu wollen und durch Naivität und Realitätsferne dabei das Gegenteil zu bewirken, ist der tiefere Sinn hinter der Vokabel »Gutmensch«, die naturgemäß von jenen besonders allergisch aufgenommen wird, die ihre Selbstgewissheit beim Gutestun nicht erschüttert wissen wollen.

Das Wort »Willkommenskultur« kursiert seit Langem und nicht erst seit dem Herbst 2015 als ein Signal- und Kampfbegriff für die Offenheit gegen das dumpfe »Dunkeldeutschland« (Gauck). Das Fatale an dem Begriff: Er signalisiert eine girlandengeschmückte Kirmesseligkeit und Empfangsfeierlichkeit, die im Zusammenhang mit Migration völlig unangemessen ist. Denn die eigentlich tief menschliche und im Grunde selbstverständliche Leichtigkeit der offenen Arme passt zu einem freundlichen Besuch oder der Ankunft eines lange vermissten Freundes. Sie passt ganz und gar nicht zu einem der schwierigsten Weltprobleme der Gegenwart. Der Umgang mit Schicksalen, Anreizen und Abschreckung, begrenzten Ressourcen und über Leichen gehender Schlepper-Kriminalität, mit Aufnahme und Abschiebung, das Scheiden von Armutsmigranten von politisch Verfolgten und Entwurzelten, der heikle Umgang mit kultureller und sozialer Konkurrenz und Differenz ... – nicht Gastfreundschaft ist im Umgang mit Migration gefragt, sondern kluges Gesellschaftsmanagement. Herz ohne Verstand schadet der Sache mehr, macht mehr kaputt, als es nützt. Migration ist ein Problem für die Herkunftsgesellschaften, eine schwierige Herausforderung für die Zielländer und in den allermeisten Fällen ein Drama für die Migranten selbst.

Im Herbst der offenen Herzen und Grenzen 2015 war Deutschland für eine fatale Weltsekunde nicht bei Verstand. Was für einige Monate aussetzte, war das Problembewusstsein für die wahre Dimension der Lage. Und dass es ausgerechnet die Union war, deren innenpolitische DNA bis zu diesem Punkt durchweg von dem richtigen Verständnis geprägt war, die Migrationstür hartnäckig zu kontrollieren, um die Richtigen rein und die Falschen draußen zu lassen, macht die Sache noch schlimmer.

Migration ist kein Politikfeld wie jedes andere. Man mag über Atomausstieg oder Wehrpflicht streiten, so schwerwiegend die Folgen in beiden Fällen für die Wirtschaftsnation Deutschland und ihren gesellschaftlichen Zusammenhalt waren, so schnell verblassen die politischen Händel darüber auch wieder, werden zum restlichen Problemmanagement des politischen Alltags gelegt, recht und schlecht bearbeitet. Migration dagegen rührt an archaische Tiefenstrukturen des Menschen als soziales Wesen überhaupt. Man mag abwinken und es für politisches Feuilleton halten, doch es ist ganz hilfreich, sich von Zeit zu Zeit klarzumachen, wie dünn auch in unserer vermeintlich so modernen Gegenwartsgesellschaft die zivilisatorische Firnis ist, wo kulturelle Überformung endet und die anthropologischen Rucksäcke beginnen, die auch wir noch immer mit uns herumtragen. Menschen schließen sich (wie alle sozialen Wesen) zu Gruppen zusammen, um sich nach innen gegenseitig zu (be)stärken und nach außen abzugrenzen und zu verteidigen. Darum gibt es Nationen, Ethnien, Familien, Clans, Zäune, Häuser mit Türen. Und ja: Anthropologie hat nicht in der Vergangenheit irgendwo aufgehört und den modernen Jetzt-Menschen (Homo sapiens) der Weltgeschichte übergeben.

Auch deshalb ist Migration so ein grundlegend anderes, tiefergehendes Thema als alle anderen, kochen die politischen Emotionen hier ungleich höher. Es rührt an die immer wieder neu auzuhandelnde Balance zwischen Eigenem und Fremdem, zwischen sicherem Grund und Landnahme, Abwehr und Zusammenhalt. Wer das für mystisch überhöht hält, sehe sich in der Welt um, in der auf dem Balkan vor unserer Haustür (oder in unserem europäischen Haus) ehemals jugoslawische Nachbarn nach 40 Jahren Staatengemeinschaft blutig übereinander herfallen und historische Rechnungen aus dem 14. Jahrhundert (Schlacht auf dem Amselfeld 1356) noch immer offen sind. Eine Welt, in der durch Belgien ein Riss geht, Katalonien, Schottland, Nordirland mit ihren Nationalstaaten hadern, Großbritannien nicht zur EU gehören will, Tutsi über Hutu herfallen, Rohingya vertrieben werden, China Taiwan und das südchinesische Meer hartnäckig beansprucht, Tibet und Uiguren unterdrückt und die UN im Grunde nichts anderes sind, als der wenig erfolgreiche Versuch, auf dieser Welt lieber im Gespräch zu bleiben, als im Krieg zu sein.

Gefährliche Illusionen

Die Hintergründe all dieser Konflikte sind sehr unterschiedlich. Gemeinsam ist ihnen aber, dass Menschen sich aus politischen, kulturellen oder wirtschaftlichen Gründen voneinander abgrenzen, anstatt die Gemeinschaft über Gruppenzugehörigkeiten hinweg als höheren Wert zu erkennen. Man mag das beklagen, aber auch zur Überwindung braucht es das Verständnis der Tatsachen. Die Weltpolitik im Großen ist hier nichts anderes als der bitterböse Nachbarschaftsstreit, die Abkapselung von Parallelgesellschaften und regionale Animositäten im Kleinen. Dass all dies sich »sogar« im vermeintlich hochzivilisierten Europa ebenfalls zuträgt, sollte uns lehren, Politik nicht auf der Grundlage von gesellschaftlichen Wunschbildern zu machen, sondern die weniger glanzvolle Realität anzuerkennen, um so den Idealen näher zu kommen. Um es ohne jede Illusion zu sagen: Fremdenfeindlichkeit ist eine Grundprogrammierung des Menschen. Angstforscher haben diesen Umstand als klaren evolutionären Vorteil beschrieben, die gut- oder böswilligen Intentionen Fremder nicht erst zu testen, sondern durch Abwehr gleich auf die sichere Seite zu kommen. Dies zu ignorieren oder nicht wahrhaben zu wollen, wird immer wieder zu idealistischen Fehleinschätzungen mit Blick auf Integrationsfähigkeit und Integrationswille von Gesellschaften führen. Gewiss ist das christliche Menschenbild die zivilisatorische Antwort auf diese archaische Disposition.

Politik ist aber immer gut beraten, ihren »Werkstoff Mensch« so nüchtern und schonungslos zu betrachten, wie es nur irgend geht. Das ist nicht der Abschied von einer besseren, humaneren Welt, sondern die Grundlage für einen gangbaren Weg dorthin. Wer Migration und offene Gesellschaft will, muss die Grenzen von Akzeptanz und Aufnahmefähigkeit kennen und mit ihnen umgehen, oder er wird scheitern. Das ist im Herbst 2015 in Deutschland geschehen. Zumindest, wenn man sich die gesamtgesellschaftlichen Folgen ansieht: die Spaltung der Gesellschaft, die Unversöhnlichkeit in den Debatten, die Etablierung einer neuen Partei am rechten Rand, die einer Parteienlandschaft gegenübersteht, die zu zerbröseln beginnt.

All das entwertet nicht den humanitären Einsatz der Tausenden Helfer, der die Aufnahme der mehr als einer Million Migranten einigermaßen glimpflich verlaufen ließ. Aber es ordnet ihr menschliches Zupacken in einen fatalen politischen Gesamtkontext ein, den sie sich oft genug selbst nicht eingestehen wollen. Gutes zu tun, führt nicht per se dazu, dass alles gut wird. Gutes klug zu tun, ist der bessere Weg. Wer diesen Weg gehen will, muss vor allem von einem realistischen Menschenbild ausgehen. Es ist die Grundlage von allem, worüber Politik zu entscheiden hat. Ist ein »realistisches Menschenbild« also ausschließlich ein pessimistisches Menschenbild? In zweifacher Hinsicht: nein! Denn erstens sind Optimismus und Pessimismus Kategorien, die eine Erwartungshaltung des Betrachters beschreiben, nicht das betrachtete Objekt. Und genau damit hängt der zweite Punkt zusammen, der den Kern dieses Buches berührt: Politik sollte die Visionen für Ziele und Bewegungsrichtungen mitbringen, nicht aber vorgefasste Deutungen oder gar illusionäre Zuschreibungen über das Menschsein als solches. Anders ausgedrückt: Politik beginnt mit der Betrachtung der Wirklichkeit«.

Je näher man einer realistischen Einschätzung menschlichen Wirkens und Wollens kommt, desto erfolgreicher erfüllt Politik ihre eigentliche Aufgabe: den Menschen Alternativen für den weiteren Entwicklungsweg des Gemeinwesens zur Wahl zu stellen. Die politischen Lager unterscheiden sich dann noch immer fundamental darin, ob sie die Bürger »bessern«, zu einer höheren, moralischeren und in verschiedenster Hinsicht erfolgreicheren Gemeinschaft machen oder die Vorlieben der Bürger eher akzeptieren und ihnen Freiräume zum Ausleben schaffen zu wollen. Beides gelingt umso besser, je realistischer die Grundannahme über die wichtigsten Reflexe der Teilnehmer die Wahrheit trifft. Wer das Glück der Vielen schmieden will, sollte sich in seinem Material nicht täuschen.

»Politik beginnt mit der Betrachtung der Wirklichkeit.« Kaum ein Spruch wird im alltäglichen Politikbetrieb so häufig gebracht wie dieser. Und kaum eine schlichte Wahrheit wird so selten beherzigt. Beim Thema Migration ging das folgenreich daneben. Dass Fremdenfeindlichkeit eine Grundprogrammierung des Menschen ist, muss man weder gut finden, noch akzeptieren und schon gar nicht fördern. Aber man muss es wissen, um auf realer Basis Politik machen zu können und keinen Illusionen hinterherzujagen, an denen man zwangsläufig scheitert. Der Angstforscher Borwin Bandelow formuliert das im Interview mit der *FAZ* (2. September 2018) so: »Fremdenangst ist evolutionsgeschichtlich sehr alt und im Menschen angelegt. Vor Hunderttausend Jahren war es überlebensnotwendig, Furcht vor Fremden zu haben. Man hat sich deswegen zu Stämmen zusammengeschlossen, um sich vor den Anderen zu schützen, die mit der eigenen Gruppe um Territorium und Nahrung konkurriert haben. Menschen, die dieses Stammesdenken nicht in den Genen hatten, sind nach und nach ausgestorben.«

Man wird vielleicht einwenden, dass auch Handel, Austausch und Kommunikation die Menschheit durchaus weitergebracht haben. Das ist wahr. Und es ist die andere Seite der gleichen Medaille: (friedlicher)

Handel ist ein Geschäft zum gegenseitigen Nutzen, zur beiderseitigen Bereicherung in vielerlei Hinsicht – allerdings nur unter der Bedingung, dass keine dauerhaften Ansprüche oder Einflussnahmen damit verbunden sind. Die Verhandlungen über Freihandelsabkommen zeigen bis heute mit erstaunlicher Dramatik, welche Sensibilitäten auf allen Seiten vorherrschen, wenn Austausch etwa mit konkurrierenden Produkten oder Produktionsverfahren (siehe Streit um Chlor-Hühnchen bei den TTIP-Verhandlungen) in den eigenen Hoheitsraum vorzudringen drohen. Wenn sich beide Seiten in ihrer eigenen Sphäre sicher und nicht bedroht fühlen, gelingt Kooperation. Beim freien Zugang zu Informationen ist es aktuell noch heikler. Auch hier wollen Europa, China, die USA und andere Player möglichst wenig preisgeben und viel von der anderen Seite bekommen. Kein Wunder also, dass »Öffnung« und bedingungsloses Willkommen die Menschheit weit weniger geprägt hat.

Dieses schonungslos nüchterne Menschenbild ist ausgerechnet in einem Politikbereich wichtigste Arbeitsgrundlage, in dem das Helfen zur Profession geworden ist: Ausgerechnet auf dem oft zu Unrecht wenig beachteten Gebiet der Entwicklungspolitik und Entwicklungshilfe wird seit Jahrzehnten genau jener sehr pragmatische, unserer Gattung nicht immer schmeichelhafte, vor allem aber vernünftige Ansatz im Umgang mit menschlichen Schwächen vorgelebt, den man daheim in Deutschland in Sozial- und Migrationspolitik nur schwer durchsetzen kann. Entwicklungshelfer, die mit existenzieller Not, mit bitterem Leid und Tod konfrontiert sind, wissen seit Langem, dass Mitleid eine gute Motivation aber ein schlechter Ratgeber ist. Deshalb sei an dieser Stelle ein kurzer Exkurs ins Reporterleben gestattet.

Eine Lektion über das Verbreitungsgebiet des inneren Schweinehunds

Eine der härtesten Lektionen in realistischem Menschenbild und darüber, wie man Gutes klug tut, erhielt ich im Frühjahr 2002 in Afghanistan. Kurz nach dem Ende des Krieges der westlichen Alliierten gegen das Taliban-Regime reiste ich über den usbekischen Stützpunkt Termez nach Mazar-i-Sharif. Russische Besatzung, Taliban und Kriege hatten das Land verheert und ausgezehrt, das noch Anfang der 1970er-Jahre unter König Zahir Schah als aufstrebende Nation galt. Jetzt lagen weite Teile in Schutt und Asche, im Süden wurde noch immer gegen die von Pakistan aus operierenden Taliban gekämpft und die Bevölkerung in den Städten war bettelarm. Doch all das war nichts gegen die Beduinen in den zerklüfteten und unwegsamen Bergketten Nordafghanistans. Mit einem Entwicklungshelfer der Deutschen Welthungerhilfe fuhr ich einen Tag lang mit dem Jeep in die Berge, um jene zu besuchen, denen die Organisation vor Monaten schon geholfen hatte. Es war eine Reise ins Mittelalter. Wegen der großen Entfernung zur nächsten zivilisierten Ansiedlung (gut ein Tagesritt mit dem Esel) lebten die Stämme in den Bergen ohne Bargeld, ohne Strom und fließendes Wasser, hatten meist keine Batterien für ihre Transistorradios, sodass sie auch die Außenwelt nicht zur Kenntnis nehmen konnten. Medizinische Versorgung gab es nicht. Eine einfache Steißlage führte in der Regel zum qualvollen Tod der werdenden Mutter, die den langen Ritt in die nächste Stadt mit Klinik ohnehin nicht überleben würde.

Ackerbau ist lediglich an sehr steilen Hängen mit speziell gezüchteten und trainierten Ochsen möglich, die an den abschüssigen Geröllflächen gehen und die Pflugschar ziehen können. Die Bäche in dieser Region schneiden sich zu allem Überfluss durch salzhaltiges Gestein und führen Salzwasser, dass man nicht trinken kann. Seit Jahrhunderten wird deshalb Regenwasser in Zisternen aufgefangen. Und genau diese lebenswichtigen Wasserspeicher hatten die Taliban bei ihrem Durchzug zerstört, um junge Männer als Krieger aus der Mitte der Dorfgemeinschaft zu erpressen. Die Welthungerhilfe hatte nun vor einigen Monaten bei der Wiedererrichtung der Zisternen geholfen, und das Hallo war entsprechend, bis die Sprache auf die Zisternen kam. »Sie sind verschmutzt«, sagte der Dorfälteste streng. »Ihr müsst sie reinigen.«

Seit Jahrhunderten bauen diese Stämme ihre lebenswichtigen Zisternen und halten sie aus vitalem Eigeninteresse instand. Eine einmalige Hilfsaktion führte hier bereits zu einer verblüffenden Dienstleistungsmentalität dergestalt, dass man davon ausging, die Helfer würden nun auch die lästige Reinigung regelmäßig übernehmen. Kein Einzelfall.

Das Verbreitungsgebiet des inneren Schweinehunds mit all seinen Unterarten Gier, Neid, Bequemlichkeit und Missgunst ist nicht auf den Wohlstandswesten begrenzt, sondern befindet sich überall dort, wo Menschen sind. Eine Lektion, die man in der Entwicklungshilfe seit Langem gelernt hat, damit Hilfe wirklich hilft und dort ankommt, wo sie gebraucht wird. Wenn die Hilfsorganisationen in Elendsgebieten Saatgut verteilen, verlangen sie in der Regel einen Zehnten der Ernte. Nicht, weil sie Gewinn machen wollten oder darauf angewiesen wären, sondern um von Anfang klarzumachen: Du musst damit wirtschaften, kannst die Ernte nicht einfach aufessen und darauf warten, dass jemand neues Saatgut vorbeibringt.

Zeltlager werden nur in größter Not eingerichtet, weil es den Geflohenen oder von Katastrophen betroffenen Menschen darin mit der dazugehörenden Rundum-Versorgung besser geht als in ihren eignen Dörfern und man sie oft nur schwer bewegen kann, wieder zurückzugehen. Selbst bei SOS-Kinderdörfern in Afrika gab es Fälle, bei denen die umliegenden Stammeshäuptlinge ihre Kinder als bedürftig ausgaben und dorthin schickten, weil es die beste Schule weit und breit war. Hilfe wird außer in akuter Not immer zur Selbsthilfe gegeben. Immer muss auch im Angesicht von Hunger, Elend und großen Kinderaugen ein Teil Eigenanstrengung bleiben. Und wer (wie einige UN-Organisationen) in Armutsregionen einheimische Ortkräfte (Fahrer, Dolmetscher, Hilfsarbeiter, etc.) nach westlichen Maßstäben bezahlt, richtet ebenfalls großen Schaden an, weil plötzlich eine neue Geldelite entsteht und das soziale Gefüge zerstört wird.

Was die deutsche und internationale Entwicklungshilfe in aller Welt weiß, beherzigt und praktiziert, gilt hier daheim in Sozialpolitik (z. B. wenn es um Sanktionen gegen nicht kooperierende Hartz-IV-Empfänger etc. geht) und Migrationspolitik noch immer als Neuland. Immer aufs Neue wird um die Frage gerungen, ob Kontrolle und Sanktionen denn wirklich sein müssten, ob der Mensch nicht von sich aus verantwortungsvoll und solidarisch handle und Transferleistungen des Gemeinwesens zurückhaltend und sorgfältig verwende. Ich halte das als Grundannahme für falsch und gefährlich. Es gehörte zu den zentralen Thesen des Sozialismus, dass der Mensch im Kern gut sei, lediglich durch die widrigen Bedingungen des Kapitalismus zu Konkurrenz, Eigennutz und Gier (v)erzogen werde. Sämtliche Versuche, ihm dies durch gesellschaftliche Konstrukte wie Ersetzung des Privat- durch Volkseigentum abzugewöhnen, scheiterten und hinterließen allenfalls großflächige Verarmung. Und so ist es im Grunde lediglich eine andere Form von Populismus, wenn etwa Grünen-Chef Robert Habeck im *FAS*-Interview (17. November 2018) erklärt: »Der Mensch ist kein fauler Hund«. Mag sein, dass der Wähler solches gern hört, für eine Gemeinschaft, die über eine WG oder einen Kibbuz hinausgeht, ist dieser Ansatz keine gute Organisationsidee.

Mehr Realismus in der Migrationspolitik

Das naive Verständnis von »Willkommenskultur«, wie es in Deutschland 2015 gepflegt wurde nach dem Motto: offene Arme, offenes Herz und offene Gesellschaft fällt in die gleiche Kategorie und wird der tatsächlichen Komplexität das Problems Migration mit seinen »Pull-Effekten«, Sicherheits- und Integrationsproblemen nicht gerecht. Das wissen inzwischen eigentlich (fast) alle, die Verantwortung tragen. Nur gesagt hat es über einen Zeitraum von wenigen Monaten kaum einer. In den Monaten bis zur Schließung der Balkan-Route und dem Schluss des Türkei-Paktes waren öffentliche Stimmen, die vor den Folgen des täglich tausendfachen Zuzugs warnten, in der krassen Minderheit. Zu viele sind damals im Herbst 2015 dem Sog der schönen Utopie erlegen, Migration sei vor allem ein logistisches Problem, das durch Helfen schon in den Griff zu kriegen sei. Ein schwerer Irrtum. Die eigentlichen Probleme folgten erst nach dem Abbebben der größten Zuwanderungsströme und wurden mit Kölner Silvesternacht 2015/2016 ins allgemeine Bewusstsein gedrückt.

Mancher folgte wohl auch bewusst dem in linken Kreisen tief sitzenden antibürgerlichen Reflex, den ein namhafter deutscher Großjournalist mir gegenüber einmal so ausdrückte: »Lasst mich nicht allein mit den Deutschen!« Zuwanderung als gewollte »Verdünnung« des vermeintlich unerträglichen spieß- und kleinbürgerlichen Sentiments der Deutschen. Ich nehme das mal als eine krasse Mindermeinung.

Ich bin immer wieder erstaunt, dass man die schlichte Natur des Menschen als Anfang aller politischen Entscheidungsprozesse immer wieder erklären muss, obwohl die Fakten auch in der Migrationspolitik offen sichtbar vor uns liegen. Der vermeintliche »Schmelztiegel« Amerika hat in Wahrheit nie wirklich funktioniert. Auch wenn man nicht bei der weitgehenden Ausrottung der indianischen Urbevölkerung beginnt, sondern die noch immer harten Grenzen zwischen Schwarzen und Weißen betrachtet (interessant: Vor allem Kirchgemeinden sind meist noch immer klar nach Hautfarben getrennt), muss man sich vom Bild der verschmelzenden bunten Gesellschaft verabschieden. Man wird stattdessen die verschieden nationalen Communties zur Kenntnis nehmen, die oft nach Stadtteilen getrennt leben oder die eigene Lebenswelt der Latinos registrieren müssen: Der »melting pot« bleibt ein Wunschbild. So real, wie der gute Sheriff im Wilden Westen. Klassische Einwanderungsländer wie Kanada und Australien haben ein knallhartes Einwanderungsregime etabliert und kämen nicht auf die Idee, die Entscheidungshoheit über die Zuwanderung abzugeben, aufzuweichen oder gar Migration einfach geschehen zu lassen, wie Deutschland im Herbst 2015. Und die vermeintliche Regenbogen-Nation Südafrika wartet auch 25 Jahre nach dem Ende der Apartheid noch immer und mit wachsender Ernüchterung auf das Erscheinen der bunten Brücke zwischen den Volksgruppen. Inzwischen gewinnen sogar wieder radikale Stimmen an Kraft, die gewaltsame Enteignungen und Vertreibung fordern.

Nur wer sich die Welt als ein buntes Wimmelbild von Ali Mitgutsch vorstellt, kann ernsthaft glauben, dass Migration ein Thema ist, dem man mit »Willkommenskultur« nach dem Motto »Hereinspaziert, hereinspaziert« beikommen könnte. Es ist ja wahr, dass Migration in der Geschichte durchaus positive Folgen gezeitigt hat, nur sollte man dann im Einzelfall auch die Schattenseiten der jeweiligen Beispiele betrachten. In den meisten Fällen war und ist Migration aus Not geboren oder mit erheblichen Problemen behaftet, die auch dann nicht verschwinden, wenn man sie nicht wahrhaben will. Von kickenden Millionären, hochbezahlten Fachkräften und Wissenschaftlern einmal abgesehen.

Gerade unter Intellektuellen ist in Deutschland eine heftige, an die Grenzen eines Glaubenskrieges gehende Debatte darüber entbrannt, ob Migration als Problem oder Lösung für die moderne Welt zu sehen sei. Dem Diktum von Bundesinnenminister Horst Seehofer (CSU), Migration sei die »Mutter aller Probleme«, ist augenblicklich hart widersprochen worden. Es lohnt also, einen Blick auf einige Migrationsbeispiele zu werfen.

So trugen etwa die verschiedenen deutschen Kolonisten, die sich seit dem 12. Jahrhundert im Staatsgebiet des heutigen Rumänien ansiedelten, unzweifelhaft zum Wohlstand im Banat oder in Siebenbürgen bei. Sie etablierten allerdings auch eine klare Dominanz gegenüber der einheimischen Bevölkerung, in der sie an der Spitze einer Hierarchie standen, die von Ungarn, Rumänen bis ganz nach unten zu den Zigeunern reichte und in Unterdrückung zu realsozialistischer Zeit und Remigration nach Deutschland ihren Abschluss fand.

Man könnte auch in einer Mischung aus Nüchternheit und Zynismus die europäischen Kolonien als Beispiele »positiver« Migration heranziehen, weil die kolonisierten Gebiete in den meisten Fällen eine erzwungene Modernisierung in Infrastruktur, wirtschaftlicher Erschließung und politischer Verwaltung erfuhren, die sich am europäischen Vorbild der jeweiligen Kolonialherren orientierte. Dass dabei die einheimische Bevölkerung in der Regel brutal unterdrückt wurde, ist Grund genug, diese Art der Migration nicht ernsthaft als segensreich einzustufen.

Bei den ebenfalls vielfach als Beispiel für gelungene Migration bemühten Hugenotten muss man in Rechnung stellen, dass ihre Ansiedelung in den meisten Fällen per Dekret der jeweiligen Landesfürsten verfügt wurde und die ortsansässige Bevölkerung dabei kein Mitspracherecht hatte. Der Widerstand gegen die »Reformierten« in der lutherischen Bevölkerungsmehrheit war zum Teil massiv und verständlich, denn die reformierten Eliten zum Beispiel in Brandenburg stockten mit dem Zuzug auch die Zahl ihrer Glaubensbrüder und -schwestern auf. Vor allem aber waren die Hugenotten im vom Dreißigjährigen Krieg verheerten und entvölkerten Deutschland als bestens ausgebildete Fachkräfte willkommen, die auch noch aus Frankreich kamen, das damals gewissermaßen die europäische Leitkultur repräsentierte. Dennoch gab es in allen Aufnahmeländern, ähnlich wie nach der Migrationskrise 2015, starke Bemühungen, die »Réfugiés« möglichst in andere Länder weiterzuleiten. Grundsätzlich ist festzuhalten: Die Ansiedelung wurde erzwungen, und die Migranten hatten eine Funktion. Sie sollten beim Aufbau helfen und die Macht von Herrscherhäusern sichern. Beides haben sie getan und sich bis heute geradezu mustergültig assimiliert. Als Paradebeispiel für heutige Migrationsströme taugen aus all diesen Gründen ihrer historischen Spezialsituation allerdings nicht.

Migration – ein Thema, das nicht verschwindet

Migration ist aber nicht nur ein komplexes politisches Sonderthema, weil es (wie oben beschrieben) an archaische tiefenpsychologische Schichten im anthropologischen Rucksack des Jetzt-Menschen rührt. Es ist ein politisch explosives Spezialthema, weil die Folgen von Fehlentscheidungen tiefer gehen und schwerer vernarben. Bereits Ende 2015 war klar, dass die Auswirkungen der massiven Zuwanderung, anders als andere kontroverse Sachthemen, nicht aus der öffentlichen Wahrnehmung verschwinden würden. Jeder Übergriff auf Migranten, aber auch von Migranten, würde das Versagen von 2015 wieder auf die Tagesordnung heben. Jeder Wahlerfolg der AfD, jede Veränderung im Stadtbild, jede Debatte über die Kosten für Unterbringung und Hartz IV, jedes Abschiebeversagen und natürlich jeder neue islamistische Terroranschlag würden die gesellschaftlichen Wunden wieder aufreißen.

So ist es leider auch gekommen. Nach der Kölner Silvesternacht 2015/2016 mit ihren massiven Übergriffen ist das Thema praktisch nicht mehr aus der öffentlichen Wahrnehmung verschwunden. Nach den Anschlägen von Ansbach und Würzburg unterbrach die Kanzlerin im Sommer 2016 sogar ihren Urlaub. Der Berliner Breitscheidplatz, das anhaltende Abschiebeversagen, der Streit um Zurückweisungen an der Grenze, Chemnitz, der Fall Maaßen ... Wegmarken eines Themas, das einfach nicht verschwinden will. Weil es da ist.

Anders als beispielsweise der chaotische Atomausstieg, der eine der größten Industrienationen der Welt einem nie gekannten Experiment an der wirtschaftlichen Basis aussetzte, beruhigen sich beim Thema Masseneinwanderung die Gemüter mittelfristig nicht wieder. Schließlich kommt der Strom weiter aus der Steckdose, dramatische Blackouts sind ausgeblieben, gigantische Umlagekosten laufen unauffällig nebenher und Fehlanreize konnten nachjustiert werden. Migration dagegen greift ins Menschliche und in den einfachen Alltag ein. Am augenfälligsten lässt sich die unterschiedliche Intensität von Migration und anderen Debatten beim Thema Schweinefleisch zeigen: Während die Diskussion um Sinn und Unsinn von Veganertum permanent, aber im Großen und Ganzen unaufgeregt geführt wird, führt das Streichen von Schweinefleisch auf der Speisekarte von Kitas, Kantinen oder Restaurants mit Verweis auf Rücksichtnahme gegenüber Muslimen regelmäßig zu erhitzten und unversöhnlichen Auseinandersetzungen über kulturelle Identität und Hegemonie. Ein ähnlicher Vorgang gezielten Nahrungsverzichts ist ein akzeptiertes Phänomen, wenn es sich gewissermaßen natürlich aus den Reihen unserer eigenen Folgegeneration entwickelt. Mit großer Selbstverständlichkeit wird nach Nahrungsgewohnheiten vor Reisen und Empfängen gefragt, gibt es auf Speisekarten vegetarische Gerichte und vegane Restaurants.

Komplett anders verhält es sich mit einer Nahrungsänderung, wenn sie von »Fremden« gewollt oder für sie eingeführt werden soll. Schweinefleisch wird zum Kampfsymbol für die eigene Identität und als solches festgehalten, ganz gleich, ob der Verzicht wirklich einschneidend wäre. Ähnlich verhält es sich mit Namensänderungen für Weihnachtsmärkte oder Martinsumzüge aus integrativer Rücksicht. Man kann das falsch und heuchlerisch finden oder zu jenen gehören, die den Autochthonen Diversität aufzwingen wollen, nur am Fakt völlig anderer Intensität und Tiefe indentitär inspirierter Konflikte kommt man nicht vorbei. Realistisches Menschenbild bedeutet hier: Es vorher zu wissen.

Denn es gehört auch zu einer klugen und weitblickenden Migrationspolitik, sich darüber im Klaren zu sein, dass sich zugewanderte Gemeinschaften in einer Diaspora-Lebenssituation anders verhalten, frommer, herkunftsorientierter und wirtschaftlich »kreativer« bis hin zur Kriminalität agieren, als Einheimische. Mit anderen Worten: Die unterschiedliche Wahrnehmung und Akzeptanz der oben beschriebenen Ernährungsweisen ist lediglich ein winziges Alltagsbeispiel jener Kollisionen, die sich aus großen Migrationsströmen ergeben, wenn diese nicht in die aufnehmende Gesellschaft organisch einwachsen.

Hinzu kommt die untergründig stets präsente und politisch verheerend wirkende Frage, warum es für eine elementare Veränderung der Gesellschaft, wie es massenhafter Zuzug nun einmal darstellt, keine demokratische Legitimierung gegeben hat. Der von Anfang an migrationskritische CDU-Politiker Jens Spahn nannte die Politik der Kanzlerin im Herbst 2015 intern »das größte soziale Experiment nach dem Zweiten Weltkrieg mit Deutschland als Probanden«. Es gab heftige gesellschaftliche Debatten, in den Sitzungen der Unionsfraktion war der Teufel los, und doch stand der migrationspolitische Kurs der Kanzlerin in seiner grundsätzlichen Ausrichtung im Bundestag nie zur Abstimmung. Man kann nur mutmaßen, dass dies aus Sorge vor abtrünnigen Abgeordneten oder unbequemen Meinungsäußerungen geschah, vielleicht aus Furcht, damit einem rechtspopulistischen Spektrum Stoff für Debatten und Kampagnen zu liefern, oder aus dem Verdacht politischer Unmündigkeit gegenuber der deutschen Bevölkerung, die man bei einem so heiklen Thema besser nicht testen wollte. Der mitunter unterstellte Mutwille der Kanzlerin zum gezielten Umbau der Gesellschaft lässt sich nicht belegen. Vieles spricht allerdings dafür, dass die Kanzlerin (auch ohne Vertrauensfrage) damals eine veritable Mehrheit für ihre Politik im Bundestag bekommen hätte. Und das nicht nur aus den Reihen der Großen Koalition. Auch die damalige Opposition aus Grünen und Linken hätte sich vermutlich unter dem Druck der Ereignisse nicht gegen Angela Merkel und ihre Politik in dieser »humanitären Notsituation« (Merkel) gestellt. Niemand könnte das politische Geschehen 2015 und die Folgen heute als nicht legitimiert zurückweisen, wenn sie es etwa in einem Entschließungsantrag ihrer Fraktion zur Abstimmung gestellt und sich so die Rückendeckung des Souveräns geholt hätte. Sie hat damals das Risiko gescheut und muss deshalb bis heute die alleinige Verantwortung dafür tragen. Wer niemanden mit ins Boot holt, sitzt am Ende allein darin.

Im November/Dezember 2015 war klar erkennbar, dass Merkels bislang erfolgreich praktizierte Methode der stillen, uneingestandenen Kurswechsel bei erkennbaren Problemlagen im Falle der Migrationskrise nicht funktionieren würde. Das Thema würde immer wieder neu aufgeworfen, die sich bereits abzeichnende Polarisierung und die erstarkende Partei am rechten Rand würden die Erinnerung an Ursachen und Verantwortung schmerzlich wach halten. In vielen kleinen Zirkeln des politischen Berlins sah man das damals ähnlich. Es war die letzte Ausfahrt vor der sich abzeichnenden Vertrauenskrise der Volksparteien. Während ihr die Welt zujubelte, sie zur Person des Jahres auf dem *Time*-Cover und für den Friedensnobelpreis gehandelt wurde, hätte sie durch eine kurzentschlossene Amtsübergabe – etwa an den damaligen Finanzminister Wolfgang Schäuble – mit großer Geste einen Dienst an ihrer Partei und für Deutschland leisten können. Schäuble, der durch seine Bemerkung, die Kanzlerin habe »eine Lawine losgetreten«, veritablen Kredit bei vielen Menschen genoss, hätte einige Chancen gehabt, die abreißende Bindung der Bürger zur Politik der Mitte wieder herzustellen.

Denn eines war damals ebenfalls klar: Durch die Tiefe der Vertrauenskrise würden die gleichen Akteure selbst bei einem noch so radikalen Kurswechsel das dramatische Abwenden der Wähler nicht verhindern können. Nur ein sichtbarer, demonstrativer Wechsel an der Spitze hätte Einsicht, Korrektur und Neubeginn vielleicht noch einmal glaubhaft signalisieren können. Die Chance wurde vertan. Dass Angela Merkel in manchen Kreisen inzwischen zu einer regelrechten Hass-Figur geworden ist, hängt auch damit zusammen. Die Überlegung zu einem Wechsel an der Spitze von Union und Kanzleramt wurde damals mehrfach an Schäuble herangetragen, der wohl auch zur Übernahme des Kanzleramtes bereit gewesen wäre; allerdings nicht durch einen Putsch. Kurz vor Weihnachten 2015 gingen die Hoffnungen und Mutmaßungen etlicher Akteure in der Union sogar so weit, dass Meldeketten eingerichtet wurden, wenn es zu einem überraschenden Vorfahren von Schäubles Limousine am Seiteneingang des Kanzleramts käme. Es kam nicht dazu. Merkel sah es anders. Die fortschreitende Radikalisierung, der Aufstieg der AfD in alle Landtage und in den Bundestag, die wachsende Feindseligkeit der gesellschaftlichen Lager und die Lagerbildung sogar innerhalb der Union in Gestalt konservativer und liberaler Kreise, all dies nahm von da an seinen Lauf und hätte sich durch noch so ausgeklügelte Schachzüge auch in der Folgezeit wohl nicht mehr abwenden lassen. Der richtige Zeitpunkt für eine glaubwürdige Kurskorrektur war verpasst.

Vielfalt ist kein Selbstzweck

Die Folgen des Herbstes 2015 reichen heute viel weiter als nur bis zum Thema Migration. Sie stellen das gesamte Thema Vielfalt, Diversität, Buntheit sehr grundsätzlich infrage. Mit tiefgreifenden Folgen für den politischen und gesellschaftlichen Zusammenhalt. *FAZ*-Leitartikler Jasper von Altenbockum beschreibt das (*FAZ*, 4. September 2018) so: »Vielleicht verschwindet die AfD ja eines Tages wieder. Viel wahrscheinlicher aber ist, dass vorher anderes verschwindet: die CSU als Staatspartei, die CDU als Sammelbecken, die SPD als Kanzlerpartei. Nicht einmal die Regierbarkeit ist noch selbstverständlich. Allenfalls aus der Anfangsphase der Bundesrepublik ist in Erinnerung, was sich jetzt in Deutschland abspielt – damals allerdings in einer Phase der wirtschaftlichen, sozialen und politischen Konsolidierung. Jetzt erleben die Deutschen einen wirtschaftlichen Höhenflug mit sozialer, kultureller und politischer Fragmentierung.«

Der Politik gelinge es immer weniger, die gespaltene Öffentlichkeit wieder zusammenzuführen, schreibt Altenbockum. »Dafür müsste sie Abstand nehmen von Ritualen und Reflexen. Zu den wichtigsten davon zählt eine fast schon religiös gepflegte Gewissheit, die den Grünen einen Höhenflug beschert, dass nämlich die Bundesrepublik und das Grundgesetz ihre Erfüllung erst und nur in einer Zukunft Deutschlands als Einwanderungsland finden. Das mag noch so wünschenswert sein; es ist aber die Vision, die das Land spaltet – nicht nur in Ost und West, sondern entlang der Vorstellung, was unter Sicherheit, Souveränität oder sozialer Gerechtigkeit zu verstehen ist. Verstärkt wird die Spaltung dadurch, dass der Unterschied zwischen Migranten und Nicht-Migranten in Deutschland – im fremdenfreundlichen wie im fremdenfeindlichen Spektrum – ein moralisch-ideologischer geworden ist. Für die einen sind die Migranten die Opfer notorischer Diskriminierung, für die anderen die Nicht-Migranten. Das ist Ergebnis einer Politik, die in der ›Identität‹ angeblich unterdrückter Gruppen einen Auftrag zur Erziehung der Mehrheitsgesellschaft sieht – die linke und die neuartige rechte Identitätspolitik schenken sich da nicht viel, nur hat die linke über Jahre einen Ton angeschlagen, der jetzt ein entsprechend lautes Echo hat.«

Womit wir beim zentralen und entscheidenden Punkt der meisten Migrations- und Gesellschaftsdebatten wären: Migration, Buntheit, Diversität sind kein Selbstzweck. Die Welt wird dadurch nicht besser, wie manche meinen, es ist kein Selbstlauf oder historischer Zweck von Geschichte, sondern bedarf wie alle Politik der bewussten Gestaltung. Auch in einer globalisierten Welt geschieht Migration nicht einfach, sondern sie wird zugelassen, gefördert, kontrolliert, gehemmt oder unterbunden. Ein Team ist nicht deshalb erfolgreicher, weil es divers ist, sondern weil in bestimmten Situationen (etwa im internationalen Geschäftsleben, Handel oder globalen Kulturbetrieb) die intime Kenntnis unterschiedlichster Lebensbezüge, kultureller Kontexte und Herkünfte ein Wissensvorsprung sein kann. Migration und Verschiedenheit sind immer dann akzeptiert und erfolgreich, wenn sie eine Funktion haben. Wenn »der Grieche« oder der Dönerladen um die Ecke uns ein neues gastronomisches Lebensgefühl schenkt, lassen wir uns gern darauf ein. Es gibt keine Probleme mit internationalen Fachkräften, Fußballern, Bankern oder Touristen, die unserem Handel als Exportnation ein Gesicht geben oder als Arbeitskollegen sich organisch in hiesige Bezüge einpassen. Weil in Deutschland sich Migration allerdings zu mehr als 90 Prozent in Form der Aufnahme von Schutzsuchenden vollzieht, ist es eine Art funktionsloser Zuwanderung, die zu großen Teilen obendrein prägenden kulturellen Einfluss geltend macht, der nicht akzeptiert ist. Hier geraten Identität und Pluralität unmittelbar in Konflikt. Und wenn die nach gängiger Lesart einzig akzeptable Art des Umgangs mit solchen Konflikten die Aufgabe eigener Identität zugunsten von unerbetener Pluralität ist, beginnt die gesellschaftlicher Bombe zu ticken.

Gabor Steingart beschreibt das in seinem Morning Briefing (7. September 2018) gewohnt launig und pointiert: »Die verstärkte Zuwanderung nach Deutschland sei »die Mutter aller Probleme«, hat Horst Seehofer gesagt. Erwartungsgemäß bekommt er dafür Prügel von allen Seiten. Böse Blicke auch von der Kanzlerin. Nichts hasst Angela Merkel mehr als Wahrheiten, die nicht mit ihr abgestimmt sind.

Wahrheit hat viel mit Wahrnehmung zu tun. Und in der Wahrnehmung von Millionen gilt: Seehofers Wirklichkeit ist auch die ihre. Der millionenfache Zuzug hat demnach die Probleme auf dem Wohnungsmarkt verschärft, die Kriminalität ansteigen lassen und zur **Überforderung** der Politiker geführt – gefühlt oder tatsächlich, das ist umstritten. Aber gefühlte Wirklichkeiten sind in der Politik *per definitionem* ebenfalls Wirklichkeiten. Politik ist nun mal kein Fachbereich der Humboldt-Universität, sondern eine Lebenswissenschaft. Ausweislich der Top Zehn der deutschen Ängste, die gestern in einer Studie vorgestellt wurden, rangieren die Flüchtlingsfragen an der Spitze. Nur Donald Trump gruselt die Deutschen noch mehr.«

Die Mutter aller Probleme allerdings sei das Kommunikationsproblem zwischen Volk und Volksvertretern, schreibt Steingart, das schon vorher existierte und das in der Flüchtlingsfrage lediglich offensichtlich geworden sei. »Der typische Politiker – drei Münder, kein Ohr« sei nicht der aufmerksame Partner, den der Bürger sich wünsche. Und er fasst die Harthörigkeit der Politik zusammen: »In der Flüchtlingsdebatte erreichte das vorsätzliche Nichtverstehen seinen dadaistischen Höhepunkt: Das Volk sagte: Genug ist genug. Merkel erwiderte: Wir schaffen das. Das Volk sagte: Wir haben Angst. Die SPD gab zurück: Du bist ein Ausländerfeind! Das Volk will über seine Gefühle sprechen. Die Regierung aber verhängt weiträumig Sprechverbote. Die Ängste von Millionen stehen seither auf dem Index des politisch Inkorrekten und haben damit keinen Zugang zu Parteiversammlungen und Bundestagsdebatten.«

Die Folgen dieser verdrängten Debatten konnte man in den Jahren 2015 ff. durchaus beobachten. Zum einen wiesen die Wählerwanderungen bei den vor allem für die Union desaströsen Landtagswahlen 2016 den verblüffenden Effekt auf, dass große Ströme aus dem Nichtwählerlager hin zur AfD zu verzeichnen waren. Bei einigen Urnengängen waren das sogar die stärksten Verschiebungen im Wählergefüge. Mit anderen Worten: Menschen, die sich komplett aus der politischen Szenerie verabschiedet und in keiner existierenden Partei mehr ein akzeptables Angebot gesehen hatten, kamen zurück, um zu strafen. Ähnlich den Voten für Brexit oder für US-Präsident Donald Trump wählten große Gruppen eine Kraft, die zum Stören des gesamten bestehenden politischen Systems angetreten war.

Der andere, ebenfalls zu beobachtende Effekt bestand im deutlichen Bedeutungszuwachs des Faktors der sogenannten sozialen Erwünschtheit, wie Demoskopen die Scheu der Wähler nennen, sich zu ihrem Votum zu bekennen. Messbar ist das seit Langem etwa im Unterschied zwischen Telefon- und Online-Befragung, wobei die Anonymität des Bildschirms beim Ausfüllen der Fragebögen eine größere Ehrlichkeit hervorbringt, als die Gesprächssituation mit einem Befrager, der allein durch einen hörbaren Atemausstoß seinen Kommentar abgeben kann. Zudem ist die Sorge nie ganz auszuräumen, irgendwie könnten die Angaben vom Callcenter doch wieder ins soziale Umfeld zurückfinden und sich nachteilig auswirken. Dieser Effekt gibt sogar so weit, dass die Exit-Polls am Ausgang der Wahllokale etwa in Mecklenburg-Vorpommern bis zu 5 Prozentpunkte vom tatsächlichen Ergebnis abwichen, was sehr ungewöhnlich ist. Normalerweise stehen die Menschen nach vollzogener Wahl zu ihrem Votum.

Verstopfung im gesellschaftlichen Diskurs

Das hätte damals schon zu denken geben können. Tat es aber nicht. Erkennbare gesellschaftliche Obstipationen tun keinem Gemeinwesen gut, werden im machtpolitischen Alltagsbetrieb aber meist dem für unmaßgeblich erachteten Feuilleton überlassen. »Die Meinungsforscherin Elisabeth Noelle-Neumann hat dafür das bis heute gültige Wort geprägt: die Schweigespirale. In Medien und Regierung bildet sich demnach eine Mehrheitsmeinung heraus, diese erzeugt Konformitätsdruck. Der unter Isolationsfurcht leidende Mensch wird, da er die Einsamkeit zu vermeiden sucht, vom Kritiker der Verhältnisse zum Schweiger. Millionen Menschen sind im Kopfgefängnis gefangen. Es kommt zur inneren Aufkündigung der Loyalität gegenüber den Politikern, die nicht mehr als Identifikationsfiguren, sondern als Gefängniswärter empfunden werden«, schreibt Steingart. Die Gefangenen kehren dann still zurück, um an der Wahlurne zu strafen. Dabei sind sie nicht zimperlich. Und wenn nur eine bedingt appetitliche Formation zur Verfügung steht, wird auch die zur Erteilung der Lektion an die etablierten Parteien herangezogen.

Steingart hat recht: »Im Zeitalter digitaler Medien und Netzwerke – daraus ergibt sich die neue Qualität der Lage – bilden die Schweiger ein Netzwerk der Unzufriedenen. Mühelos können sie jetzt miteinander kommunizieren. Es gibt keine Isolationsfurcht mehr. Der Konformitätsdruck verliert seine Bedrohlichkeit. Die afroamerikanische US-Journalistin Candace Owens erklärt den Trump-Erfolg auch damit, dass er die ›politische Korrektheit getötet hat‹ und so die Schweigespirale durchbrach. Es kam zur Entfesselung der schweigenden Mehrheit.«

Kurioserweise hat auch Angela Merkel diese Entwicklung durchaus registriert. Mithilfe der von ihr engen Vertrauten Eva Christiansen geführten Analyse- und Kommunikationsabteilung hat das Kanzleramt die Verfestigung von Milieus im Netz und die mehr und mehr entgleitende Erreichbarkeit für die Ansprache durch die Volksparteien im Blick. Es gehört zu den Eigenheiten der Kanzlerin, ein bis zur Informationsverweigerung reichendes restriktives Kommunikationsregime zu pflegen. In den Augen Merkels scheint Transparenz das politische Geschäft zu behindern oder ihm sogar zu schaden. Trotz der regelmäßigen Briefings auf den Reisen (die allerdings grundsätzlich »unter 3« – nicht zur öffentlichen Verwendung – stattfinden), ließ sie sich nie wirklich in die Karten sehen. Als begleitende Kanzler-Korrespondenten haben wir deshalb eine eigene Kunst entwickelt, etwa aus der Länge und Intensität bestimmter Ausführungen Schlüsse zu ziehen, auf winzigste Schlüsselwörter und Hinweise zu achten oder auf unmerkliche Verschiebungen in Argumentationen oder Abläufen. Was zu Zeiten des Kalten Krieges die sogenannte Kreml-Astrologie (das Lesen zwischen den Zeilen) gewesen war, erstand in Form der »Merkel-Astrologie« wieder neu.

Merkel hat mehrfach und sehr ausführlich über das Problem referiert, Menschen, AfD-Wähler, Teile der eigenen Partei nicht mehr zu erreichen. Obwohl sie die technischen Grundlagen in Gestalt der Digitalisierung, der Kommunikationsplattformen und -kanäle sehr präzise beschrieb, gab es keinen Hinweis darauf, dass und gegebenenfalls wie sie auf die Menschen reagieren oder gar auf sie zugehen würde. Auch innerhalb ihrer Partei machte es viele Mitstreiter ratlos, warum sie – angefangen vom Schließen der Grenze bis hin zur Debatte um Obergrenzen der Zuwanderung oder der Zurückweisung bereits im Ausland registrierter Migranten – nie auch nur ansatzweise Verständnis für migrationskritische Strömungen zeigte und damit nicht zuletzt der eigenen Parteienfamilie nachhaltig schadete.

Fakt ist, dass die Migrationskrise ein helles Schlaglicht auf das Thema Vielfalt überhaupt geworfen hat. Philosophisch gesprochen: Wenn Vielfalt zum per se Guten erklärt wird, sind wir beim Ende des Denkens, Gestaltens und Gewichtens angekommen. Vielfalt, in ihrer oft beschworenen einfachen Darreichungsform als bunte Menge, kann allerdings nur in Gleichrangigkeit gelingen. Alles andere wäre Hierarchie und damit eben nicht mehr Vielfalt, sondern Dominanz und Unterordnung. Wenn aber alles, was existiert, gut und gleich ist, muss man auch keine Position mehr beziehen, sagt der Augsburger Theologe Johannes Hartl. Eine Sicht, die Toleranz statt (auch subjektive) Wahrheit zur obersten Maxime macht, damit Wettbewerb konterkariert und andere Meinungen als intolerant zu delegitimieren versucht. Eine Vorstellung die so abwegig und illusioniär ist wie die klassenlose Gesellschaft, die der Kommunismus einst anstrebte. Vielfalt ist kein Wert an sich.

Vielfalt ergibt sich entweder organisch in einer vernetzten und globalisierten Welt oder wird zweckgerichtet herbeigeführt, um komplexe Probleme etwa in weltweit operierenden Unternehmen zu lösen oder internationalen Kundenverkehr bestmöglich abzuwickeln. Vielfalt allein taugt nicht als Dogma für eine freie Gesellschaft. Vielfalt kann bereichern oder den Einzelnen atomisieren und vereinsamen. Wenn Vielfalt ein Selbstläufer wäre, wäre die Europäische Union ein kontinentales Volksfest. Sie ist es bekanntlich nicht.

Darum ist es beispielsweise auch mehr als legitim, darüber zu streiten, welche Rolle der Islam in der westeuropäischen Gesellschaft spielen soll. Dazu darf und muss die Freiheit der Religionsausübung nicht angetastet werden. Aber man muss mit neuer Nüchternheit die Mechanismen unserer Migration analysieren und kann daraus Schlussfolgerungen für eine humane Lenkung und Kontrolle soziokultureller Veränderungen ziehen. Da gilt zunächst der alte Merksatz: entweder offene Grenzen oder Sozialstaat. Beides zusammen führt in den Kollaps. Deutschland hat dies im Herbst 2015 im Selbstversuch bewiesen. Allein schon die soziale Zusammensetzung der ankommenden Migranten (75 Prozent junge Männer) zeigt, dass es sich bei den Asylsuchenden nicht um ein rein notgetriebene Bewegung handelte. Auch die gezielte Reise nach Deutschland und Schweden durch etliche andere sichere Drittstaaten bestätigt diese Feststellung. Zum Vorwurf kann man das niemandem machen, aber gehört zur Würdigung der Fakten dazu: Es war ein Migrantenstrom, den Deutschland auch nach den Regeln der Genfer Flüchtlingskonvention nicht hätte aufnehmen müssen, weil die Menschen bereits in Sicherheit an Leib und Leben waren, als sie die Grenzen überschritten.

Am Asyl für politisch verfolgte Menschen will niemand etwas ändern, gezielte Wirtschaftsmigration wird und darf sich in dieser Größenordnung nicht wiederholen. Darin sind sich so gut wie alle politischen Akteure einig. Nicht einig und mit vielen Illusionen unterwegs sind dagegen noch immer Politiker, Kirchenvertreter und Verbandsfunktionäre beim Thema Integration. Die verdruckste Diskussion über eine deutsche Leitkultur zeigt das mehr als deutlich. Jeder weiß, dass es in diesem Land ein Bündel von Gepflogenheiten, rechtlichen und soziokulturellen Regeln gibt, die den »German way of living« ausmachen, und trotzdem ist jeder Versuch, Lebensweisen (wo auch immer auf der Welt) intellektuell präzise zu fassen, festzuschreiben oder sonst wie scharf konturiert zu kodifizieren, notwendigerweise zum Scheitern verurteilt.

Daraus aber auf die Nichtexistenz kultureller Leitbilder zu schließen, wäre mehr als blind und töricht. Die entscheidende Frage ist, welche Verbindlichkeit die vorgefundenen Regeln für Zuwanderer haben sollen. Ist es in Ordnung und akzeptiert, wenn Migranten im Grunde nur um westlichen Wohlstand erweiterte Exklaven ihrer Herkunftsnationen oder -regionen bei uns aufmachen? Oder ist nicht vielmehr das organische Einwachsen in unsere gesellschaftlichen Bezüge wünschenswert?

Was Integration leisten muss

Ich will keinen Hehl daraus machen, dass ich ausdrücklich Letzteres in Europa für einzig sinnvoll und praktikabel halte, wenn es nicht zu gesellschaftlichen Brüchen, Akzeptanzproblemen und politischer Radikalisierung kommen soll. Anders als in »klassischen Einwanderungsländern« mit viel Raum und einem Überschuss an zu verrichtender Arbeit, funktioniert es in Europa nicht, mehr oder weniger geschlossene Milieus in Stadtvierteln oder ländlichen Bezirken zu etablieren, deren Lebenswelten eigenen Regeln folgen. Während es sich bei den klassischen Einwanderungsländern um »Willensgemeinschaften« handelt, in denen gewissermaßen jeder aus verschiedensten Gründen willentlich zugewandert, Siedler oder Kolonist ist, besteht in den »Abstammungsgesellschaften« Europas ein viel dichteres Geflecht an Regeln, Verbindlichkeiten und historischen Bezügen, sodass etwa der Eintrag autoritärer Staatsvorstellungen (zum Beispiel nach Vorbild der türkischen AKP) oder des nahöstlichen Antisemitismus eine beträchtliche Sprengkraft entwickelt.

Gleichzeitig muss man sich klarmachen, dass Integration im westlichen Europa ausschließlich über die zahlenmäßige Größe der jeweiligen Migrantengruppen katalysiert oder gebremst werden kann. Weder steht uns der stark reduzierte Sozialstaat klassischer Einwanderungsländer zur Verfügung, der mithilfe materiellen Drucks Zuwanderer zur Eingliederung und Anpassung zwingt, noch verfügen wir (zum Glück) über eine entsprechend autoritäre Verfasstheit, um Migranten zum Einfügen in unsere Alltagsbezüge zu pressen. Mit anderen Worten: Nirgends trifft Integrationsverweigerung auf ein günstigeres Umfeld als in unseren Sozialstaaten. Es hängt weitgehend von den Ambitionen des einzelnen Migranten ab, ob er dazu beiträgt, sein Glück und das der aufnehmenden Gesellschaft zu mehren oder ob er keine Lust dazu hat.

Sprach- und Integrationskurse sind der rührend hilflose Versuch eines Verwaltungsstaates, in verordneter Seminarform anzubieten, was in Wahrheit die Gesellschaft leisten muss. Die einzige praktikable Möglichkeit, Integration zu befördern, Brüche und Verwerfungen in der Gesellschaft zu vermeiden oder zu reduzieren, besteht in den entwickelten Gesellschaften Westeuropas darin, die Zuzugszahlen so zu begrenzen, dass prekäre Milieus nicht unablässig aufgefüllt werden und die zahlenmäßige Dominanz der aufnehmenden Gesellschaft so groß bleibt, dass daraus ein sanfter Integrationsdruck entsteht.

Alles andere ist Illusion. So, wie sich jeder Einzelne von uns heftigst dagegen verwahren würde, wollte der Staat Lebensgewohnheiten, Betragen oder einen weiteren, alltagsprägenden Wertehintergrund vorgeben oder gar aufzwingen, so steht das Pflegen und Ausleben gesellschaftlicher Gegenwelten durch Migranten natürlich auch unter dem Schutz unserer liberalen Ordnung. Und das selbst dann, wenn Zuwanderer unsere Ordnung verachten oder mehr oder weniger offen bekämpfen. Es ist mehr als überfällig, sich endlich von Illusionen zum Thema Integration zu verabschieden. Und es ist mehr als überfällig, über Zuwanderung nüchtern zu diskutieren, wenn man nicht den Rändern und wild wuchernden Foren im Netz das Thema überlassen will. Dazu müssen sich auch die leidenschaftlichen Befürworter von ihrem heiligen Eifer trennen. Es gibt beim Thema Zuwanderung nicht nur Ja oder Ja. Japan oder der Schweiz geht es nicht schlechter, obwohl sie seit Jahren ein restriktives Zuwanderungsregime pflegen.

Was folgt aus all dem? Wer das Thema Migration nicht den falschen Populisten überlassen will, der muss zuerst auf ein realistisches, illusionsloses Menschenbild zurückgreifen und die Migration ganzheitlich betrachten: nicht als bloßes Mittel zum Auffüllen offener Stellen, nicht nur als Hilfe für eine notleidende Welt, sondern immer auch als eine kulturelle, religiöse und eben menschliche Infusion mit all ihren Wechselwirkungen. Vor allem aber kann und darf bei Zuwanderung und Integration Plausibilität und Akzeptanz gerade auch in westlichen, offenen, freiheitlichen Gesellschaften nicht bedingungslos vorausgesetzt, sondern muss durch umfassende, enge Kommunikation mit der Gesellschaft rückgekoppelt werden. Weder edle Ziele von Migration noch wirtschaftliche Notwendigkeit reichen als administrative Übereinkunft aus, um den gesellschaftlichen Frieden zu wahren. Wer die Menschen in ihrer Breite nicht für Migranten gewinnt, wird den Ruf nach dichten Grenzen ernten.

Man darf und muss in Deutschland und den anderen europäischen Staaten darauf bestehen, dass politische, ethnische oder kulturelle Konflikte anderer Regionen nicht zu uns getragen werden. Die Schlachten von Palästinensern oder Kurden werden nicht auf unseren Straßen geschlagen. Und wenn das die Aktivisten nicht begreifen, sollte es einen Einwanderungsstopp geben. Man darf und muss mit den Bürgern darüber diskutieren, ob Deutschland ein Land mit wachsender arabischer Minderheit werden möchte oder nicht.

Man darf und muss darüber reden, ob wir es als Bereicherung empfinden, verhüllende Kleidungsregeln, archaische Rollenbilder der Geschlechter und Ablehnung säkularer Staatsverfasstheit bei uns zu etablieren, wie es in verschiedenen islamischen Milieus praktiziert wird.

Die frühere Integrationsbeauftragte des Bundes, Aydan Özoguz (SPD), hat einmal gesagt, wir müssten unser Zusammenleben täglich neu aushandeln. Da hat sie recht und das Wesen einer freiheitlichen Demokratie gut beschrieben. Nur bedeutet das, anders als Frau Özoguz es gemeint hat, nicht, dass wir mit der ganzen Welt und jedem Migranten aushandeln müssten, ob unser soziokultureller Lebenswandel noch akzeptabel und mehrheitsfähig ist. Noch weniger Sinn ergibt die Einlassung Özoguz' allerdings, wenn man sie mit einem weiteren Zitat der Politikerin in Zusammenhang bringt: »Eine spezifisch deutsche Kultur ist, jenseits der Sprache, schlicht nicht identifizierbar.« (*Der Tagesspiegel*, 14. Mai 2017) Was gäbe es in einem von ihr offenbar als kulturlos wahrgenommenen Land denn auszuhandeln? Und welchem Migranten würde sie ungestraft eine analoge »Kulturlosigkeit« attestieren wollen, ohne unverzüglich einen berechtigten Sturm der Entrüstung zu ernten?

Wir brauchen eine schonungslose Bestandsaufnahme

Doch von solchen Entgleisungen zurück in die Realität. »Willkommenskultur« ist auch wegen der schlichten organisatorischen Herausforderungen ein unstatthafter Euphemismus. Selbst ein gut ausgebauter Sozialstaat wie Deutschland stößt bei der Erfassung, Bearbeitung,

Unterbringung und Eingliederung von mehreren hunderttausend Migranten an Grenzen oder muss doch finanzielle und verwaltungstechnische Kapazitäten vorhalten, die gesellschaftliche sinnvoller genutzt werden könnten. Daran ändert auch die Tatsache nichts, dass durch die glückliche Fügung einer konjunkturellen Hochphase die Entnahme von Mitteln aus dem Haushalt des Bundes in Milliardenhöhe gewissermaßen geräuschlos ablief.

Dass sich die Lage am Wohnungsmarkt verschärft, wenn Nettozuzug herrscht, ist augenscheinlich. Aber auch die vermeintlich unscheinbaren Folgen für Justiz und Rechtspflege sind nicht unerheblich. So ist nach Angaben des Präsidenten des Bundesverwaltungsgerichts Klaus Rennert (*FAZ*, 4. September 2018) die Zahl der Asylverfahren an deutschen Verwaltungsgerichten von 45 000 im Jahr 2014 auf rund 400 000 im Jahr 2017 gestiegen. Richtermangel, monatelanges Warten auf die Bescheide und Verfahrensfehler führen dazu, dass Integration und Akzeptanz zusätzlich leiden.

Zu einer schonungslosen Bestandsaufnahme gehört aber auch das ehrliche Eingeständnis, dass Abschiebungen in großem Maßstab bei uns nicht funktionieren. Wer keine massiven Eingriffe in rechtsstaatliche Regeln und Grundrechte will, muss das klar benennen. Daran wird auch nichts zu ändern sein, solange das Ausweisen sicherer Herkunftsländer Jahre braucht und das individuelle Grundrecht auf Asyl dazu führt, dass im Grunde jeder Mensch der Welt (es sei denn, er ist Deutscher) einen Anspruch auf ein Asylverfahren in Deutschland hat. Und sei es auch noch so aussichtslos. Nimmt man diesen Umstand zur Kenntnis, so kann die Konsequenz nur lauten: Asylverfahren sollten im Ausland durchgeführt werden können und nicht mehr zwingend von der Einreise nach Deutschland abhängen.

Alles in allem ist die Migrationsdebatte in Deutschland ein Trauerspiel. Da wird rituell ein Einwanderungsgesetz als vermeintliche Lösung aller Probleme gefordert und verschwiegen, dass der Zuzug von Fachkräften mit dem Thema Asyl überhaupt nichts zu tun hat. Asyl und subsidiärer Schutz sind das Problem, nicht die Arbeitskräfte aus Europa oder dem Nicht-EU-Ausland.

Es wird über die von der CSU geforderte Obergrenze für Migration gestritten, als wäre es Teufelszeug aus dem Werkzeugkasten des Unmenschen, die Aufnahmefähigkeit einer Gesellschaft zu benennen und regeln. Da wird doch ernsthaft darüber diskutiert, ob an drei Grenzübergängen in Bayern Migranten zurückgeschickt werden können, die schon in anderen EU-Ländern Asylverfahren laufen haben oder dort zumindest registriert sind. Die Zahl der Betroffenen an diesem Grenzabschnitt liegt im einstelligen Bereich und ist im Grunde schon ein Kulanz-Angebot des Bundesinnenministers an die Kanzlerin gewesen, denn in Wahrheit ist Deutschland von sicheren Staaten umgeben und müsste überhaupt niemanden ins Land lassen, der hiesige Grenzen erreicht. Und ganz nebenbei kommt dann auch noch heraus, dass Deutschland sogar abgelehnte Asylbewerber wieder einreisen lässt, die eine Aufenthaltssperre für die Bundesrepublik erhalten haben. Schlimmer kann sich der Rechtsstaat nicht lächerlich machen. Der »Masterplan Migration« des Bundesinnenministers wurde nach allen Regeln der Kunst zerlegt und zerpflückt – auch aus den eigenen Reihen der Union, sodass am Ende auch der Gutgläubigste zu dem Schluss kommen musste, dass Schutz vor illegaler Migration und Begrenzung von Zuwanderung von der Politik weder gewollt noch leistbar ist. Dass Bürger nach solchen Erfahrungen Populisten mehr zutrauen als den Amtsinhabern, kann da wirklich niemanden erstaunen.

Doch selbst nach massiven Stimmenverlusten wird Einsicht nicht zur Berufskrankheit von Politikern. So hat Kanzlerin Angela Merkel intern immer wieder das Thematisieren des Migrationsproblems dafür verantwortlich gemacht, dass die Politik dafür abgestraft wird. Man müsse das Gewesene auch mal akzeptieren und für sich annehmen, sagte sie etwa im Zuge der Unionskrise im Frühsommer 2018. Wenn man immer wieder mit der eigenen Vergangenheit hadere, reiße man die Dinge nur immer wieder unnötig auf. Ruhe im Karton ist natürlich angenehmer.

Demokratie ist die Herrschaft der Mittelklugen: Die größten Dummköpfe bekommen keine Mehrheit und die Genialen leider auch nicht. »Willkommenskultur«, »Einwanderungsland« und Buntheit als Dogma sind wie die meisten Lebenslügen nicht einmal mittelklug, sondern gefährlich. Es sind Schlagworte, die Wünsche mit Realität verwechseln und den Menschen eine Gesellschaft überstülpen, die viele nicht haben wollen. Wenn Migration auf die Aufnahme tatsächlich Verfolgter und akzeptierter Arbeitseinwanderung reduziert wird, lässt sich gesellschaftlicher Friede ohne Verlust von Humanität herstellen. Eine Migration, die auf Widerstand der aufnehmenden Bevölkerung stößt, hilft niemandem, sondern ist eine Gefahr für Akzeptanz und Menschlichkeit.

Und noch etwas wird selten bedacht, wenn es um Migration zur Behebung von Fachkräftemangel oder gerade auch um die Abwägung zwischen Vor-Ort-Entwicklungshilfe und Flüchtlingsaufnahme geht: Was es für Generationen von Kindern bedeutet, in einer Atmosphäre von Fremdheit, Instabilität und mit Eltern aufzuwachsen, die mit ihrem Migrantendasein kämpfen oder sich in die »alte Heimat« zurücksehnen, ist nur unzureichend untersucht. Dass vor allem die zweite und dritte Generation von Migranten sich etwa besonders häufig muslimisch radikalisiert oder die Herkunftswurzeln betont, dürfte kein Zufall sein. Es gibt mithin gute Gründe genug, über Sinn, Unsinn und Grenzen von Migration neu nachzudenken. Und es ist auch nicht intolerant, eine Vorstellung von der Entwicklung des eigenen Landes, der eigenen Gesellschaft zu haben, die nicht die ganze Welt einschließt. Es darf auch Kulturen (des Hasses, des Fanatismus etc.) geben, die nicht willkommen sind.

Voll auf die Presse: Medien müssen immer dagegen denken

Die Ziffern der Zeitanzeige rechts und links des Bundesadlers im Plenum des Berliner Reichstages zeigten 13.48 Uhr, als Nicole Höchst von der AfD am 11. Oktober 2018 in der Fragestunde des Bundestags ans Mikrofon trat. Eine Tageszeit, zu der die Aufmerksamkeit der Presse meist eine Art medialer Mittagsruhe gleicht. Gelangweilte Abgeordnete in den arg gelichteten vorderen Reihen zeigten an, dass die politische Musik derzeit anderswo spielte. Vom UN-Migrationspakt war damals noch nirgends die Rede. Die schreiend gelbe Jacke der Fragestellerin hob sich grell vom blauen Gestühl ab. Zitternd hielt sie ihre vorbereiteten Papiere in der linken Hand, verhaspelte sich, musste neu ansetzen. Sie wolle die Bundesregierung zum UN-Migrationspakt befragen, der ja »vorsieht, dass mehrere Millionen Menschen nach Deutschland und Europa umgesiedelt werden (…) und Deutschland wird danach ja nicht mehr das Land sein, das wir kennen und bewohnen …« Die Aufregung macht den Atem der früheren CDU-Studienrätin aus dem rheinland-pfälzischen Speyer kurz und ihre Stimme brüchig.

Sie will wissen, »ob die Bundesregierung diesen Pakt unterschreiben wird? – wir werden zur Minderheit im eigenen Land werden. Und wenn ja: Erklären Sie uns doch bitte, warum Sie unterschreiben werden. Danke.«

Ein unscheinbare Szene aus dem nicht immer spannenden Parlamentsalltag, die in diesen Tagen vor der Landtagswahl in Bayern völlig untergeht – und eine Schlüsselszene, nicht nur für die später heraufziehende Debatte über den UN-Migrationspakt selbst, sondern eine Schlüsselszene für das gemeinschaftliche Versagen von Politik und Medien in der Migrationskrise. Und leider nicht nur dort.

Es antwortet der Staatsminister im Auswärtigen Amt, Michael Roth (SPD), der zunächst zugeben muss, die Frage nicht richtig verstanden zu haben. Kann ja vorkommen. Der sitzungsleitende Bundestagspräsident Wolfgang Schäuble (CDU) hilft ihm gern auf die Sprünge: »Die Frage war, ob die Bundesregierung beabsichtigt, dieses Abkommen zu unterzeichnen.«

Roth: »Dieses Abkommen dient vor allem auch dem Ziel, Migrationspolitik als globale Bewährungsprobe zu sehen und von allen Staaten das abzuverlangen, wozu wir gemeinsam verpflichtet sind. Die Einhaltung von humanitären Prinzipien, eine solidarische Leistung, um den Staaten, die viele Geflüchtete aufgenommen haben, zu helfen und vor allem die soziale und wirtschaftliche Lage in den Herkunftsländern der Geflüchteten zu verbessern. Zu den Details dieses Vertrages möchte ich weiter nichts sagen, aber selbstverständlich ist auch eine Option, in einem sehr, sehr kleinen Umfang, auch Geflüchtete aufzunehmen, wie das auch andere Staaten tun. Aber ich kann ihnen versichern, dass wir hier über Zahlen sprechen, die bei weitem nicht dem entsprechen, was die Bundesrepublik Deutschland derzeit an Einwohnerinnen und Einwohnern hat.«

Wie bitte? Es kommen durch den Pakt weit weniger Migranten als die Bundesregierung derzeit Einwohner hat? Falls das eine Beruhigung sein sollte, ist sie nach hinten losgegangen. Da ist ein Staatsminister, dem die Welt der draußen seit 2015 aufwachsenden AfD und ihr nahestehender Milieus so fremd und unvertraut ist, dass er zwar das pflichtgemäße Gender-Gestelze unfallfrei hinkriegt und in seiner Antwort überall tapfer die -innen anhängt, ansonsten aber nicht nur die Frage nicht versteht, sondern vor allem gar nicht mitbekommt, welche Bombe er da gerade zündet.

Zu Hunderttausenden wandern die Wähler von der SPD des Staatsministers zur AfD, doch Roth erkennt den Initial-Topos der Angst vor Bevölkerungsaustausch (»Umvolkung«) noch nicht einmal, wenn er ihm in Gestalt einer sichtlich aufgewühlten AfD-Abgeordneten gegenübertritt. Ganz zu schweigen davon, dass er, wie die Politik insgesamt, überhaupt nicht mitbekommen hat, dass das Thema UN-Migrationspakt seit dem Spätsommer im Netz immer heftiger hochkocht und umso mehr zum monströsen Projekt der Globalisten wird, je hermetischer es von Politik und Medien beschwiegen wird. Anstatt also die Chance zu nutzen und durch vertrauensbildende umfassende Erklärung zumindest den Versuch zu unternehmen, der Dämonisierung des Paktes entgegenzutreten, gibt Roth dem Affen auch noch richtig Zucker. Botschaft: Details sind geheim, und es kommen gewiss weit weniger als 80 Millionen Migranten. Das heiße Zischen des Zündholzes am Ende der Lunte.

Ich selbst wurde Mitte oder Ende August zum ersten Mal auf Twitter mit der Frage konfrontiert, warum wir nicht über den UN-Migrationspakt berichten. Nun lösen solche, gern mit fordernder Attitüde und der unausgesprochenen Unterstellung systemdienlichen Verschweigens vorgetragene Fragen meist Unwillen und Abwehr aus. Lästige Bescheidwisser wollen Profis die Nachrichten-Agenda erklären. Lächerlich. Ich hielt den Pakt zunächst für eines von jährlich Hunderten ebenso kryptischer wie belang- und folgenloser UN-Papiere, ging dem aber dennoch nach und musste tatsächlich feststellen, dass es kaum Berichte darüber und lange Zeit nicht einmal eine amtliche Übersetzung ins Deutsche gab. Meine Antwort auf verschiedene Posts, der Pakt sei ja ausdrücklich rechtlich »nicht bindend«, verfingen freilich nicht. Ein klares Zeichen, dass die Geschichte explosiver war, als sie auf den ersten Blick erschien. Ähnliches hatte ich 2016 etwa mit dem Gerücht erlebt, Nacht für Nacht flöge die Bundesregierung mit Maschinen der Luftwaffe über den Flughafen Köln-Wahn um die 500 Migranten nach Deutschland ein. Recherchen und ein Beitrag dazu konnten die Sache damals widerlegen. Der Vorgang machte aber klar, dass die Nachrichten-Agenda längst nicht mehr nur in der Bundespressekonferenz oder von dpa gesetzt wird. Beim UN-Migrationspakt hatte ich zunächst weniger Erfolg. Bemühungen, das Thema in der Redaktion auf die Tagesordnung zu setzen, scheiterten schlicht am normalen Reglement des Nachrichtengeschäfts, wonach zunächst über das berichtet wird, wovon alle sprechen. Vom Migrationspakt sprach niemand.

Und doch wurde das Thema immer heißer. Zuerst griffen die Blogs »Tichys Einblicke« und »Achse des Guten« den Pakt auf und wiesen ebenfalls auf die seltsame öffentliche Windstille zu dem Papier hin, das Anfang Dezember in Marrakesch feierlich fixiert und Anfang 2019 in die Generalversammlung der Vereinten Nationen eingebracht werden sollte. Bis wir im Trubel der deutschen Innenpolitik eine Lücke finden würden, über den Pakt zu schreiben, verlinkte ich die wenigen Informationen, die sich finden ließen, auf Twitter oder Facebook und teilte auf diese Weise auch das Video der kleinen Anfrage der Abgeordneten Höchst. Kein Wunder, dass die Antwort des Staatsministers nicht nur nicht befriedigte, sondern zum Teil auch mit Entsetzen aufgenommen wurde. Für die Dürftigkeit der Ausführungen sei nicht ich verantwortlich, schrieb ich einem enttäuschten Twitter-Nutzer zurück, der auch die Adresse des Staatsministers in seinen Tweet mit eingebaut hatte.

Wenig später meldete sich Michael Roth deshalb selbst zu Wort, um klarzustellen, dass die dürre Antwort im Plenum gewissermaßen Ausdruck seiner Geringschätzung von Fragesteller und Frage überhaupt sei: »Ich lese dann doch lieber ein paar gute Bücher. Und bereite mich anständig auf meine Termine vor. Wenn Sie noch Fragen zum Global Compact und/oder Rabat-Prozess haben, beantworte ich die Ihnen gerne.« Wenn irgendwann die Geschichte dieser Tage geschrieben wird, steht diese Antwort exemplarisch für das Versagen von Politik und Medien im Umgang mit den Ursachen des ebenso beklagten wie bekämpften Populismus. Nach 2015 lebten Teile der Gesellschaft buchstäblich in unterschiedlichen Welten. Und gaben sich alle Mühe, die Verbindungstür verschlossen zu halten. Und der Staatsminister las lieber »gute Bücher«.

In Chemnitz brennt nichts an?

Dass Roth kein Einzelfall ist, zeigt eine SMS, die mir Regierungssprecher Steffen Seibert während der Afrika-Reise der Kanzlerin schickte. Während wir vom Senegal nach Ghana weiterreisten, weiteten sich die Auseinandersetzungen im sächsischen Chemnitz nach dem mutmaßlichen Mord von Migranten an einem Deutschen drastisch aus. Ich fragte auch im Namen der mitreisenden Kollegen an, ob es in Anbetracht der Lage zu Hause nicht möglich wäre, mit der Kanzlerin auf dem Flug darüber zu sprechen und womöglich auch offizielle O-Töne zu geben. Da es üblicherweise bei Kanzlerreisen so gehalten wird, dass Innenpolitik erst auf dem Rückflug mit der Presse besprochen wird, hielt ich die Entwicklungen in Chemnitz für heftig genug, von dieser Regel eine Ausnahme zu machen. Das Team der Kanzlerin sah das anders. »Anbrennen tut ja wirklich nichts«, simste Seibert zurück. Eine krasse Fehleinschätzung, wie der weitere Fortgang der Dinge in Chemnitz zeigte. Der Regierungssprecher und ich redeten freilich über eine völlig andere Realität. Während ich im Netz das Aufheizen der Lager verfolgte, wertete das Bundespresseamt die großen Medienkanäle aus.

Die Rolle der Medien beim Erstarken des sogenannten Populismus kann kaum überschätzt werden. Und damit sind alle Medien gemeint: die traditionellen wie die das Netz mit all seinen Plattformen, dass zum medialen Ausweich-Marktplatz für Informationen und Meinungen wurde, als Zeitungen und Sender sich von Teilen der Bevölkerung entfernten. Und umgekehrt.

So entstand das Wort »Lügenpresse« in einer frühen Phase der Pegida-Märsche in Dresden, nachdem der breite Strom der Berichterstattung sich vor allem in Empörung und Entlarvung inakzeptabler Menschen und Meinungen erschöpfte. Die Bundeskanzlerin steuerte zu dieser Haltung in ihrer Neujahrsansprache am 31. Dezember 2014 die Sätze bei: »Deshalb sage ich allen, die auf solche Demonstrationen gehen: Folgen Sie denen nicht, die dazu aufrufen! Zu oft sind Vorurteile, ist Kälte, ja, sogar Hass in deren Herzen!« Da mochte durchaus etwas dran sein, und die Gestalten, die da ins Licht der Rednerbühnen traten, waren nicht selten auch eher »schillernd« als hellsichtig. Und doch hätte man damals wissen können und kann es heute umso mehr, dass Ausgrenzung und Schelte das umtreibende Problem der Leute nicht aus der Welt schafft. Vor allem aber haben offenbar noch immer viele Akteure im politmedialen Raum nicht begriffen, dass derartige Erscheinungen, so indiskutabel sie im Einzelfall sein mögen, Messpunkte für den gesellschaftspolitischen Blutdruck sind.

Pegida (Abkürzung für »Patriotische Europäer gegen die Islamisierung des Abendlands«) ist nichts anderes als die rohe Artikulation eines Unbehagens, dass auf den »Islam-Konferenzen« des Bundesinnenministers seit Jahren sehr reflektiert und akzeptiert aber ohne wirklich vorzeigbare Ergebnisse verhandelt wird. Beide bearbeiten das gleiche Symptom: eine Religion, die über ihre eigentliche Frömmigkeit hinaus für Migranten-Milieus zur einenden Gegenkultur wird. Während die Islam-Konferenzen des Bundesinnenministers versuchen, das Problem auf hohem soziologischen und politischen Niveau zu lösen, Integration zu befördern und das Entstehen von Parallelgesellschaft zu mildern, bricht sich bei den Märschen in Dresden und anderswo das analoge Empfinden dumpf und ungefiltert Bahn.

Der gesellschaftspolitische Leichtsinn von Politik und vielen Medien bestand darin, solche Erscheinungen nicht als Vorzeichen einer unguten Verdrückung zu sehen, sondern als einen Haufen armer Irrer, die man nicht zur Kenntnis nehmen müsse, solange sie keine Massenbewegung wären. In Wahrheit verhielt es sich mit Pegida ähnlich, wie mit den Störern im Wahlkampf vor der Bundestagswahl: Es war der sichtbare Teil eines unter der gesellschaftlichen Oberfläche gärenden Problems. Die Schreihälse, die den Wahlkampf von Kanzlerin Merkel im Sommer 2017 auf jeder Station begleiteten, waren die rohe Botschaft des Einbrechens der Union später an der Wahlurne und des Aufstiegs der AfD in alle 16 Landesparlamente und den Bundestag. Nicht die trötenden Störenfriede waren das Problem, sondern die stille Strömung hinter ihnen, diejenigen, die nicht Energie und Wut genug mitbringen, um sich pöbelnd auf Marktplätze zu stellen. Oder um den

Refrain der »Internationale« abzuwandeln: Die Völker, die sich heute mit aufwachsendem Populismus befassen müssen, haben die Signale nicht gehört.

Das Wort »Lügenpresse« ist von uns großen und traditionellen Medien meist mit einer Haltung des Beleidigtseins aufgenommen worden. Denn zum einen halten auch Medienleute ihre Realität in der Regel für repräsentativ. Zum anderen konnten wir zu Recht oft darauf verweisen, dass UNSERE Fakten stimmen und nicht die der Wüteriche. Und dennoch verbirgt sich hinter der Vokabel ein großes Missverständnis: Die Vokabel steht nicht für ungenaue Daten und falsche Fakten, sondern für eine beachtliche Wahrnehmungslücke. Bestimmte Lebensweisen und vor allem Lebenssichten sind in den Medien grundsätzlich unterrepräsentiert, kommen nicht vor.

Laut Statista erreichen die Grünen unter Journalisten knapp 27 Prozent Zustimmung, die Union erhält 9 Prozent, die SPD 15,5 Prozent, FDP (7,4 Prozent) und Linke (4,2 Prozent) sind ebenfalls vertreten, die AfD gar nicht. Dafür geben 36 Prozent der Medienleute an, keine Partei zu präferieren. Es ist aber nicht nur eine gewisse Lastigkeit in der parteipolitischen Färbung von Berichterstattung, die dem Stichwort »Lügenpresse« zur Konjunktur verhilft, sondern vor allem die Abwesenheit bestimmter Stimmen und Stimmungen in der medialen Welt. So scheint die Ablehnung von muslimischer Einwanderung eine zwar verbreitete aber inakzeptable Haltung zu sein, weshalb sie kaum vorkommt. Thilo Sarrazins Buch über den Koran (»Feindliche Übernahme«) etwa wurde von deutschen Medien mit einer Konsequenz ignoriert, die zumindest mit Blick auf die Verkaufszahlen im hohen sechsstelligen Bereich eine gewisse Repräsentanzlücke vermuten lässt. Wo es aufgegriffen wurde, geschah dies zumeist mit anklagendem oder gar abfälligem Unterton.

Nun ist in einer Demokratie selbstverständlich auch jeder einzelne Rezensent frei in seinem Urteil und jedes Medium in seiner Tendenz. Nur muss man sich eben auch gewahr machen, dass die Bürger im Internet-Zeitalter auch völlig frei sind in der Wahl ihrer Informations- und Kommunikationsquellen. Die schroffe Ausgrenzung von Themen und Personen mit einer gewissen Verbreitung funktioniert nicht nur nicht, sie gebiert auch das Gegenteil vom gewünschten Effekt der Minimierung. Pegida und AfD wären nicht so stark geworden, wenn nicht nur Ablehnung und Widerlegung den öffentlichen Diskurs bestimmt und die Antimilieus ins Netz verdrängt hätten.

Der bereits zitierte Satz des Comedians Dieter Nuhr mit Blick auf die sozialen Medien: »Das Volk hat mehr Stimme bekommen«, wäre über weite Strecken der Geschichte als emanzipatorischer Gewinn gefeiert und begrüßt worden wäre. So, wie Nuhr es sagte, meinte er damit, dass Dumpfes, der Stammtisch, der Mob sich heute ungehindert artikulieren könnten. Es kommt darauf an, dass wir endlich verstehen, mit einem Volk umzugehen, das heute seine eigenen Medien selbst in der Hand hat.

Die nicht repräsentative Zusammensetzung und die daraus resultierende Verschiebung des veröffentlichten Meinungsspektrums ist nicht nur in Deutschland ein Problem, das man in seiner Bedeutung für den Zusammenhalt der Gesellschaft nicht unterschätzen sollte. Eine Kollegin vom Deutschlandfunk erzählte mir, dass man in der Redaktionskonferenz auch schon darauf gestoßen sei, dass man eigentlich nur linke Kommentatoren habe. Es sei dann die Überlegung aufgekommen, zumindest einen Konservativen einzustellen, um eine bessere Mischung hinzubekommen. Man habe allerdings bei längerem Nachdenken keinen gefunden und die Idee aufgegeben. Wenn den Redaktionen die eigene Schlagseite schon selbst auffällt, ist es mehr als ernst.

Die überdurchschnittliche Repräsentanz von »Linken« in Kreativbranchen wie Kunst, Comedy und eben auch Medien ist kein neues Phänomen. Die gesellschaftliche Gesamtkonstellation ist allerdings eine völlig neue. Im Gegensatz zur Vergangenheit steht heute nicht mehr eine drängende, aufbegehrende bürgerliche Elite einem repressiven oder zumindest von Machtwahrenden Interessen geleiteten Staat gegenüber, sondern einem medialen Gegenlager im Netz. Konnte der Staat in dem bipolaren Wechselspiel bisher etwa mit Zugeständnissen, Einbindung von Anführern oder schlicht materiellen Zuwendungen oder Machtwechsel reagieren, so ringen heute gesellschaftliche Strömungen miteinander um Deutungshoheit und Richtung im Staat, lassen sich von moderaten Kräften nur mäßig bändigen und zerstören das überkommene System aus Parteiungen, Loyalitäten und Bindekräften.

Auch in Polen, Ungarn, aber auch in vielen anderen, vor allem kleineren Ländern gibt es dieses mediale Repräsentanzproblem, das aus der Sicht gerade der osteuropäischen Machthaber zu einer Frontstellung der Medien gegen die Regierung führt. Es versteht sich von selbst, dass alle Versuche, freie Medien mit der Brechstange zu einer Änderung ihrer Meinungstendenz zu zwingen oder gar politisch unter Kontrolle bringen zu wollen, sowohl inakzeptabel als auch unsinnig sind. Die Meinungen verschwinden nicht dadurch, dass man ihnen eine bestimmte Plattform nimmt, sondern suchen sich eine andere.

Ein viel zu wenig beachtetes Phänomen ist in diesem Zusammenhang, dass in etlichen Ländern die Enge des jeweiligen Medienmarktes demokratiegefährdend ist. In vielen Staaten, die zudem keinen Sprachraum jenseits ihrer Grenzen haben, ist die Zahl der Bürger und damit der zahlenden Nutzer schlicht zu gering, um unterrepräsentierte Meinungen mit einem kommerziell tragfähigen Medium aufzugreifen und so demokratischen Wettbewerb wiederherzustellen. In solchen, im Grunde nicht frei funktionierenden Märkten, in denen linksliberale Medien das Meinungsklima dominieren, während konservativ-nationale Regierungen politische Mehrheiten haben und über längere Strecken sichern, kommt es nicht nur in Osteuropa häufig zu Fronstellungen, in denen die Politik versucht ist, ihr demokratisches Mandat auch medial repräsentiert sehen zu wollen.

In Ungarn etwa war dies der Fall, weshalb Regierungschef Viktor Orbán argumentiert, durch sein – vorsichtig formuliert – robustes Vorgehen gegen Zeitungen und Sender eine aus seiner Sicht »gesunde« Vielfalt erst wiederhergestellt zu haben. Man muss diese Meinung nicht teilen, um dennoch zu verstehen, dass es gesellschaftspolitisch schwirig ist, wenn die veröffentlichte Meinung nicht annähernd die parlamentarischen Strömungen widerspiegelt und die Zahl jener Bürger steigt, die sich permanent einer Informationswelt ausgesetzt sehen, die nicht die ihre ist.

Die sich daraus häufig ergebende Abwanderung von ganzen Meinungsclustern ins Netz ist zumeist auch keine befriedigende Lösung, geht mangels funktionierender Monetarisierung mit der Selbstausbeutung der Medienmacher einher und erreicht selten adäquate öffentliche Wirkmächtigkeit. Mag sein, dass sich das in Zukunft ändert, wenn klassische Sender und papiergestützte Informationen gänzlich denen im Netz gewichen sein werden. Da Länder mit wenigen Millionen Einwohnern aber in der Regel auch über weniger starke Werbemärkte verfügen, stehen die Voraussetzungen für eine lebendige demokratische Vielfalt in der Medienlandschaft von Anfang an schlecht.

Der Herbst 2015 in den Medien

Ein in jeder Hinsicht heftiger Einschnitt im Verhältnis der Deutschen zu ihren Medien war der Herbst 2015. Eine wahrnehmbare Kritik am Migrationskurs der Kanzlerin fand kaum statt. Das war zum einen der Tatsache geschuldet, dass die Hilfs- und Empfangsbereitschaft in Teilen der Bevölkerung zunächst sehr groß war, und schnell in die Ecke von Hartherzigkeit und Fremdenfeindlichkeit gestellt wurde, wer auf die schwer zu verkraftenden Langzeitfolgen des Zustroms hinwies. Eine Allensbach-Untersuchung weist darauf bereits im Dezember 2015 hin. Dort heißt es: »So ist es beispielsweise bemerkenswert, dass 39 Prozent der erwachsenen Bevölkerung finden, an dem von Pegida propagierten Vorwurf der ›Lügenpresse‹ sei etwas dran, Medien verdrehten Sachverhalte und verheimlichten wesentliche Informationen; in Ostdeutschland halten sogar 44 Prozent diesen Vorwurf für zutreffend.« (*FAZ*, 16. Dezember 2015)

Dass dies keine Momentaufnahme war, belegt eine Studie der gewerkschaftsnahen Otto Brenner Stiftung aus dem Juli 2017. Darin ist von einem regelrechten Verlust der Kontrollfunktion durch die Medien die Rede. Nicht nur die führenden überregionalen deutschen Zeitungen, sondern auch viele Redaktionen der Lokalpresse hätten »das Narrativ Willkommenskultur im Sinne der Positionen des Politdiskurses verbreitet und hierbei deren euphemistisch-persuasive Diktion« übernommen. Das ist fein formuliert und bedeutet im Klartext: Die Medien haben den Versuch der Beeinflussung durch Beschönigung unternommen.

Alexander Grau vom *Cicero* (24. Juli 2017) bringt es auf den Punkt: »Einfacher formuliert lautet die Erkenntnis: Auch Regionalzeitungen haben den von den politischen und medialen Meinungsmachern vorgegebenen Weltoffenheitstaumel und Bereicherungsjargon begeistert übernommen. Negative Berichte wurden ausgeblendet, kritische Stimmen nicht gehört. Die Leitmedien seien ›in ihren Meinungsbeiträgen größtenteils auf die politischen Eliten fixiert geblieben‹.« Der *Cicero*-Autor weiter: »Das ist, zumal in dieser Deutlichkeit, harter Tobak. Erstellt wurde die Studie unter der Leitung des Medienwissenschaftlers Michael Haller durch die Hamburg Media School und die Universität Leipzig. Ausgewertet wurden dabei mehr als 30 000 Medienberichte aus dem Zeitraum zwischen Februar 2015 und März 2016, veröffentlicht in den großen überregionalen Tageszeitungen (*FAZ, Süddeutsche Zeitung, Welt* und *Bild*), auf Online-Portalen (*Spiegel Online, Focus Online, Tagesthemen.de*) und in 85 Lokalzeitungen.

Das höchst unbequeme Ergebnis der Studie lautet zusammengefasst: Die Medien waren in dem besagten Zeitraum auf den Duktus der politischen Elite fixiert. Die Sorgen, Ängste und Widerstände der Menschen wurden nicht aufgegriffen. Wenn doch, dann in belehrendem oder verächtlichen Tonfall. Stattdessen wurde die ›Willkommenskultur‹ als moralische Verpflichtungsnorm vermittelt. Die Medien machten sich zum Sprachrohr der politischen Eliten, abweichende Meinungen wurden nicht mehr gehört.«

Nun kann man zu Migration und dem Herbst 2015 stehen, wie man will: Medien, die einen breiten Meinungsstrom nicht abbilden und als Alliierte von Macht und Politik insgesamt wahrgenommen werden, sind in einer freiheitlichen Demokratie ein Problem – ganz gleich, auf welchem Auge sie blind sind. Als Gegenreaktion begannen damals die Auflagen des Debatten-Magazins *Cicero* und etwa der rechts-konservativen *Jungen Freiheit* zu steigen. Auch die Reichweite von unabhängigen Blogs wie »Achse des Guten« (Henryk M. Broder) und »Tichys Einblicke« wuchs signifikant.

Sie wuchs so stark, dass es Ende 2016 ein Mitarbeiter der Werbeagentur Scholz & Friends für angemessen hielt, eine Hetzkampagne unter dem Hashtag »KeinGeldFuerRechts« gegen etliche Plattformen zu starten, die er für »rechts« hielt, um deren Anzeigenkunden unter Druck zu setzen und zum Boykott aufzurufen. In diesem Zusammenhang erwähnte er auch die Webseiten von Broder und Tichy. Wer Bannerwerbung bei den Blogs schalte, müsse sich im Klaren sein, dass sein Markenimage Schaden nehmen könne, schrieb der »Strategie-Direktor«. Mit schmerzlichem Erfolg: Die Werbeerlöse brachen bei den ohnehin sehr schlank aufgestellten Blogs drastisch ein. Missliebige Meinungen mundtot machen im 21. Jahrhundert – ein Lehrstück. Ein Lehrstück auch deshalb, weil es zeigt, wie im Gesinnungskampf die vermeintliche »Privataktion« eines Werbewirtschaftlers durch dessen Job mit indirektem Schub versehen wurde und wie lange es dauerte, bis die Agentur sich schließlich distanzierte.

Für Deutschlands größte Tageszeitung *Bild* hatte im Herbst 2015 die Kampagne »Wir helfen« ebenfalls dramatische Folgen. In den Rand des dazugehörigen Signets war der Schriftzug »Refugees welcome« integriert, die Abwehrreflexe waren heftig. Vor allem aus der klassischen Leserschaft erreichten mich damals Briefe und Mails, in denen die Stimmungslage von Verwunderung über regelrechte Hilferufe bis zu blankem Hass reichten. Ein Blatt, das bis dato gerade auch Probleme mit Migranten immer wieder klar benannt und in großen Lettern thematisiert und dem deutschen Stammtisch Stimme verliehen hatte, schien plötzlich die Seiten gewechselt zu haben. Die Auflage stand damals bei 2,2 Millionen Exemplaren täglich – dass sie inzwischen bei rund 1,6 Millionen liegt, hat auch mit der Positionierung im Herbst 2015 zu tun.

Ich erinnere mich an eine Zuschrift, die mir damals wie ein Hilferuf erschien. Der Tenor: Wo seid ihr? Ihr wart doch immer an unserer Seite! Warum sagt und tut ihr nichts?! Die Politik von Verlag und Redaktion war damals durch zwei Dinge geprägt. Das war zum einen das langjährige Engagement des heutigen Chefredakteurs Julian Reichelt als Kriegsreporter in Syrien. Er hatte bei den schreienden Kindern in Aleppo gestanden nach dem Bombardement mit Streubomben und das ganze Elend aus nächster Nähe miterlebt. Und jenen, die das durchgemacht hatten, sollte man jetzt die deutsche Tür hartherzig verschließen? Eine Stimmungslage, die auch in der deutschen Bevölkerung in den ersten Aufwallungen 2015 weit verbreitet war.

So nachvollziehbar dieser Reflex war und ist, so wenig hinreichend und tragfähig ist er als politikleitendes Konzept. Zum einen kann den vom Krieg betroffenen Menschen in der Region vor Ort und in den Nachbarländern besser, mehr und effizienter geholfen werden. Außerdem wäre durch enge Kontingente und geschlossene Grenzen den Hilfsbedürftigen gezielter geholfen worden. Zum anderen ist die Wahrnehmung von Elend, Not und Verfolgung auf der Welt immer selektiv je nach medialer Ausleuchtung. Wir leben stets mit der wissenden Ignoranz, dass parallel zu unserem Alltag die Slums von Trenchtown oder Dharavi existieren, Uiguren oder Rohingya verfolgt werden oder das Elend in weiten Teilen Nigers unerträglich ist. Verantwortliche, ethische Politik muss deshalb klug und gezielt helfen, die Akzeptanz für die Aufnahme von Migranten so realistisch einschätzen, dass den am schlimmsten betroffenen Opfern geholfen werden kann und möglichst viele Betroffene die menschenmögliche Hilfestellung bekommen. Mit emotionaler Selbstaufopferung ist am Ende nur wenigen geholfen und im unglücklichsten Falle die Kraft der helfenden Gesellschaft beschädigt.

Hinzu kam, dass *Bild* zu diesem Zeitpunkt bereits volle vier Jahre lang auf den sich dramatisch zuspitzenden Konflikt hingewiesen hatte und die internationale Gemeinschaft durch Ignoranz und das Maulheldentum von Ex-US-Präsidenten Barack Obama die Lage sehenden Auges eskalierte. Obama hatte lange gezögert, überhaupt in Syrien einzugreifen. Stattdessen breitete er auf seiner Kairoer Rede im Juni 2009 seine Vision vom »Neubeginn« in der Arabischen Welt aus, sprach später von »roten Linien«, die der Einsatz chemischer Kampfstoffe in Syrien darstellten, und tat danach nichts, um die Überschreitung der »roten Linien« zu ahnden. Nahezu alle Nahostbeobachter sind sich darin einig, dass Obamas falsches Appeasement ein fatales Signal an Syriens Machthaber Baschar al-Assad und die islamistischen Extremisten überhaupt sandte. All dies spielte im Hintergrund eine Rolle bei der Entscheidung für die Kampagne »Wir helfen«.

Journalistisches Grundgesetz: dagegen denken!

Das zweite, was die Ausrichtung von *Bild* im Flucht-Herbst 2015 beeinflusste, war die Überlegung, dass *Bild* bei aller Vertretung einfacher Menschen und ihrer Stimmungen nicht zur Vorlage für Übergriffe, Anschläge oder fremdenfeindliche Gewalt werden sollte, die – so seltsam es klingt – viele damals als eine Art natürliche Folge des Zustroms erwarteten. Hier liegt bereits ein Keim für die spätere Polarisierung und Spaltung der Gesellschaft: Man weiß um die Gegenreflexe, glaubt sie aber aus moralisch höherer Warte ignorieren zu können. Motto: Wir sind die Guten. Da muss das Land eben durch. Dass es gerade die Union war mit ihrer Kanzlerin an der Spitze, die diese Politik über Monate umsetzte, hat das Trauma bei deren Anhängern noch vertieft. Denn es gehörte bis dahin geradezu zur DNA der Union, Migration zu begrenzen, nicht ideologisch auf hohlen Internationalismus zu setzen und die Kompetenzzuweisung für Recht, Ordnung und innere Sicherheit im Sinne der Bürger zu verwalten. Diese Kompetenzzuweisung hat 2015/16 sehr gelitten.

Leider verlaufen in diesem Punkt die Dinge in Politik und Medien parallel: Verlorenes Vertrauen gewinnt man ebenso schwer zurück wie verlorene Leser. Bis heute haben im Netz viele Kritiker der Migrationspolitik von Angela Merkel den *Bild*-Button »Wir helfen« zur Hand und kopieren ihn flugs in kritische Kommentierungen oder die Berichterstattung über Anschläge und misslingende Integration, um an jene Zeit zu erinnern, in der Medien und Politik in der Wahrnehmung vieler Seite an Seite marschierten. Ausgerechnet in einer gesellschaftlichen Spannungssituation, in der unabhängige Medien wichtiger gewesen wären dann je, wurde aus der Vierten Gewalt eine Blockpartei der Macht, Gleichschritt statt Kontrolle. Zeitungen und Sender, die sonst jeden zu viel gefahrenen Kilometer im Dienstwagen anprangern, verstummten im Migrationsherbst 2015, ließen immer wieder versteckte Angst davor durchschimmern, dass die Volksseele womöglich anders ticke und deshalb umso intensiver beschallt werden müsse.

Der bis heute anhaltende Vertrauensverlust gegenüber den Medien insgesamt entstand aus der Vernachlässigung von Artikel 1 des Journalistischen Grundgesetzes: dagegen denken! Dabei hätten beide, Politik und Medien, damals gar keine grundlegende Wende zu vollziehen brauchen. Es hätte allein ausgereicht, die negativen Folgen und schon sehr bald sichtbaren Erscheinungen des ungeregelten Zuwanderungsschubes zu thematisieren, nicht aus Sorge vor »Beifall von der falschen Seite« Kritik und Warnungen zu unterlassen und der Bevölkerung klar zu signalisieren, dass es nicht Schicksal, sondern ein Problem ist, so viele Menschen in so kurzer Zeit aus fremden Kulturen aufzunehmen. Kurz: Es hätte gereicht, die Wahrheit zu sagen.

Für *Bild* ist diese Kampagne zu einer dauerhaften Hypothek geworden. Und das nicht so sehr wegen kleiner Zusatz-Patzer im Herbst 2015 als sich etwa die Spieler des 1. FC St. Pauli weigerten, das Signet zu tragen, sondern vor allem, weil es ein Bruch mit dem eigenen Genre als Boulevard-Blatt war. Dass eingefleischte *Bild*-Kritiker den hohen Ton der Humanität dem Blatt nicht abnahmen – geschenkt. Aber Boulevard muss bei den Leuten sein. Boulevard ist nicht nur bunte Wundertüte, große Schrift und große Emotion, Boulevard ist immer auch Sprachrohr und Stimmungsbarometer für die »kleinen Leute«, die weder Zeit noch Lust haben, den intellektuellen und literarischen Überflügen der (ein)»gebildeten Stände« zu folgen. Aus dieser Verwurzelung im unteren Drittel der Bevölkerungspyramide, bei den einfachen Menschen, erwächst dem Boulevard seine wichtige gesellschaftliche Funktion für den Zusammenhalt im Lande. Das bestätigende »Ist doch wahr!« aus tiefstem Bauchgefühl ist mehr wert als 1000 noch so schlaue Analysen in *FAZ* und *SZ* zusammen.

Zurückgeblieben von der politischen Polarisierung und der moralischen Überhöhung nach dem Migrationsherbst 2015 ist ein verbreitetes und gefährliches Missverständnis, das die Medienbranche in ihrer Grundverfasstheit bedroht. Das Missverständnis, die historischen Umstände erforderten nicht länger nur Information und Berichterstattung, sondern »Haltung«. Nun haben Medien schon immer und zu allen Zeiten Stellung bezogen, wurden deshalb verfolgt, verboten und zensiert. Kommentare, Essays und Korrespondentenberichte mit dem speziellen Blickwinkel des Autors gab es immer und gibt es auch weiterhin. Den mühsam durch düstere Zeiten von Zensur und gelenkter Partei- und Systempresse kultivierte Anspruch, Medien müssten zu allererst informieren und erst danach ihre Ableitungen und Interpretationen ausbreiten, sollten wir weder in diesen noch in anderen Zeiten aufgeben. Kein politischer Sturm in Land und Gesellschaft rechtfertigt es, Medien generell als politische Kampfgeschwader zu etablieren.

Mögen Parteien, Lobby-Verbände oder Vereinigungen Plattformen für Verlautbarungen und mentale Mitglieder-Massage betreiben – freie Medien sollten immer zuerst der Freiheit und ihrer eigenen Unabhängigkeit verpflichtet bleiben. Alles andere zerstört mehr gesellschaftlichen Zusammenhalt, als es missliebige Tendenzen zu bekämpfen vermag.

Mag sein, dass ich aus biografischen Gründen so sensibel bin, übersensibel kann man an dieser Stelle wohl nicht sein. Wer den eisernen Zugriff von Partei und Staat in der DDR und dem ehemaligen Ostblock erlebt hat, ist bei kleinsten Ansätzen alarmiert. Wenn etwa die Amadeu-Antonio-Stiftung einen Online-Pranger für »rechte« Publizisten einrichten wollte oder in Kinderbetreuungsstätten Handreichungen dafür ausgeben möchte, wie man die vermeintlich rechte Gesinnung in Elternhäusern erkennt, schüttelt mich physische Angst. Das ganze Instrumentarium von damals kommt wieder hoch: Kulturkonferenzen, die verfemte Autoren ausrufen, Lehrer, die aus Schlüsselworten im Kinderwortschatz die konsumierten Medien im Elternhaus ablesen konnten … Dass als Reaktion auf die Kampfgeschwader »gegen Rechts« die AfD einen Online-Pranger für missliebige Lehrer ins Netz stellen will, wirft ein Schlaglicht auf die Unversöhnlichkeit und Härte der gesellschaftlichen Konfrontation.

Diese DDR-Erfahrung ist für Heutige unendlich fern und authentisch wahrscheinlich nicht mehr vorstellbar, sodass schulterzuckend die vorgeblich positive Intention des Kampfes gegen wieder erstarkenden Nationalsozialismus hingenommen wird, obwohl schon die Phänomene, die da bekämpft werden sollen, meist nicht wirklich sauber abgrenzbar sind. Wer nie als argloser Schüler vor seiner Klasse stand und treuherzig über die »roten Khmer« in »Kambodscha« sprach und augenblicklich als Hörer des feindlichen RIAS (Rundfunk im Amerikanischen Sektor) entlarvt war, weil »wir« von »Freiheitskämpfern« in »Kampuchea« hätten sprechen sollen – der wird das Potenzial an Meinungsterror hinter vermeintlich harmloser Wortwahl-Fahndung wohl nicht mehr begreifen können. Damals führte das zu geheimen Vermerken, die später über die »Delegierung« zu weiterführenden Schulen, Beurteilungen und informellen Hinweisen führen, die ganze Lebensläufe lenkten, blockten, zerstörten.

Ich selbst stehe dann ratlos vor Kollegen, die mich für überspannt oder als Blasen-Insassen sehen, weil mich im UN-Migrationspakt Passagen erschrecken, in denen etwa davon die Rede ist, dass »Daten zu den Auswirkungen und Vorteilen der Migration (…) zu erheben« sind. Die gängige Formulierung wäre: zu den »Vor- und Nachteilen«, hier gibt es nur »Auswirkungen und Vorteile« – da will mich ganz offensichtlich wer manipulieren. Ist es meine traumatische DDR-Erfahrung, wenn ich bei folgendem Satz an die Decke gehe? »Wir verpflichten uns ferner, in Partnerschaft mit allen Teilen der Gesellschaft einen offenen und auf nachweisbaren Fakten beruhenden öffentlichen Diskurs zu fördern, der zu einer realistischeren, humaneren und konstruktiveren Wahrnehmung von Migration und Migranten führt.« Wir verpflichten uns zu einem »Diskurs«, dessen Ziel gleich mitgeliefert und vorfestgelegt wird? Wie bitte? Wo bin ich hier gelandet! Und welche Verdächtigung schwingt da mit, wenn eine »humanere« und »konstruktivere« Wahrnehmung gefordert wird? Offenbar war meine/unsere

Wahrnehmung bislang ungenügend und muss korrigiert werden. Wer ist hier unterwegs, mich zu erziehen?

Abschnitt C von Ziel 17 des UN-Migrationspakts ist für mich ein Horror und ein Rückfall in einer Zeit, als die Ziele von Berichterstattung und Meinungsbildung noch klar vorgegeben wurden: »unter voller Achtung der Medienfreiheit eine unabhängige, objektive und hochwertige Berichterstattung durch die Medien, einschließlich Informationen im Internet, fördern, unter anderem durch Sensibilisierung und Aufklärung von Medienschaffenden hinsichtlich Migrationsfragen und -begriffen, durch Investitionen in ethische Standards der Berichterstattung und Werbung und durch Einstellung der öffentlichen Finanzierung oder materiellen Unterstützung von Medien, die systematisch Intoleranz, Fremdenfeindlichkeit, Rassismus und andere Formen der Diskriminierung gegenüber Migranten fördern«.

Nicht einmal das einleitende Deckmäntelchen ist in Wahrheit eines: »in voller Achtung der Medienfreiheit eine unabhängige (…) Berichterstattung (…) fördern« ist ein Widerspruch in sich. Medienfreiheit bedeutet: Hände weg. Wer gleichzeitig »Unabhängigkeit« fördern will, muss schon Hand anlegen, hier nachhelfen, dort nachtreten. Medienschaffende bei »Begriffen« und Fragen zur Migration zu sensibilisieren, heißt Beeinflussung, Lenkung und wurde in der DDR als »Anleitung« von Kadern gern regelmäßig durchgeführt. All das mag man »überinterpretiert« und weit hergeholt finden, aber es entspringt doch einem Geist, der eine klare Vorstellung von dem hat, wie Berichterstattung auszusehen hat und sich nicht darauf verlassen will, dass dies im freien Spiel der Medien und bei Betrachtung der Realität von selbst eintritt.

Wie Medien »in voller Achtung der Medienfreiheit« gelenkt werden sollen

Deshalb wird man deutlicher: Finanzierung und Förderung zu entziehen, ist materielle Austrocknung, Bekämpfung – natürlich nur im

Sinne des Guten und unter Beachtung der Medienfreiheit ... Wer schreibt so etwas? Wo kommt das her, 30 Jahre nach dem Ende des Totalitarismus? Wer legt fest, was »Förderung von Intoleranz, Fremdenfeindlichkeit, Rassismus« etc. ist? Fällt schon kontinuierliche Berichterstattung über Integrationsverweigerung oder Migrantenkrimaniliät darunter oder beschränkt es sich tatsächlich auf Rassenhass und Hetze? Und vor allem: Welche Institution ist autorisiert – selbstverständlich nur unter Wahrung der Medienfreiheit –, darüber zu wachen?

Haben wir so viele historische Lektionen schon wieder vergessen? Auch der »reale Sozialismus« war angetreten, die bessere Gesellschaft zu schaffen. Deshalb fielen so viele linke Idealisten zunächst oder bis zum Schluss auf ihn herein. Freiheit bedeutet eben gerade nicht Freiheit nur zum Guten oder nur für die Guten. Freiheit bedeutet, sie wirklich nur dem harten Kern ihrer aggressiv-kämpferischen Feinde zu entziehen. Und gegen diejenigen zu kämpfen, die sie im vermeintlichen Dienst des Guten auszuhöhlen und lenken versuchen.

Gelenkte Freiheit ist keine und verordnete »Haltung« in Medien der Beginn von Manipulation und Umerziehung. Vor allem aber ist »Haltung« kontraproduktiv, weil das Bemühen dahinter und der Eifer der versuchten Einflussnahme penetrant spürbar werden und beim Publikum Aversionen auslösen. *FAZ*-Korrespondent Andreas Ross beschreibt das treffend in einem Leitartikel (30. Juli 2018), wenn er die Rolle der Medien in den USA und ihr Verhältnis zu Präsident Donald Trump aufgreift: »Hilflos sehen Journalisten zu, wie der Präsident Feuer mit Feuer bekämpft und sie dabei zu Brandbeschleunigern macht: Inmitten großer Kontroversen twittert Trump eine neue Ungeheuerlichkeit in die Welt und sieht dann zu, wie im perpetuierten Fake-News-Palaver auch die wachsten Geister abstumpfen.«

Der amerikanische Medienwissenschaftler Jay Rosen plädiert dagegen sogar offen dafür, dass Journalisten zu politischen Kampagneros werden sollten. »Das Herzstück von Trumps Strategie besteht nun darin, den Glauben an eine allgemein anerkannte Faktenbasis zu untergraben. Meine Auffassung ist, dass die Presse sich dagegenstellen muss. Nicht gegen Donald Trumps politischen Erfolg sollte sie arbeiten, sondern gegen die Erosion der Demokratie und der Welt der Fakten. Ich glaube nicht, dass Journalisten dabei neutral bleiben können und einfach weiter ihre Berichte schreiben können. Sie müssen einen Weg finden, sich dagegenzustemmen. Natürlich kann die Presse nicht die politische Opposition werden. Aber sie muss sich Donald Trumps politischem Stil widersetzen«, sagte er im Gespräch mit der *Zeit* (4. August 2018).

Ich halte Überlegungen in dieser Richtung für fatal. Zum einen ist es der normale Job von Journalisten, Fakten zu prüfen, zu bewerten und zu benennen. Wenn es Rosen also darum geht, wäre sein Ansatz banal. Wenn er dagegen im Sinn haben sollte, den Schauplatz versagender Repräsentanz vom politischen System in die Medien zu verschieben, müsste man dringend davor warnen. Die Medien können nicht reparieren, was in Politik und Gesellschaft schiefläuft, ohne ihre Rolle als akzeptierter Beobachter an der Seitenlinie zu zerstören und sich damit selbst Basis und Berechtigung im demokratischen Kräftespiel zu nehmen. Schon jetzt ist die Glaubwürdigkeit von Medien insgesamt dadurch unter Druck geraten, dass sie immer stärker als Verfechter von Lagerinteressen innerhalb einer mehr und mehr polarisierten Gesellschaft wahrgenommen werden. Genau wie Meinungsforschungsinstitute oder Sachverständige inzwischen Etiketten erhalten haben und Gruppierungen mit vorinstallierter Meinung zugeschlagen werden, geschieht dies auch mit Sendern, Zeitungen und Webportalen, ohne dass die referierten Inhalte noch sonderlich interessieren.

Gauland und Hitler

Auf welche medialen Abwege Versuche des Bekenntnis-Journalismus' führen können, zeigte sich unlängst an einem vermeintlichen Skandal rund um AfD-Chef Alexander Gauland, der in einem Gastbeitrag für die *Frankfurter Allgemeine Zeitung* (6. Oktober 2018) die Entstehung des »Populismus« auch auf eine von ihm konstatierte Kluft zwischen globalen Eliten und im wahrsten Wortsinne bodenständigem Volk zurückgeführt. »Diese globalisierte Klasse sitzt in den international agierenden Unternehmen, in Organisationen wie der UN, in den Medien, Start-ups, Universitäten, NGOs, Stiftungen, in den Parteien und ihren Apparaten, und weil sie die Informationen kontrolliert, gibt sie kulturell und politisch den Takt vor. Ihre Mitglieder leben fast ausschließlich in Großstädten, sprechen fließend Englisch, und wenn sie zum Jobwechsel von Berlin nach London oder Singapur ziehen, finden sie überall ähnliche Appartements, Häuser, Restaurants, Geschäfte und Privatschulen. Dieses Milieu bleibt sozial unter sich, ist aber kulturell ›bunt‹.«

Der Berliner Historiker Wolfgang Benz warf daraufhin im Berliner *Tagesspiegel* (10. Oktober 2018) Gauland vor, sich an eine Rede von Adolf Hitler aus dem Jahre 1933 »anzuschmiegen«, und fügte damit der langen Liste abwegiger Hitler-Vergleiche einen weiteren hinzu. Auf die mindestens ebenso naheliegende Idee, Gauland in die Gefolgschaft von Stalins Feldzug gegen die »wurzellosen Kosmopoliten« (gemeint und betroffen waren vor allem Juden) zu stellen, kam er nicht. Als ob das alles noch nicht absurd genug wäre, stellte sich dann auch noch heraus, dass der Blogger Michael Seemann im Jahr 2016 eine streckenweise gleichlautende Eliten-Kritik ausgerechnet im *Tagesspiegel* veröffentlicht hatte. Offenbar war er damals nicht als neuer Hitler enttarnt worden.

Um sich einen Überblick über den vermeintlichen Skandal zu verschaffen, lohnt es durchaus, sich die Ausgabe des *Tagesspiegels* vom 11. Oktober 2018 aufzuheben. Da analysiert der Leitartikel auf Seite 1 länglich, warum die Kritik Gaulands an den globalen Eliten so unsinnig und reaktionär sei, wie weiland die Maschinenstürmerei in Großbritannien vor 200 Jahren; ein bemitleidenswertes Aufbäumen gegen den Fortschritt eben. Auf Seite 2, der Rückseite des Leitartikels, erklärt dann der Eliten-Forscher Michael Hartmann, warum Gauland durchaus recht habe: »Richtig ist, dass es im akademischen Milieu der Ballungszentren immer mehr Menschen gibt, die sich als kosmopolitisch verstehen. Die internationale Kontakte haben, ausländische Freunde und die in Fragen der Flüchtlingspolitik offenen Grenzen viel positiver gegenüber stehen als erhebliche Teile der Bevölkerung. Interessant ist aber, dass es zwischen dem kosmopolitischen Anspruch dieser Leute und der Realität eine Kluft gibt. Sie sind zum Beispiel als Ärzte oder Anwälte selbst viel stärker an den Nationalstaat gebunden, als sie sich eingestehen wollen. Dass sie so für offene Grenzen plädieren, hängt auch damit zusammen, dass sie die Folgen nicht zu spüren bekommen.«

Eine sachliche und nachvollziehbare Analyse, die lediglich die Frage aufwirft, ob die Achse Hitler-Seemann-Gauland nun auch noch um Professor Hartmann erweitert werden muss. Denn Hartmann liefert auch die Begründung für den mitunter wenig repräsentativen bis verzerrten Blick der Medien auf Land und Leute mit: »Das Problem ist, dass die Eliten in einer Welt leben, die mit der der durchschnittlichen Bevölkerung nur sehr begrenzt zu tun hat. Sie wohnen in sozial homogenen Vierteln. In Berlin etwa in Mitte oder Prenzlauer Berg. Herkunft, Vermögen, Wohnort – all das unterscheidet sie vom Normalbürger und schränkt ihre Wahrnehmung von der Realität ein. Das kann fatale Folgen haben. Journalisten etwa schreiben aus der Perspektive, die sie kennen – und so ist das Bild, das sie vermitteln, oft nicht repräsentativ. Auch viele Politiker haben sich weit von der Bevölkerung entfernt.«

Ein in seiner Klarheit wirklich erstaunliches Interview, das auch die Linien von den »globalen Eliten« zum Erstarken des Rechtspopulismus zieht: »Sie haben eine neoliberale Politik vorangetrieben, von der nur ein kleiner Teil der Bevölkerung profitiert, während viele andere verlieren. In Deutschland ist das nicht ganz so stark ausgeprägt wie etwa in den USA, aber dennoch ist die Entwicklung auch hierzulande zu beobachten. Die Spaltung in Gewinner und Verlierer dieser neoliberalen Politik bildet den Nährboden für Politikverdrossenheit. Das schlägt sich zuerst darin nieder, dass einige Leute nicht mehr zu Wahl gehen. Und wenn sie dann feststellen, dass das niemanden interessiert, fangen sie an, ›die da oben‹ zu ärgern, indem sie Rechtspopulisten wählen.«

Um das Ganze abzurunden, äußert *Tagesspiegel*-Autor Christoph von Marschall immer noch in derselben Ausgabe auf Seite 6 am Beispiel der zum Teil aggressiv-giftigen Diskussion über die »Seenotrettung« im Mittelmeer »Zweifel am Debattenklima«, für das der Gauland-Hitler-Vergleich allerdings mindestens ebenso exemplarisch steht. Nun könnte man anmerken, dass genau diese Ausgabe des *Tagesspiegel* doch zeige, wie gesund eine Medienlandschaft sei, die in der Lage ist, sich selbst und ihre eigenen Verirrungen auch gleich wieder aufzuarbeiten. Da ist etwas dran, wenngleich es eine sehr kurze Elle ist, die man anlegen muss, wenn man das Retten in den Brunnen gefallener Kinder schon als Ausweis der Tauglichkeit ansieht. Dass es in der Redaktion des *Tagesspiegel* niemandem von Anfang an zu blöd war, den Hitler-Vergleich des langjährigen *Tagesspiegel*-Kolumnisten Gauland zu veröffentlichen und dies dann auch noch feuilletonistisch-referierend zu rechtfertigen, ist das eigentliche Problem. Die vermeintliche »Haltung«, Gauland als Hitler-Wiedergänger zu entlarven, war angesichts des ihm beipflichtenden Experten haltlos und die gesamte Aufregung im Grunde überflüssig. Eine gute Gelegenheit, die Meinung des AfD-Manns einfach zur Kenntnis zu nehmen und KEINEN Beitrag zum selbst beklagten aufgeheizten Debattenklima zu leisten, verstrich ungenutzt.

Man mag beklagen, dass ausgerechnet in diesen polarisierten Zeiten die großen Autoritäten wie Helmut Schmidt, Peter Scholl-Latour, Egon Bahr oder Hans-Dietrich Genscher nicht mehr zur Verfügung stehen, um Richtungen zu weisen, ohne unter Verdacht der Lagerzugehörigkeit gestellt zu werden. Doch jede Zeit muss mit ihren eigenen Autoritäten und Antworten auskommen. Viel schlimmer ist, dass es erst langsam manchen in Politik und Medien zu dämmern beginnt, dass die digitale Vernetzung das Handeln und Regieren in einer Demokratie anspruchsvoller gemacht hat. Die eigene Überzeugung, recht zu haben, hat noch nie weit getragen, wenn man davon keine Mehrheiten überzeugen kann.

Der UN-Migrationspakt ist dafür ein Paradebeispiel. Helene Bubrowski beschreibt das im Leitartikel der *FAZ* (10. November 2018) sehr zutreffend: »In Berlin wurde das Skandalisierungspotential, das in dem Pakt steckt, lange nicht erkannt. Bevor Österreich sich aus dem Pakt verabschiedete, fand eine Öffentlichkeitsarbeit der Bundesregierung zum Migrationspakt praktisch nicht statt. Als es eigentlich schon zu spät war, fiel den Verantwortlichen zur Verteidigung zunächst nur ein, der Pakt sei schon deshalb nicht schlecht, weil er unverbindlich sei. Auch das war ein kommunikativer Fehler – es wäre so, als würde für ein dubioses Produkt mit dem Argument geworben, der Kaufvertrag sei nichtig.«

Der Umgang mit dem Pakt ist ein einziges Desaster. Eine Petition gegen den Pakt im e-Petionsportal des Bundestages wurde über Wochen aufgehalten, weil es Debatten darüber im zuständigen Petitionsausschuss gab. Man muss noch nicht einmal zum Kreis der einschlägigen Verdachtschöpfer gehören, um dahinter Absicht zu vermuten. Als die Petition dann endlich freigeschaltet wurde, brach binnen Kurzem der Server unter dem Ansturm der Petenten zusammen. Oder unter einem Hacker-Angriff, wie in der zuständigen Kommission des Ältestenrates vermutet wurde. Der entstehende Vertrauensschaden lässt sich mit Blick auf den Pakt zumindest nicht mehr reparieren. Auch eine flankierende Entschließung des Bundestages, in der festgehalten ist, dass aus dem UN-Migrationspakt keine neuen Asylgründe oder Eingriffe in die souveränen Rechte der Bundesrepublik abzuleiten sind, beruhigt die Gemüter kaum; auch, weil die Bundeskanzlerin trotzig erklärte, sich darum nicht zu scheren. Die Bundesregierung sei mit Pakt in der vorliegenden Form zufrieden, sagte sie auf der Reise zur feierlichen Annahme des Paktes in Marrakesch.

Eine Trotzigkeit, die sich rächt. In die kommunikative »Lücke sind Rechtspopulisten gestoßen; sie verbreiten Gruselgeschichten vom finalen Todesstoß für die europäischen Völker«, schreibt Helene Bubrowski. »Mittlerweile ist eine angst- und hasserfüllte Parallelwirklichkeit entstanden.« Dem lautstarken Ärger der etablierten Parteien zum Trotz muss freilich festgehalten werden, dass sich der Bundestag erst auf Betreiben der AfD mit dem Thema befasste – ein eklatantes Politik- und vor allem Kommunikationsversagen. Die Folge war eine derart aufgeheizte Polarisierung, dass eine sachliche Abwägung über Vor- und Nachteile des Paktes kaum noch möglich war. »Es ist schon so weit gekommen«, schreibt Bubrowski, »dass die Bundestagsverwaltung empfiehlt, eine Petition gegen den Migrationspakt nicht zu veröffentlichen, da sie den sozialen Frieden zu belasten drohe. Das ist das Ende einer lebendigen Diskussion; Verschwörungstheoretiker können sich nur bestärkt fühlen.«

Bubrowski kommt zu einem Fazit, das nicht nur für Medien oder politische Kommunikation gilt, sondern für den gesamten Umgang mit dem Thema Populismus. »Öffentlichkeitsarbeit muss neu gedacht werden. Man kann nicht auf die ›Vernunft‹ der Mehrheit der Leute setzen, wenn man sie nicht ehrlich und umfassend informiert. Bei Reizthemen wie Migration und Freihandel ist das unbequem. Wer aus Angst vor negativen Reaktionen die öffentliche Auseinandersetzung scheut, macht Platz für zerstörerische Kräfte.«

Wie man es nicht macht, zeigte ausgerechnet ein Spitzenvertreter der globalisierten Eliten, der frühere UN-Generalsekretär Ban Ki-moon im *FAZ*-Interview (6. Dezember 2018) über den Migrationspakt. »Ich habe so viele Staats- und Regierungschefs erlebt, die bei den Vereinten Nationen als Weltpolitiker auftreten – aber kaum sind sie zurück, werden sie zu Geiseln der eigenen Wählerschaft. Jetzt, da wir einen Angriff auf den Multilateralismus und das Erstarken des Nationalismus erleben, brauchen wir mutigere Politiker.« Auf die Frage: »Wer gibt Ihnen Hoffnung?«, antwortete Ban: »Die deutsche Kanzlerin Angela Merkel gilt als Mutter der Migranten, sie möchte ich loben. Die EU insgesamt, eine Gruppe sehr wohlhabender Länder, sollte mit gutem Beispiel vorangehen.«

Wer Politiker auffordert, sich nicht »zu Geiseln der eigenen Wählerschaft« zu machen und sich gar über diese hinwegzusetzen, steht im Geiste fest im unvernetzten, vergangenen Jahrhundert, als Regenten noch glaubten, eine Meinung gebe es nicht, wenn sie nicht veröffentlich wird. Vor allem aber zerstört man die globalisierte Welt, die man eigentlich schaffen wollte, wenn man sich dahin aufmacht, ohne die Menschen mitzunehmen.

Augen geradeaus:
Die Vergangenheit taugt nicht zum Schlachtfeld von heute

In der Nacht des 9. November auf den 10. November 2018 verschickt der Berliner AfD-Landesvorsitzende Georg Pazderski eine Kurznachricht an einige Vertraute und Bekannte. »Wir hatten heute Gedenkstunde zum 09. November im Abgeordnetenhaus in Berlin. Zum Abschluss wurde ein Gedenkmarsch zum Holocaust-Mahnmal durchgeführt. Dort werden heute den ganzen Tag die Namen der fast 57 000 Berliner Juden verlesen, die im Dritten Reich ermordet wurden. Alle Bürger werden angehalten, sich an der Verlesung der Namen zu beteiligen. Raed Saleh (Fraktionsvorsitzender – Anm.d. A) von der SPD, Burkard Dregger von der CDU und die Vorsitzende der Linken dürfen verlesen. Als ich ans Pult treten will, hält mich Lea Rosh auf: ›Sind Sie von der AfD?‹, ›Ja!‹, ›Sie lesen hier nicht vor!‹ Der dabeistehende Gedenkstättenleiter springt ihr zur Seite, bestätigt Frau Rosh und pocht auf sein Hausrecht. Selbsternannte Richter verbieten mir als demokratisch gewähltem Abgeordneten meine Trauer über die ermordeten Juden zum Ausdruck zu bringen. In was für einer Gesellschaft leben wir eigentlich?«

Angesprochen auf diese Episode, sagt Pazderski: »Ich bin ehrlicherweise zutiefst betroffen. Mein Vater war polnischer Zwangsarbeiter, weshalb mich der Holocaust stark berührt, zumal er am Ende des Krieges in einem KZ war und nur mit großem Glück überlebt hat.« In wohl keinem Land der Welt ist die Vergangenheit so präsent in Gegenwartsdebatten, wie in Deutschland. Aus gutem Grund wird dem Gedenken an den gravierendsten Zivilisationsbruch der Geschichte ein besonderer und hoffentlich dauerhafter Platz in der Selbstwahrnehmung der Deutschen eingeräumt. Deshalb fischt AfD-Chef Alexander Gauland völlig inakzeptabel am rechten Rand, wenn er in seiner Rede vor der AfD-Jugend in Thüringen am 2. Juni 2018 erklärt: »Ja, wir bekennen uns zu der Verantwortung für die zwölf Jahre«, des Nationalsozialismus. »Aber (..) Hitler und die Nazis sind nur ein Vogelschiss in über 1000 Jahren erfolgreicher deutscher Geschichte.«

Die falsche Indienstnahme

Die Debatte über die historische Singularität der Nazi-Zeit und des Holocaust ist unter Historikern lange und intensiv geführt worden. Ein Menschheitsverbrechen wie der industrielle Massenmord, den die Deutschen zu verantworten haben, kann man nicht nach der Länge historischer Zeitspannen oder mit sonstigen Verdiensten der Nation auf- und verrechnen. Die Shoah setzt ein bleibendes und mahnendes Zeichen, weil es einen solchen qualitativen Bruch mit dem Menschsein an sich nie zuvor gegeben hat, nicht wegen der quantitativen Dimensionen des Verbrechens.

Gerade deshalb ist die politalltägliche Indienstnahme des Holocaust für Debatten und Parteienkleinkrieg so unpassend und unsäglich. Wenn diese historische Zäsur einen dauerhaft mahnendes Zeichen setzen soll, dann muss es als humanes Versagen für sich stehen und nicht für jeden erdenklichen Anfang, dem irgendein Nachgeborener wehren will.

Wenige Tage vor dem Holocaust-Gedenken hatte der Arbeiter-Samariter-Bund sich geweigert, Bundestagsabgeordneten der AfD Erste-Hilfe-Kurse zu geben. Verwiesen wurde auch hier auf die Vergangenheit. In der offiziellen Erklärung zu dem Vorgang heißt es: »Diese Verweigerungshaltung des ASB ist nicht zuletzt in der Geschichte und dem Wertekodex des Verbandes begründet. Der Arbeiter-Samariter-Bund war selbst Opfer von Rechtextremismus und wurde 1933 von den Nationalsozialisten enteignet und zerschlagen. Heute ist der ASB eine Hilfs- und Wohlfahrtsorganisation mit über 1,3 Millionen Mitgliedern, die sich für Menschlichkeit, eine offene Gesellschaft und ein solidarisches Miteinander einsetzt und auch 130 Jahre nach ihrer Gründung eine klare Haltung gegen rechtspopulistische und rechtsextreme Politik vertritt.«

Diese Haltung ist ehrenwert und wird hoffentlich in jegliche Richtung von Extremismus und überall dort praktiziert, wo die freiheitliche Demokratie bedroht ist. Ob der Verweis auf 1933 allerdings tauglich ist, politisch Missliebigen in der Gegenwart die Hilfe zu verweigern, selbst Helfer in menschlichen Notlagen zu werden, muss man eher bezweifeln. Wie schwierig die allzu rasche Bezugnahme auf die deutsche Vergangenheit ist, zeigt sich auch in der Rede von Bundeskanzlerin Angela Merkel zur Annahme des UN-Migrationspaktes Anfang Dezember 2018 in Marrakesch. Dort sagte sie: »Als deutsche Bundeskanzlerin stehe ich hier als Repräsentantin eines Landes vor Ihnen, das durch den Nationalsozialismus unendliches Leid über die Menschheit gebracht hat. Die Antwort auf puren Nationalismus war die Gründung der Vereinten Nationen und das Bekenntnis zur gemeinsamen Lösung der Fragen, die uns bewegen. Bei der Auseinandersetzung um diesen Pakt – und deshalb bin ich heute auch sehr bewusst nach Marokko gekommen – geht es um nicht mehr und nicht weniger als um die Grundlagen unserer internationalen Zusammenarbeit.«

Das ist alles richtig. Doch so nachvollziehbar es ist, dass Deutschland sein Bekenntnis zu internationaler Zusammenarbeit und Multilateralismus als Antwort auf das Versagen des eigenen humanen Kompasses zwischen 1933 und 1945 betrachtet, so wenig taugt dieser Verweis für die restlichen knapp 200 UN-Staaten zur Motivation in gleicher Richtung. Eine Antwort, die nach dem Zweiten Weltkrieg auf die Verbrechen Deutschlands gegeben wurde, ist eine schlechte Politik-Begründung für den Rest der Welt. Niemand steht dort in dem Verdacht, einen ebensolchen Zivilisationsbruch zu begehen oder zu planen. Eine Ansprache nach dem Motto: Zieht die Konsequenz aus unseren Fehlern, wirkt daher eher deplatziert. So nachvollziehbar es ist, was die Kanzlerin sagen will, so sinnvoll ist es, gerade mit Blick auf internationale Bezüge gut abzuwägen, wo Verweise auf die deutsche Geschichte angemessen sind und wo nicht.

Die Anspielung auf die deutschen Vergangenheit war allerdings nur ein Nebensatz in Merkels Rede. Viel wichtiger ist ihr etwas anderes. Sie sieht im Erstarken rechtspopulistischer Bewegungen einen weltweiten Zangenangriff auf den Kern ihres multilateralen Politikverständnisses, der von US-Präsident Donald Trump auf der einen bis zu Russlands Präsident Wladimir Putin auf der anderen Seite reicht. Immer wieder erwähnte sie auf der Reise nach Marrakesch, dass Trumps einstiger Einflüsterer Stephen Bannon bei den Protesten der sogenannten Gelbwesten in Paris gesehen worden sei. Ein Hinweis darauf, dass die illiberalen Aggressoren gegen die freiheitlichen Staaten des Westens und gegen Europa Protestbewegungen jeglicher Art in ihre Netzwerke einzuspinnen versuchen. Aus Merkels Sicht frisst sich ein populistisches Monstrum in diesen Zeiten unmerklich Kraft an, um mit den verschiedenen Ablegern in Europa und der westlichen Welt die freiheitliche Ordnung im passenden Moment anzugreifen und womöglich zu zerstören.

Eine Wahrnehmung, die sicher nicht ganz aus der Luft gegriffen ist. Die entscheidende Frage lautet allerdings, ob man der populistischen Gefahr mit internationalen Pakten wirksam entgegentreten kann, oder ob nicht vielmehr auf dem ungleich schwerer zu beackernden Feld der einzelnen Menschen, Bürger, Wähler in den Ländern begonnen werden muss, wenn man Feinden von Freiheit und Rechtsstaat die Spielräume nehmen will. Beobachtet man die Kanzlerin nicht nur mit Blick auf den mit innenpolitischer Bedeutung auf- und überladenen UN-Migrationspakt, so hat man den Eindruck, dass für sie das Einschlagen solcher multilateraler Pflöcke zum Schaffen internationaler Fakten als das probate Gegenmittel gegen national agierende Machthaber wie Trump und Putin gilt.

Wo Angela Merkel neuen Krieg heraufziehen sieht

Deshalb auch gestattete sie dem damaligen CSU-Chef Horst Seehofer nicht, an den deutschen Grenzen Zeichen etwa durch »Zurückweisung« eines wenn auch nur winzigen Teils von illegal Einreisenden oder durch die Formulierung einer »Obergrenze« zu setzen. Es wären aus Sicht Merkels Zeichen zwar an die migrationskritische Bevölkerung, aber eben in die falsche Richtung gewesen. Sie hat mehrfach öffentlich darauf hingewiesen, dass aus ihrer Sicht ein Denken in nationalen Bezügen zuerst zum »Denken gegen andere Völker« führe und später mit einer gewissen zwingenden Konsequenz zum »Handeln gegen andere Völker«. Vergangenheitsbewältigung wird hier zur Programmatik für die aktuelle Tagespolitik.

Ich habe große Zweifel, dass dieser Rückgriff auf die Vergangenheit in seiner verführerischen Geradlinigkeit trägt und funktioniert. Nicht nur, weil sich Geschichte nicht wiederholt, sondern weil die Fixierung auf alte Muster neuen Erscheinungen nicht gerecht wird und neue Lösungen sogar behindert. In Wahrheit war der Nationalismus nie weg. Wie sollte er auch: Die Verheerungen des Zweiten Weltkrieges haben nicht nur in den Städten und Landschaften ihre schmerzhaften Zeichen hinterlassen, es blieb auch im Denken der Menschen die Erinnerung zurück, auf welcher Seite sie auch standen im großen Gemetzel der Völker. Dennoch ist »Nationalismus« heute ein anderer als damals. Es sind zumindest in Europa keine imperialen Reiche mehr, die nach Vormacht und Dominanz streben. Es ist eher ein soziokultureller, indentitärer Bezug zur Nation, mit dem man umgehen muss und auch umgehen kann. Wenn man darin immer nur den Keim eines neuen Nationalsozialismus zu erblicken glaubt, steht zu befürchten, dass man auch einen bürgerkriegsähnlichen Kampfmodus revitalisiert, der schon zum Ausgang der Weimarer Republik das heraufziehende Elend nicht verhindern konnte.

Aus den immer wiederkehrenden dringlichen Mahnungen der Kanzlerin, gegen die Schädlichkeit von »Nationalismus« und »Abschottung« standhaft zu sein, kann man zudem den Schluss ziehen, dass offene Grenzen und Migration in ihren Augen eine Art Immunisierung gegen illiberale Strömungen darstellen. Einerseits hofft sie wohl, die Freunde der Freiheit durch ausdauernde und werbewirksame Demonstration derselben bei der Stange und stark genug zu halten. Andererseits könnte Migration auch neue Mehrheiten gegen sich verfestigende populistische Lager schaffen. Beides funktioniert allerdings nur, wenn die Gegenkräfte sich nicht gerade an dieser Praxis radikalisieren.

Dabei kommt das sichtbare Wiedererstarken von Gruppierungen mit nationalen Bezügen besonders innerhalb der AfD nicht überraschend. Im Gegenteil: Es liegt in der Natur politischer Abspaltungen, bei der Trennung gewissermaßen ein strittiges Thema »mitzunehmen« und hernach im Zuge der Niederlassung als eigenständige Partei alles an vakantem politischem Hausrat aufzusammeln, der im alten Parteien-Gebäude gärte oder unbearbeitet liegenblieb. Die »achselzuckende« Hinnahme der AfD-Wahlergebnisse, wie Ex-Unionsfraktionschef Friedrich Merz es ausdrückte (23. November 2018 im *Deutschlandfunk*), trägt auch hier ungute Früchte.

SPD und Linke beispielsweise zerstritten sich über Hartz IV, und die Linke komplettierte ihr programmatisches Geschirr später mit konsequentem Pazifismus, Rückzug aus Auslandseinsätzen etc. Union und AfD gingen zunächst nur bei Euro-Rettung und Migration getrennte Wege, und die AfD griff später naheliegenderweise Nationalismus, Gender-Politik und eben auch die Aufarbeitung der Vergangenheit als chancenreiche Themen auf, bei denen die Union dem Zeitgeist einen weitreichenden Duldungsstatus eingeräumt hatte. Politische Ausgründungen radikalisieren sich so sicher, wie sich Konvertiten über ihre Herkunftsreligion hermachen oder Kinder vom Elternhaus emanzipieren.

Das Zulassen des AfD-Aufstiegs war ein historischer Fehler der Union

Deshalb ist es eben nicht das Gleiche, ob man bestimmte Strömungen wie etwa ein gesundes Nationalgefühl innerhalb einer Volkspartei der Mitte hält oder ihnen außerhalb des moderaten Spektrums die Chance zur Radikalisierung lässt. Die Rückgewinnung verlorener Anhänger, wie sie Merz im Kampf um den CDU-Vorsitz ankündigte (Union über 40 Prozent und AfD halbieren), ist deshalb um ein Vielfaches schwerer, weil man ein viel größeres Themenpaket anpacken und aufarbeiten muss, als beim »Auszug« der Abtrünnigen strittig war. Sie gingen mit Migration und Euro-Rettung und kämen möglicherweise zurück, wenn auch bei Nation, Gender-Fragen und Geschichtspolitik eine Nachschärfung im alten Lager erfolgte. Nach längerer harter Abgrenzung stehen die Chancen dafür in der Regel schlecht.

Doch es geht um viel mehr als um die verträgliche und arbeitsfähige Ordnung der Parteienlandschaft, es geht vor allem darum, gesellschaftliche Debatten gerade auch über die Sicht auf die deutsche Vergangenheit wieder so zu führen, dass sich die Mehrheit der Menschen verstanden und mitgenommen fühlt. Das beginnt zu allererst mit einer Tonlage, die Sagbares nicht umgehend nach militantem oder verschwörerischem Hintersinn abklopft, selbst wenn Harmlosigkeit offensichtlich ist. Der Vergleich von Gaulands Eliten-Kritik mit Adolf Hitler ist dafür ein Paradebeispiel. Die schrillen Zwischenrufer von den Rändern machen das sachliche Aufarbeiten nicht gerade leicht. Denn es vergiftet den Diskurs, wenn von der Linken immer wieder reflexhaft die Auferstehung eines »4. Reiches« mit impliziter Widerstandspflicht beschworen wird und genau dies am rechten Rand als ultimative Bedrohung für den Fortbestand der deutschen Nation verstanden wird.

Der Aufschrei der Empörung über die Rede des Thüringer AfD-Chefs Björn Höcke ist ein gutes Beispiel dafür, dass die innenpolitische Polarisierung eine hassfreie Diskussion nahezu unmöglich macht.

»Die Deutschen sind das einzige Volk der Welt, das sich ein Denkmal der Schande in das Herz seiner Hauptstadt gepflanzt hat«, sagte Höcke im Januar 2017 auf einer AfD-Parteiveranstaltung. »Der Genitiv hat im Deutschen viele Bedeutungen, und bei manchen Konstruktionen sind mehrere Bedeutungen gleichzeitig möglich«, schreibt Matthias Kamann dazu in der *Welt* (18. Januar 2017). »Doppeldeutig ist etwa die Wendung ›Denkmal der Schande‹. Bedeuten kann sie einerseits, dass es sich um ein ›Denkmal zur Erinnerung an eine Schande‹ handelt. Andererseits und genauso aber kann damit ein ›schändliches Denkmal‹ gemeint sein. Der frühere Gymnasiallehrer Björn Höcke (…) dürfte gebildet genug sein, um sich dieser Doppeldeutigkeit bewusst zu sein.«

In der Tat hat Höcke immer wieder mit Topoi gespielt, die dem NS-Sprachgebrauch täuschend und vermutlich absichtsvoll nachempfunden sind. Wenn er etwa von »tausend Jahren Deutschland« spricht, wer hörte da nicht das »tausendjährige Reich« der Nazis heraus. Es ist genau dieses gewollte Vergreifen in der Tonlage, das dazu führt, dass aus einer simplen Sache ein Skandalon wird. Denn dass über Sinn, Zweck, Ort und Ästhetik des Holocaust-Mahnmals gestritten werden kann und darf, steht nach mehr als zwölf Jahren höchst öffentlicher Debatten von 1988 bis zur Beschlussfassung 1999 völlig außer Frage. Auch die Massierung von Gedenkorten in der Berliner Mitte vom Sowjetischen Ehrenmal über die Mahnmale für die ermordeten Juden, Homosexuellen, Sinti und Roma bis zu den Signets der Befreier im Reichstag und der Gedenkstätte »Topografie des Terrors« ist immer wieder Thema gewesen mit Blick auf Zersplitterung der Opfergruppen.

Was aber nicht geht, ist, in bellendem Ton eine »180-Grad-Wende« (Höcke) in der deutschen Gedenkkultur zu fordern und Schande gleichsam in Stolz umzumünzen. Um es ganz klar zu sagen: Für all die Gedenkorte, für die Stolpersteine und Erinnerungstafeln gibt es reale Anlässe. Die deutschen Verbrechen sind nicht erfunden oder böswillig inszeniert, sie haben stattgefunden und können nicht einfach aus der Geschichtsschreibung getilgt werden. Grundsätzlich allerdings ist eine Verständigung über die sachliche Schattierung der deutschen Geschichtssicht nicht nur zulässig, sondern auch wichtig, wie man am Zulauf des nationalen AfD-Flügels um Björn Höcke sieht. Das bewusste aber auch das durchaus als real empfundene Überzeichnen der jeweils gegnerischen Position ist der Hauptgrund für die Blockade eines normalen und sachlichen Austausches. Weder schwülstige Heroisierung noch der »Sack-und-Asche«-Blick auf die deutsche Vergangenheit dominieren das durchaus vielfältige Geschichtsbild.

Ich selbst habe die Stärke dieses Höcke-Flügels stets mit einem gewissen Erstaunen zur Kenntnis genommen, weil mir nicht so recht einleuchten will, welchen realen Alltagswert »Stolz« auf die eigene Nation oder eine Art kultische Verehrung derselben haben sollte. Welche Probleme junger Familien oder Rentner werden durch erhabene Selbstwahrnehmung gelöst? Mehr oder weniger zufällig in eine der stärksten Nationen der Welt hineingeboren worden zu sein und in einem Historien-Panorama mit Teutoburger Wald, Luther, Goethe, Benedikt XVI., Mercedes und Brühwürfel als Statist aufzutauchen, genügte mir persönlich als positiver Bezug zum eigenen Land. Aber offenbar bin auch ich da nur begrenzt repräsentativ. AfD-Experten gehen davon aus, dass die Höcke-Anhänger etwa ein Drittel der Mitgliedschaft ausmachen.

Heißt Deutschland denken, Auschwitz denken?

Innerhalb und außerhalb der AfD liegt falsch, wer meint, mehr als 70 Jahre nach dem Ende des NS-Regimes sei die Zeit reif, nämliche zwölf Jahre im Geschichtsbuch unter »was sonst noch geschah« abzuheften. Eine beliebige Schicht im deutschen Historien-Sediment wird der Nationalsozialismus nie werden. Und das ist auch gut so. Gleichwohl ist die öffentliche und immer wieder aufs Neue betriebene Auseinandersetzung mit dieser schmerzhaften Episode gerade in polarisierten und historisch aufgeladenen Zeiten wichtiger denn je. Die Geschichte heute ist zum Schlachtfeld im tagespolitischen Meinungskampf geworden. Das tut ihr nicht gut und den Debatten ebenfalls nicht. Wem bei konservativen oder nationalstaatlichen Bezügen nichts anderes einfällt als die monströsesten Verbrechen der Menschheitsgeschichte, der verrammelt den Blick auf Klarheit und Wahrheit gestern und heute.

Entminen wir endlich die historischen Schlachtfelder. Hitler- und NS-Vergleiche sind fast immer falsch, führen in die Irre, relativieren die Verbrechen des Nationalsozialismus und schaffen falsche Endkampf-Motivationen in der Gegenwart. Sparen wir uns diese Rückgriffe auf braunes Gewesenes und sprechen Tendenzen, die wir für gefährlich halten, direkt an.

Sprechen wir die Fragen, die sich mit Blick auf unsere Vergangenheitsaufarbeitung stellen, doch klar aus. Warum etwa haben wir Mahnmale für die dunkelsten Stunden der deutschen Nation, aber noch immer keines für die hellste Stunde, die deutsche Einheit?

Sind Shoah und Weltkriege tatsächlich das vollständige Grundmotiv unseres Blicks auf die Geschichte? Günter Grass und Theodor W. Adorno wird der alte APO-Spruch zugeschrieben: »Deutschland denken, heißt Auschwitz denken!« Aber niemand hat gesagt, dass ausschließlich Auschwitz gedacht werden muss, wenn man an Deutschland denkt. Warum durch gut gemeinte Übertreibung ein dumpf gefühltes Missverhältnis von Licht und Schatten pflegen, dass sich im Höcke-Lager und in Gauland-Sätzen kalkuliert niederschlägt und von kluger Geschichtspolitik aufgefangen werden müsste?

»Lasst uns für neue Ideen sorgen, bevor die alten zurückkehren«, plakatierte die FDP im bayerischen Landtagswahlkampf. Ein guter Spruch, eingängig und verständlich für jeden. Ein Spruch, der allerdings einen ebenso unklugen unkritischen Gestus des Umgangs mit der Gegenwart transportiert. Sind spätere Ideen automatisch besser als frühere? Der Verlauf der Menschheitsgeschichte lehrt das Gegenteil: vernichtendere Waffen, gigantischere Kriege und wissenschaftlicher Fortschritt, der zu allem Schlechten missbraucht wurde, was damit zu machen war. Kluge Geschichtspolitik beginnt beim Hinterfragen der Gegenwart und dem Widerstehen gegen jedes Überlegenheitsgefühl gegenüber Vorfahren und Vorzeiten. »Zeitgemäß« sollte ein Allzeit-Unwort sein: Es beschreibt, was viele tun, bestärkt die Menge und verzichtet gleichzeitig auf ein kritisches Urteil darüber.

Alles Nazi oder was? Wer heute gegen die AfD kämpft, kämpft gegen »Nazis« und hinterlegt damit ein Assoziationsgebäude mit Vernichtungslagern, Kriegen und gleichgeschalteten Massen. Dieses ultimative Böse berechtigt zum analog ultimativen Kampf für das Gute mit freier Waffenwahl. Überall Schöße, die noch fruchtbar sind, überall Anfänge, denen es zu wehren gilt. Der Mulm des rechten Randes führt neue Gegenkämpfer auf die Schlachtfelder der Vergangenheit. Doch die Gegenwart lässt sich nicht mit den Zinnsoldaten von gestern gewinnen. Wenn wir erkennen wollen, warum nationalistische und nationalromantische Reflexe Zulauf erhalten, müssen wir uns mit Leben und Lebensgefühl der Jetztmenschen beschäftigen, nicht mit der Fixierung auf vermeintliche historische Wiedergänger.

Der Zulauf zum Höcke-Flügel, wie auch die nationalistischen und im Übrigen auch separatistischen Bewegungen in Europa und anderen Teilen der Welt sind ein Indiz dafür, dass der politische Multilateralismus einer globalisierten Wirtschaftswelt keineswegs automatisch Eingang in das Lebensgefühl der Menschen hält. Konzerne, Staaten und Organisationen mögen weltweit kooperieren, der Mensch wohnt daheim. Er ordnet selbst die grenzenlose Warenwelt westlicher Supermärkte in sein zuhause ein, ohne die Herkunftsorte der Produkte, Früchte oder Ideen für sein zuhause zu halten.

In den über Jahrhunderte gewachsenen Abstammungsgesellschaften Europas und Asiens (z. B. China, Japan) ruft Migration ebenfalls verstärkte Haltsuche im Rückgriff auf Nation und Tradition hervor. Trotz einer massiven Alterung der Gesellschaft hat sich etwa Japan nach langen, kontroversen Debatten lediglich dazu durchringen können, 350 000 Einwanderer innerhalb der nächsten fünf Jahre aufzunehmen. Gern weniger. Wer die Globalisierung von heute gestalten will, muss auch lernen, dass der Nationalismus von heute nicht der von gestern ist. Auch in Deutschland lohnt es, unbelehrbar Gestrige von jenen zu scheiden, die sich in verordneter Buntheit unwohl fühlen.

Alles, was rechts ist: Rechts ist keine Krankheit

Kurz vor der Bundestagswahl 2017 ließ die CDU noch eine Umfrage zum internen Dienstgebrauch machen, in der unter anderem gefragt wurde, wo man die Union auf einer Skala von 1 (links) bis 10 (rechts) verorte. Mit einigem Stolz ließen die Strategen aus dem Adenauer-Haus durchsickern, dass die CDU als Partei bei 5,3 landete, die Kanzlerin selbst habe sogar eine Punktlandung in der Mitte mit einer glatten 5,0 hingelegt.

Ein schöner Erfolg für die Kanzlerin, deren Berater Matthias Jung von der Forschungsgruppe Wahlen bereits 2012 im Präsidium eine Grafik vorlegte, die in der Mitte einen Wählerberg zeigte, den es zu gewinnen gelte. An den Rändern siedeln einfach zu wenige Wähler, so Jung. Angela Merkel hat es beherzigt und den rechten Flügel der Union von Wirtschaftsliberalen über Nationale bis zu Konservativen mehr und mehr veröden lassen. Die knappe Hälfte der Delegierten, die der konservative Wirtschaftsmann Friedrich Merz auf dem Hamburger CDU-Parteitag in der Stichwahl gegen Annegret Kramp-Karrenbauer holte, zeigen allerdings: Die alten Flügel sind noch da.

Ein unschöner Nebeneffekt des Merkelschen Mittenkurses: In weiten Teilen der deutschen Öffentlichkeit ist heute die von links liebevoll bediente Meinung verbreitet, »Rechts« beginne etwa bei 6,5 auf der politischen Meinungsskala. Und da der »Kampf gegen rechts« zum festen, unhinterfragten Bestandteil der politischen Kampagnenkultur geworden ist, bringen auch die Wahlerfolge der AfD mitunter erstaunliche Reaktionen hervor. Von Schlagzeilen über den Einzug von »Nazis« in den Bundestag bis zur braunen Einfärbung Sachsens auf der politischen Landkarte.

Jetzt rächt sich, dass linke Unsäglichkeiten bis ins extreme Spektrum hinein vielfach auch im bürgerlichen Lager als schräg-sympathische subkulturelle Blüten belächelt werden, während der »Kampf gegen rechts« bewusst diffus gehalten wird und als Sammelbegriff für das gesamte Spektrum zwischen Lebensschützern und überzeugten Nationalsozialisten herhalten darf. Eine »Rote Flora« ist in Hamburg als »soziokulturelles Zentrum« akzeptiert, eine »Schwarze Flora« wäre undenkbar. Das gilt freilich nicht nur für die farbliche Verschlagwortung von Treffpunkten, sondern vor allem auch für die unterschiedliche Toleranz gegenüber den dahinterstehenden Protestpotenzialen. Linker Antikapitalismus bis knapp vor der Grenze zum gewalttätigen »Schwarzen Block« ist öffentlich durchaus diskutabel. Kritik von rechts an einer vermeintlich abgehobenen, volksfernen »globalen Klasse« (Gauland) wird in die Nähe zu Hitler gerückt (siehe Kapitel: Voll auf die Presse). Wenn der Berliner Senat Eingriffe ins Eigentumsrecht (Enteignung) erwägt und damit einen ursozialistischen Topos anspricht, der noch bestens mit Bildern verfallener Straßenzüge aus DDR-Zeiten vor Augen steht, geht kein Aufschrei durchs Land. Wenn Feine Sahne Fischfilet »Bullenhelme fliegen« lassen will und der Polizei »eure Knüppel (…) in die Fresse rein« hauen will, nimmt man das genauso gelassen wie die Zeile »Deutschland ist scheiße, Deutschland ist Dreck«… Mit zweierlei Maß wird man niemandem gerecht.

Kurz gesagt: Deutschland muss wieder »rechts« lernen. Wer AfDisten zurückgewinnen will, muss unterscheiden, wo rechts rechtens ist und wo nicht. Rechts ist keine Krankheit. Die demokratische Rechte hat nicht nur ihre Berechtigung, sondern ist sogar eine wichtige Bereicherung im demokratischen Flügelkampf. Wenn der öffentliche Diskurs nicht nur mit der AfD und ihren Unterstützern, sondern in seiner ganzen Breite nicht unter die Räder schmalspuriger Korrektheit kommen soll, sind gerade auch die tonangebenden und gern »Haltung« zeigenden Eliten gefordert, wieder unterscheiden zu lernen zwischen tatsächlich inakzeptablen Positionen, die die freiheitliche Grundordnung angreifen, und solchen, die man als Diskursteilnehmer lediglich nicht teilt.

Rechts ist nicht automatisch Nazi. Rechts ist kein Synonym für Faschismus. Soweit bekannt, plant die AfD weder Angriffskriege noch industriellen Massenmord. Wer vermeintlich noch immer »fruchtbaren Schößen« tatsächlich und ernsthaft wehren will, sollte sich auf die wirklich gefährlichen, militant-aggressiven Horte brauner Bruderschaften konzentrieren und sich davor hüten, alles Nicht-Linke zum Kreißsaal des »Vierten Reichs« zu erklären. Ja, es gibt auch militant-aggressive Neonazis in der AfD. Wer aber aus dem »auch« ein »alle« macht, kann sich seiner tapferen Radikalität erfreuen, hat aber von den bundesweit 15 Prozent Anhängern nichts verstanden. Wir alle müssen eher ein Interesse daran haben, jene, die dafür anfällig sein könnten, aus Ecken herauszuholen, als sie hineinzustellen. Für die Union bedeutet das: Ein konservativ-nationaler Flügel innerhalb des eigenen Lagers ist besser, als Kritiker des Mittenkurses in die ungewollte, aber »alternativlose« Gefolgschaft des rechten Randes zu schicken.

Die Integration der rechten Demokraten

Leider hat die Union, die CSU weniger als die CDU, ihre politische Integrationsaufgabe auf dem Gebiet der demokratischen Rechten zu lange sträflich vernachlässigt. Der in diesem Zusammenhang so fatale Ruf nach »Geschlossenheit« und Gefolgschaft im Zuge der Migrationskrise im Herbst 2015 hat daraus einen manifesten Bruch werden lassen, der allerdings weit über die Grenzen der bürgerlichen Parteien hinaus zu ungesunden Verschiebungen in der Meinungslandschaft geführt und links-liberaler Kommunikation das Feld überlassen hat. Es ist doch geradezu bizarr, dass man heute an einige politische Selbstverständlichkeiten erinnern muss, die gern von links unter Verdacht gestellt werden.

Es ist erlaubt, eine geregelte und damit begrenzte Einwanderung und sichere, kontrollierte Grenzen zu fordern. Es ist sogar Rechtslage.

Es ist erlaubt, die Probleme der Zuwanderung aus fremden Kulturen zu thematisieren und klar zu sagen, dass Migration nicht per se gut, ein Beitrag zum Wohlstand und eine Bereicherung ist, ohne »Rassist« genannt zu werden.

Es ist erlaubt, die Probleme muslimischer Migranten deutlich zu machen. Dazu wurde eigens auch eine Islamkonferenz eingesetzt. Und so sehr sich am Buch von Thilo Sarrazin »Feindliche Übernahme. Wie der Islam den Fortschritt behindert und die Gesellschaft bedroht« die Geister schieden – rechtlich gab es daran genau so wenig zu deuteln wie an der Faktenlage.

Es ist erlaubt, gegen Abtreibungen und für mehr Lebensschutz zu demonstrieren. Abtreibung ist auch in Deutschland verboten, wird lediglich nur nicht strafrechtlich verfolgt. Wie kann es also wegen einer zulässigen Meinungsäußerung alljährlich zu regelrechten Hassausbrüchen am Rande des »Marsches für das Leben« in Berlin kommen?

Es ist erlaubt, mit Blick auf die NS-Zeit über die Gedenkkultur zu diskutieren, wie das etwa rund um den Bau des Holocaust-Mahnmals in Berlin jahrelang geschah. Es ist der Ton, den Höcke & Co dabei anschlagen, der gar nicht geht. Wie mit deutscher Schuld umgegangen wird, ist ein Thema, dessen Aktualität nie endet, und es sollte auch immer wieder ein Thema sein. Bellende Hinterzimmer-Reden braucht dazu allerdings niemand.

Es ist erlaubt, die Interessen der eigenen Nation zuerst in den Blick zu nehmen. Jeder Staat ist der Interessenvertreter seiner eigenen Bürger. Das kann auch bedeuten, Souveränität abzugeben, wenn die Vorzüge multilateraler Kooperation jene nationaler Alleingänge überwiegen. Aber auch nur dann. Der Streit über die vielfach eben nicht funktionierenden internationalen Übereinkünfte ist völlig legitim, wichtig und nicht per se gleich schlimme Rückkehr von Nationalismus.

Es ist erlaubt, Gender-Sprech- und -Studien in vielen Fällen abwegig zu finden, gegen Unisex-Toiletten und sogar gegen die »Ehe für alle« zu sein. Die Kanzlerin hat gegen die Öffnung der Ehe gestimmt, die sie selbst ermöglichte. Die gelingende traditionelle Vater-Mutter-Kind-Familie ist nach wie vor das Lebensziel der allermeisten Menschen, und sie ist das sozioökonomische Kleinkraftwerk jeder Gesellschaft. Es ist legitim und wichtig, sich dafür einzusetzen und bedeutet eben nicht automatisch eine Herabsetzung anderer Beziehungen oder Lebensweisen.

Es ist erlaubt, den Euro als kränkelndes Konstrukt zu sehen, der gerade seinen Kernzweck, das Zusammenwachsen der Völker Europas, nicht erfüllt, sondern zu Neid, Missgunst und Spaltung zwischen den Ländern beiträgt. Und natürlich darf auch über die Verfasstheit Europas gestritten werden, so, wie es die Briten getan und entschieden haben. Politik ist keine Einbahnstraße und schon gar nicht alternativlos.

Es ist erlaubt, keine »bunte« Gesellschaft anzustreben, sondern deren leichtfertige Idealisierung zu problematisieren. Multikultur ist kein Naturgesetz, sondern gesellschaftlicher Wille. Oder eben nicht. Wenn Ungarn, Slowaken, Polen oder beispielsweise Japan sich anders entscheiden, ist das genauso legitim wie hierzulande. Am Ende entscheidet die Mehrheit und wird auch die Vorzüge freien Wirtschaftens und menschlichen Austausches je nach Gusto des eigenen Landes abwägen.

Es ist erlaubt, utopischen Vorstellungen zur Veränderung der Welt eine Absage zu erteilen und stattdessen Wirtschaft und Gesellschaft vorsichtig evolutionär verändern zu wollen. Es sind die linken, idealistischen Bruch-Piloten, die am Reißbrett die »bessere Gesellschaft« entwarfen und jedes Mal grausam scheiterten. Wirklich Konservative bauen die Gesellschaft nicht um, sondern bewahren sie und akzeptieren die Menschen wie sie sind. Das gilt nicht nur für die ganz großen Entwürfe, sondern durchzieht viele einzelne Politikentscheidungen im Alltag, die bruchhaft Zukunft beschließen, anstatt sie natürlich wachsend herbeiführen wollen: Energiewenden als Risiko-Ritt, Ausstiege aus Kohle oder Diesel ohne klare Alternativen, Migrationsschübe, deren gesellschaftliche Verwerfungen niemand absehen kann ... Und um den Einwand gleich vorwegzunehmen: Die Nationalsozialisten begriffen sich selbst ebenfalls als Revolutionäre, planten anfangs Verstaatlichungen und Kampf gegen Staat und Bürgertum.

Kurz: Es ist erlaubt, rechts zu sein, solange man sich auf dem Boden des Grundgesetzes bewegt und die rechtsstaatlich-demokratische

Ordnung nicht aggressiv-kämpferisch bedroht. Die »Vielfalt« (Diversity), die viele vor sich her tragen, ist verlogen, wenn sie nur die eigene Weltsicht umfasst. Wer Inklusion predigt, darf auch ihre Gegner nicht ausschließen.

Mit dem Einzug der AfD in den Bundestag wird vor allem eines deutlich: Die Einbettung des rechten Spektrums im »bürgerlichen Lager« tat der politischen Kultur dieses Landes weitaus besser als die schulterzuckende Ausgliederung in ein Sammelbecken freier Radikaler. Wer die Ränder rechts wie links nicht im eigenen Lager hält, muss damit leben, dass die Ausgestoßenen alle Tabus herunterreißen und schwer wieder einzufangen sind. Enttäuschte Ex-Stammwähler, die man einmal verloren hat, kehren selten zurück und werden ihre neue Freiheit am rechten Rand auch in Zukunft genießen wollen.

Warum rechts und links noch immer politische Koordinaten sind

Um dabei gleich mit einem anderen Missverständnis aufzuräumen: »Die Zeiten von rechts und links sind vorbei«, schreibt Anna Sauerbrey im *Tagesspiegel* (5. November 2018), um zu begründen, warum ein Mann wie Friedrich Merz, aktiv und erfolgreich in Zeiten der alten Rechts-Links-Achsen, heute keinen Erfolg mehr haben könne. Eine Argumentation, die klug ist und dem politischen Augenschein schmeichelt: Rechts und Links war gestern, heute rotteten sich die Menschen in den modernen Wohlstandsgesellschaften des Westens zu »politischen Stämmen« zusammen, zitiert Sauerbrey die amerikanische Politologin Amy Chua, und schieden sich nicht mehr geografisch beiderseits des politischen Mittenmeridians. Da ist was dran, und es ist doch falsch.

So, wie durch fröhliche Reiseaktivität vielleicht der eigene Kompass, nicht aber das globale Koordinatensystem mit seinen Höhen- und Breitengraden ins Trudeln kommt, so liegt unter den politischen Streitthemen und der dazugehörigen Haufenbildung noch immer das alte Rechts-Links-Schema, dessen beide Seiten hier übrigens völlig wertfrei und in ihrer Berechtigung gleichrangig behandelt werden sollen. Es gehört gerade zu den Phänomenen des linken Meinungsspektrums, die eigenen Lebens- und Wertewelten fälschlich für repräsentativ zu halten, selbst wenn Wahlen und Untersuchungen dagegensprechen.

Nichts widerlegt die Theorie vom Ende der politischen Lager besser, als die Wahl von Donald Trump zum US-Präsidenten, das Brexit-Votum oder das Erstarken sogenannter rechtspopulistischer Bewegungen in Europa. All dies vollzog sich entlang klar erkennbarer soziokultureller Trennlinien zwischen Stadt und Land, höheren und niederen Bildungsabschlüssen und zum Teil auch zwischen Jung und Alt. Die wahre Stärke von Trump, Brexitiers und Populisten wurden von den öffentlich meinungsbildenden Eliten an Ost- und Westküste der USA und in den europäischen Metropolen nicht erkannt, weil man schlichtweg das eigene, vermeintlich moderne Weltbild für zwingend, alternativlos und repräsentativ hält. Das ist es nicht.

Genau hier scheidet sich bereits Rechts von Links. Während linke Parteien und Gruppierungen viel stärker programm-, um nicht zu sagen: ideologiegetrieben sind, halten es Rechte eher locker und taktisch mit Werten und Grundsätzen, um sich wogendem Wählerwillen im Sinne möglichst dauerhaften Regierens anzupassen. Während die Union jederzeit bereit ist, ihre wirtschaftsliberale Ordnungspolitik populistisch über den Haufen zu werfen, wenn es etwa um Managergehälter oder Tarifabschlüsse im öffentlichen Dienst geht, blieb die SPD in Deutschland beispielsweise all die Jahre auf Europa und Internationalismus fixiert, auch wenn Mehrheiten mit Europa-Skepsis, Law and Order und Grenzschließung gerade im unteren sozialen Milieu zu gewinnen gewesen wären. So sympathisch ein solches hartes, unverrückbares Ethos sein mag, politisch erfolgreich war es nicht. Sahra Wagenknecht, im besten Sinne Linkspopulistin, hat das erkannt und ihre Sammlungsbewegung gegründet. Selbst bei einem der härtesten Themen überhaupt, beim Verbot von Abtreibung, ließ sich die »christliche« Union auf einen praktikablem Kompromiss ein, wonach Abtreibung weiter verboten ist, aber unter bestimmten Bedingungen nicht strafrechtlich verfolgt wird.

Linke waren und sind näher bei Idealen, Rechte näher bei den Menschen. Ganz grundsätzlich unterscheiden sich die beiden Lager durch einen unterschiedlichen Grad an Utopismus, der auch in der Politik deutlich wird. Linke, die für mehr Rad- und öffentlichen Verkehr, ökologische Ernährung und einen möglichst gleiche Gesellschaft sind, setzen dies aus Überzeugung auch politisch hart durch. Rechte teilen zwar die Ziele, versuchen sie aber vorsichtiger, durch Anreize, mehr Wahlfreiheit und weniger Gängelung zu erreichen oder geben sie ganz auf, wenn es allzu unpopulär ist, weil die Lebenswelten der einfachen Menschen von denen der radelnden Bio-Köstler in den Städten meilenweit entfernt sind.

Das klingt nach wohlfeilem Eliten-Bashing, manifestiert sich aber messbar in der tiefgreifenden Fehleinschätzung vieler Entscheider aus Politik, Wirtschaft und Medien für Veränderungsgeschwindigkeit und Veränderungswillen in der Bevölkerungsmehrheit im unteren Drittel der Bevölkerungspyramide. Will man es schlicht und verständlich zusammenfassen, so muss man feststellen: Die übergroße Mehrheit der einfachen Menschen fährt Auto, isst Fleisch und führt mehr oder weniger gelingende klassische heterosexuelle Beziehungen, während sich in den tonangebenden Milieus der Großstädte die Gewissheit verdichtet, der Auto- und Verbrennungsmotor seien Auslaufmodelle, Bio und Vegetarismus seien auf dem Vormarsch und die traditionelle Ehe löse sich in bunter Diversität auf. Verzerrte Wahrnehmung durch nicht repräsentative Lebenswelten, denn in Wahrheit vollziehen sich die besagten Tendenzen im kaum wahrnehmbaren Promillebereich. Mehr als 70 Prozent der Deutschen geben an, überhaupt keine Ernährungsregeln zu befolgen, während Vegetarier knapp über zwei Prozent kommen, die Veganer rangieren deutlich unter ein Prozent.

Man tut immer gut daran, das Gewünschte vom Realen zu unterscheiden und am gelebten Mehrheitsalltag zu messen. Auch im Geschlechterverhältnis tut sich weit weniger, als es die progressiven (linken) Tonangeberinnen glauben, und wird von jedem neuen Mikrozensus zum Thema belegt. Das zeigt sich am deutlichsten in wenig beachteten Fakten am Rande ideologischer Pfade: In den meisten Partnerschaften wählen Frauen noch immer ältere, wuchsgrößere und zumindest in der Kennenlernphase überlegen wirkende Partner. Ein schwieriges »Beuteschema«, das ehedem die besten Chancen für den Nachwuchs sicherte, heute von Feministinnen und Psychotherapeuten aber gleichermaßen beklagt wird, weil es etwa dazu führt, dass ältere und erfolgreiche Frauen es bei der Partnersuche schwer haben. Im Alltag führt allein die noch immer mehrheitliche Konstellation jüngere Frau/älterer Mann beispielsweise zu noch immer verbreitetem traditionellem Rollenverhalten und der sehr rational zu erklärenden Tatsache, dass die Frauen für Kinder beruflich kürzer treten, weil ihre Partner in der Erwerbsbiografie bereits weiter fortgeschritten sind. Im Grunde ist eher das Erstaunen erstaunlich, das immer wieder die Runde macht, wenn Studien belegen, wie präsent tradierte Rollen- und Geschlechterbilder »noch« immer sind. Da wurde Gewünschtes mit Realem verwechselt. Während »rechte« Politik auf diese Realität abstellt und Rücksicht nimmt, neigt die Linke bei jeglichem Thema dazu, das jeweilige Wunschbild in Wirtschafts-, Außen- oder Gesellschaftspolitik als Faktum misszuverstehen und danach Politik auszurichten. In der Praxis führt das dann dazu, dass einem internationale Verträge, die mit besten Intentionen ausgehandelt wurden (TTIP, UN-Migrationspakt), um die Ohren fliegen, weil die technokratische Rationalität an den Empfindungswelten der Menschen völlig vorbeigeht. Beim Freihandelsabkommen TTIP hatte man die eher linken, antikapitalistischen und antiamerikanischen Widerstände unterschätzt, die sich zum Beispiel gegen die Öffnung hiesiger Märkte für US-Methoden (Chlorhuhn) oder Gentechnik stemmten. Beim UN-Migrationspakt hätte man die Abwehrreaktionen gegen einen Vertrag ahnen können und müssen, der Migration als gewissermaßen regelhafte Normalität darstellt und zudem noch die negativen Aspekte weitgehend ausblendet. Von den durchaus seriösen Einwänden renommierter Juristen einmal abgesehen.

Das Gleiche gilt für Debatten über das »dritte Geschlecht«, Unisex-Toiletten oder Ehe für alle, die an der kopfschüttelnden Mehrheit vorbeigehen. Krasse Beispiele sind auch die Forschungen einer Münsteraner Professorin, die mangelnde Diversität bei Feuerwehren beklagte, weil mehrheitlich weiße, heterosexuelle Männer dort Dienst täten. Eine ähnliche Tonart schlug ein Kommentar in der linken Tageszeitung *taz* im Januar 2019 an, der die deutsche Handball-Nationalmannschaft unter dem Titel »Spiel der Autochthonen« geißelte. Beklemmend an solchen Ausreißern ist allerdings die Vorahnung, dass sich unter den Spitzen massive Eisberge gender- und diversitätspolitischen Irrsinns auf uns zu bewegen.

Aber auch soziale Geschenke wie Mindestlohn, Entgeltgleichheitsgesetz, Rückkehr aus Teilzeit haben sich für die Initiatoren (hier die SPD) nicht in Wählerstimmen niederschlagen, weil im Zuge der Migrationskrise identitäre Fragen alles andere überlagern, aber unbeantwortet bleiben.

Gerade das Ende der Ära Merkel offenbart mit schöner Deutlichkeit das Scheitern der These vom Ende des Rechts-Links-Zeitalters. Und das keineswegs nur in Gestalt von Ex-Unionsfraktionschef Friedrich Merz, der seine Unterstützer ja nicht durch besonders kluge Programm-Spiegelstriche hinter sich sammeln konnte, sondern, weil er als letzte große Symbolfigur der alten Mitte-Rechts-Union auftreten und damit sogar ins AfD-Lager hinein punkten konnte. Denn in Wahrheit ging und geht es für die Union nicht um den viel beschworenen »Rechtsruck«, sondern um die Rückkehr zu voller programmatischer Breite. Nicht Mitte oder Rechts lautet die Alternative, sondern Mitte und Rechts so weit das demokratische Spektrum reicht.

Die Stabilität der politischen Lager

Die linksliberalen Mitten-Milieus, die Merkel anzusprechen hoffte, haben zahlenmäßig keine hinreichende Bindekraft zur Union entwickelt, um die Abwanderung am rechten Rand zu kompensieren oder gar dauerhaft mehrheitssichernd zu ersetzen. Sieht man sich die Landtags- und Bundestagswahlen der letzten Jahre genauer an, so vollziehen sich die Wählerwanderungen selten in nennenswerter Größe im Sinne eines Lagerwechsels über den politischen Mittenmeridian hinweg. Wo dies doch geschah, wie etwa in Baden-Württemberg von Schwarz zu Grün, hatte die Stimmen gewinnende Partei zuvor ihr Profil deutlich ins gegnerische Lager verschoben, in diesem Falle ins konservative.

Ein gutes Beispiel für die Stabilität der Lager ist Bayern: Bei der Landtagswahl 2018 gab es relevante Wählerwanderungen von der CSU zu den Grünen lediglich in den Großstädten, auf dem Lande profitierte die AfD trotz eines tief zerstrittenen und im Grunde nicht politikfähigen Erscheinungsbildes. In Bayern erreicht das rechte, bürgerliche Lager seit Jahrzehnten stabile Werte zwischen 60 und 67 Prozent der Stimmen – trotz der zwischenzeitlichen Aufspaltung in CSU, Freie Wähler, FDP und AfD.

Einzig von der SPD zur AfD gab es in jüngster Zeit Lagerwechsel in nennenswerter Größe, weil das Thema Sicherheit und Migration plötzlich selbst lange gewachsene, traditionelle Bindungen zur Sozialdemokratie überlagerte und von keinem »roten Sheriff« wie zuletzt Bundesinnenminister Otto Schily (SPD) mehr aufgefangen wurde.

Kurz: Die verspotteten Lager sind bis heute in den Köpfen der Menschen hinterlegt. Gerade die taktischen Bemühungen von Parteien, ihre Wählerschaft zu verbreitern, offenbaren im Angriff auf atypische Milieus die noch immer vorhandenen Claims. Viel deutlicher als die Grünen kann man es kaum noch machen, die im Wahlkampf der deutschen Nationalhymne den Slogan »Des Glückes Unterpfand« entliehen. Nation, Heimat, Patriotismus – ein klassischer Versuch, programmatische Liegenschaften am rechten Rand der Parteienlandschaft für die links-grüne Mitte zuzukaufen. Gleichzeitig fischt Parteichef Robert Habeck ganz offen im immer flacher werdenden Tümpel der Sozialdemokratie und spielt im Interview der *Frankfurter Allgemeinen Sonntagszeitung* (17. November 2018) plastischer und geschickter mit den sozialen Abstiegsängsten als mancher SPD-Genosse: Ihm gehe es »zum Beispiel um den Busfahrer, der durch das autonome Fahren seinen Job verloren hat. Wir sollten ihn nicht zwingen, im Park den Müll einzusammeln. Da ist es doch besser, er kümmert sich um Flüchtlingskinder oder ist Trainer im Sportverein, wenn er das will. Arbeit soll etwas für die Gesellschaft bringen. Aber eben auch für den Einzelnen, der sie ausübt.«

Soziale Kümmerer und eine Heimat voller ökologischer Sonnenblumen – wenn Politik ein Programmpuzzle und jedes behauptete Ziel sogleich glaubhaft wäre, die Grünen könnten in Astrid Lindgrens Bullerbü die absolute Mehrheit holen. Im politischen System der USA sind die beiden Lager in Gestalt von Demokraten und Republikanern zementiert. Daneben hat es bis heute keine relevante Kraft geschafft, das Beste aus beiden Welten zu einer neuen Bewegung zu formen. Das politische System in Deutschland bezog seine jahrzehntelange Stabilität ebenfalls aus dem geschickten Umgang mit dieser Lager-Polarisierung und gelegentlichen taktischen Anleihen zur Mehrheitsbeschaffung im gegnerischen Quartier. Helmut Kohl rief Anfang der 1980er-Jahre zwar die geistig-moralische Wende aus, vollzog sie aber nie, sondern setzte durch geschickte Sozialpolitik (z. B. Familienleistungen, Pflegeversicherung) gegenteilige Akzente. Amtsnachfolger Gerhard Schröder (SPD) wiederum verdankte seinem Wahlsieg einer klugen Kampagne, die ihm (»Genosse der Bosse«) und der Sozialdemokratie (»nicht alles anders, aber vieles besser machen«) das Image von Umverteilung und Wirtschaftsfeindlichkeit nahm. Wechselwillige Unionswähler nahm das die Angst, sich zur SPD-Stammanhängerschaft hinzuzugesellen und eine rot-grüne Mehrheit nicht als Kulturbruch, sondern als moderate Modernisierung zu sehen.

Im Übrigen taugt auch die viel beschworene Bewegung von Frankreichs Präsident Emmanuel Macron »En Marche« nicht als Beleg für lagerübergreifende Bünde im postideologischen Zeitalter. Stattdessen zwingt das französische Wahlsystem schlichtweg zur klaren Polarisierung am Schluss zugunsten des »kleineren Übels«, unabhängig von den konkreten programmatischen Positionen. Im ersten Wahlgang zeigte die Parteienlandschaft eine klare Aufstellung nach den klassischen Kategorien liberal (Macron), bürgerlich konservativ (Fillon), rechts-national (Le Pen) und links (Mélenchon). Wer sich den Wahlausgang als parteipolitisch gefärbte Landkarte ansieht, erkennt ein tief gespaltenes Land.

Denn so fantasievoll sich die verschiedenen Bewegungen in Europa auch nennen und geben mögen, ob sie sich hinter Komikern wie Beppe Grillo (Italien) aufstellen oder hinter Einzelkämpfern wie Geert Wilders in Holland, ob sie den Kampf um regionale Autonomie im Programm haben oder nur ein einziges Thema – im Kern verorten sie sich im Parteienspektrum nach dem alten Rechts-Links-Schema und lassen sich deshalb auch im Europaparlament zu Parteienfamilien zusammenfassen.

Parteien und ihre Familien

Der Rechts-Links-Kanon prägt noch immer das Zugehörigkeitsgefühl und die Bindungen der Menschen an die politischen Strömungen und ließe sich auch in politikwissenschaftlichen Seminaren gut herausarbeiten: Utopie- und Veränderungsgeneigtheit statt Traditionspflege, eher idealistisches Menschenbild, Vorliebe für kollektivistische Ansätze und Denkmalsturz auf der linken Seite. Und auf der rechten: Realistisches Menschenbild, Bewahren vor Verändern in Gesellschaft, Technikoffenheit und Innovationsfreude in Forschung und Wirtschaft, Evolution statt Revolution, Individualismus vor Kollektivismus, freiheitliches, vom Einzelnen her gedachtes Gesellschaftsbild mit möglichst geringen Eingriffen des Staates, liberale und soziale Marktwirtschaft, Recht und Ordnung statt Laissez faire, Lebensschutz, Akzeptanz und Pflege von Religion, Tradition, Familie, Heimat, Nation und Eigentum. Und um das sicherheitshalber auch noch hinzuzufügen: Beide Pole sind durchaus statthaft, auch wenn ich persönlich eine klare Präferenz hätte.

Bei weitgehender Einigkeit über die Problemlagen werden sich Rechte und Linke deshalb vor allem über die Lösungswege streiten. Eine Energiewende, völlige Dekarbonisierung in Wirtschaft und Energie bis 2100, Kohle- oder Dieselausstieg zu beschließen, ohne dass Alternativen mehr als nur gewollt, aber nicht in Sicht wären, ist klassisch linke Interventionistik, die hernach die administrative Brechstange braucht, um illusorische Ziele zu erreichen. Die bis jetzt nicht von Erfolg gekrönten Bemühungen um eine Verlangsamung der Erderwärmung sind ein eindrucksvolles Beispiel.

Deshalb lag Kanzlerin Angela Merkel 2009 richtig mit ihrem Wahlkampf für einen längeren Weg zum Atomausstieg mit CO_2-neutralen Kernkraftwerken als Brückentechnologie während des Aufbaus neuer tragfähiger Versorgungsnetze. Sie lag 2011 falsch mit dem überstürzten Atom-Aus nach Fukushima, auch wenn die Stimmung danach gewesen sein mag. In der Familienpolitik auf wirkliche Wahlfreiheit der Paare zu setzen war richtig, die schlichte Übernahme des linken Ideals der Doppelverdienerfamilie als Ziel von Politik ist falsch. Rechte/konservative/bürgerliche/liberale Parteien ERMÖGLICHEN Lebensmodelle und geben sie nicht vor. Ähnlich verhält es sich mit gesellschaftlichen Quoten, die eine kollektive Gesellschaftsarchitektur vorgeben, wo sich die Individuen nicht nach Plan auf dem soziokulturellen Reißbrett verhalten.

Ein Verhalten, wie das der Frauen Union, die im Zuge des Wahlkampfs um den CDU-Vorsitz ohne jegliche Anhörung vorab eine Wahlempfehlung nach Geschlecht für den weiblichen Kandidaten ausgab, ist einer freiheitlichen und ideologiefreien Partei eigentlich unwürdig und ein Rückfall in linke Vorstellungen von einer homogenen Gesellschaft. Die Logik dahinter: Geschlecht ist eine Qualifikation, Frauen werden nur von Frauen vertreten, soziale Merkmale wie das Geschlecht müssten idealtypisch nach Anteil an der Gesellschaft repräsentiert sein. Ein schematisches Gesellschaftsbild, bei dem konsequenterweise der Frauenanteil reduziert werden müsste, wo sie die Mehrheit stellen. Überhaupt kann der vielfach erhobene Vorwurf gegen Angela Merkels »Modernisierungskurs« der Union nicht darin bestehen, dass sie Antworten auf aktuelle Fragen in Politik und Gesellschaft gesucht hat, sondern darin, diese vielfach ohne bürgerlichen Kompass vom linken Parteienspektrum übernommen zu haben.

Wenn eine Studie der CDU-nahen Konrad-Adenauer-Stiftung aus dem Jahr 2015 zu dem Schluss kommt, dass die Mehrheit der Parteimitglieder »rechts« von der bejubelten Mittenverortung der Kanzlerpartei steht, hätte das ein Alarmsignal für kühle Strategen in der Parteizentrale sein müssen. Die Tatsache, dass der als konservativ und wirtschaftsliberal beleumundete frühere Unionsfraktionschef Friedrich Merz nach neun Jahren Politik-Abstinenz in den CDU-Regionalkonferenzen fulminant durchstarten und auf dem Bundesparteitag in Hamburg nur knapp an einer Mehrheit vorbeischrammte, ist ein Indiz dafür, dass sich an dieser Diskrepanz zwischen Basis und Kurs nichts geändert hat.

Zyniker könnten argumentieren: Lass die Basis denken, was sie will, solange wir gewählt werden und regieren, kann uns das egal sein. Da ist was dran. Allerdings gilt dieser Satz nur, »solange« man regiert und nicht mit Blick darauf, wie lange noch. »The proof of the pudding is the eating«, heißt es im Englischen. Der Testfall für den Pudding besteht darin, dass er schmeckt und gern gegessen wird. Die Wähler genossen den Kurs von Union und Kanzlerin ausweislich von Umfragen und Wahlergebnissen nur noch eher durchwachsen. Deshalb wird es die Aufgabe der neuen CDU-Parteivorsitzenden Annegret Kramp-Karrenbauer sein, die Union wieder breiter aufzustellen, keinen Platz in der Mitte freizumachen, aber im Spektrum der demokratischen Rechten ehemals beackerte Flächen wieder erfolgreich zu bewirtschaften.

Das wird mehr als schwierig, wie jeder Marketingexperte weiß, der versucht, eine Marke, die Teile der Kundschaft enttäuscht hat, zurückzuholen. Die Medienbranche, die ebenfalls mit einer Vertrauenskrise ringt, kann ein Lied davon singen. Kurswechsel wirken, wenn überhaupt, erst sehr langfristig wieder glaubwürdig und lassen immer eine Verdachtsspur der Unzuverlässigkeit zurück. Motto: Wer sagt mir, dass in der nächsten harten Testsituation nicht wieder der Kompass aussetzt? Die Erosion der ehemaligen Volksparteien zeigt das überdeutlich. Die Integration und die politische Vertretung der demokratischen Rechten gehört zu den wichtigsten Aufgaben der Union im politischen Gefüge der Bundesrepublik. Andere Spektren sind gut vertreten. Der Publizist Albrecht Erich Günther hat es einmal so ausgedrückt: »Konservativ ist nicht ein Hängen an dem, was gestern war, sondern ein Leben aus dem, was immer gilt.« Das bedeutet auch, sich dem prüfend entgegenzustellen, was aus modernistischer Kurzsicht als einfache Lösung für komplizierte Probleme angesehen wird, und immer auch im Blick zu behalten, warum es gut und sinnvoll war, dass sich Dinge bis hin zum vermeintlichen Missstand hin entwickelt haben.

Bewahren, was immer gilt

Wer über Fahrverbote spricht, muss sich der zentralen Bedeutung für die Mobilität von Waren und Arbeitskräften für unseren Wohlstand bewusst sein und der Tatsache, dass öffentliche Systeme derzeit lediglich einen Bruchteil der individuellen Mobilität übernehmen könnten.

Wer Afrika helfen und Fluchtursachen bekämpfen will, muss sich immer auch darüber im Klaren sein, dass es 80 Jahre nach dem Ende der Kolonialzeit nicht mehr nur eine Frage des Geldtransfers ist, damit es dem Kontinent besser geht, sondern inzwischen auch Korruption, schlechtes Regieren, selbstverschuldete Kriege und Krisen sowie strukturelle Probleme bis hin zu Vegetation und Klima sind, die Afrika zurückwerfen.

Wer in der Gesellschafts- und Familienpolitik aus guten Gründen das Doppelverdienerpaar zum Leitbild macht, muss bedenken, dass sich damit die Rolle der Schule von der Wissensvermittlung zur kompletten Lebensertüchtigung wandelt, was diese neben dem wachsenden Wissensvolumen ohne Weiteres auch mit Ausweitung auf Ganztagsbetrieb kaum leisten kann. Dieses Verlagern vormals klassischer Familienaufgaben auf staatliche Institutionen muss in seinen Folgen auch bei der Pflege bedacht werden.

Hier, bei all diesen Themen überlegt, klug und mit Blick auf das Bewahrenswerte innerhalb der nötigen Veränderungen gegen leichtfüßige linke Beschließeritis eine gewichtige Kraft auf dem Feld der Politik zu sein, ist nicht nur legitim, sondern für das Funktionieren demokratischer Gesellschaften existenziell. Ausstiegsbeschlüsse wie bei der Kohle-Verstromung zu fassen, deren Umsetzung völlig unklar ist und die Folgen praktischerweise künftigen Politiker-Generationen überlässt, ist ebenso unseriös wie das Festschreiben von Renten, ohne die Finanzierung zu kennen. Gerade deshalb kann es nicht sein, dass man Linken oder weniger polemisch: konkurrierenden politischen Akteuren die Definitionshoheit darüber überlässt, was »rechts« ist. Und schon gar nicht darf man Jene gewähren lassen, die das konservativ-bürgerlich-liberale = rechte Spektrum aus Kurzsicht oder Dummheit in Gänze delegitimieren wollen.

Ex-Bundesfamilienministerin Kristina Schröder (CDU) hat es in der *Welt* (20. September 2018) auf den Punkt gebracht: »Mit dem Nichtlinkssein ist das so eine Sache. Irgendwie will man nicht ›rechts‹ sein. ›Bürgerlich‹ gerne, ›konservativ‹ zur Not auch, aber ›rechts‹? Das klingt unappetitlich, unaufgeklärt, unintellektuell. Das liegt natürlich vor allem daran, dass in Deutschland seit den 90er-Jahren der Unterschied zwischen rechts und rechtsradikal, gar rechtsextrem, komplett verwischt wurde. Aus dem Kampf gegen Rechtsextremismus wurde der Kampf gegen rechts«. Inzwischen mache es »keinen großen Unterschied, ob jemand bezichtigt wird, ›rechts‹ oder ›rechtsradikal‹ zu sein. Verloren hat man so oder so, zumindest wenn man im großen demokratischen Diskurs derer, die auf der richtigen Seite stehen, mitmachen möchte.«

Auf der »vermeintlich« richtigen Seite, möchte man ihr zurufen, denn wer zu solchen Unterscheidungen nicht willens oder in der Lage ist, bringt auch sonstige Schlagworte wie »Faschismus« und »Nationalsozialismus«, »Rassismus« und »Fremdenfeindlichkeit« durcheinander und oder lässt beim »Antisemitismus« abgestufte Schweregrade gelten, je nachdem, ob es sich um migrantischen oder einheimischen handelt. Darum ist es nicht nur fahrlässig, sondern für den gesellschaftlichen Diskurs brandgefährlich, sich von solchen Antifa-geneigten Vereinfachern die Deutungshoheit aus der Hand nehmen zu lassen.

Um »rechte« von »rechtsextremen« Auffassungen abzugrenzen, zieht Schröder den Begriff der sogenannten »gruppenbezogenen Menschenfeindlichkeit« des Bielefelder Soziologen Wilhelm Heitmeyer heran, will ihn allerdings differenzierter verstanden wissen als viele andere Verwender. »Es geht also um abwertende und ausgrenzende Einstellungen gegenüber Menschen. Nicht gegenüber allen Menschen: Abwertende Einstellungen gegenüber heterosexuellen weißen männlichen Deutschen beispielsweise spielen in der einschlägigen Forschung keinerlei Rolle.«

Schröder schlägt als ein »Abgrenzungskriterium zwischen rechtem und rechtsradikalem Denken« ein so verblüffendes wie provokant einfaches Mittel vor: Fakten. »Abwertende Aussagen, die schlicht eine eventuell sogar biologisch begründete Minderwertigkeit bestimmter Gruppen behaupten, sind eindeutig rechtsradikal, wenn nicht sogar rechtsextrem. Bei abwertenden Aussagen, die sich auf Fakten stützen können, würde ich dies erst einmal verneinen.« Wenn etwa ausweislich seriöser Statistiken Muslime eine höhere Gewaltneigung zeigen, müsse dies auch ausgesprochen werden können. Es ist schon beachtlich, dass man mit einigem intellektuellen Kraftaufwand offenbar erst raffiniert herleiten muss, dass Wahrheit auch benannt werden darf.

In diesem Zusammenhang kann und muss auch die Debatte über den Umgang mit dem Begriff »Volk« entspannt und sachlich geführt werden. Ein Wort, das in Deutschland in seiner adjektivischen Form (»völkisch«) zur Recht historisch belastet ist, gleichwohl überall auf der Welt für die Menschen einen klaren und verständlichen Bezugsrahmen setzt. Grünen-Chef Robert Habeck hatte im Frühjahr 2018 mit seinem Satz: »Es gibt kein Volk« für heftige Reaktionen und einen Proteststurm gesorgt, der dazu führte, dass sich Habeck zu einer zusätzlichen Erklärung genötigt sah. »Die Idee eines ethnisch-identitären Volkes ist totalitär und ausgrenzend«, schrieb er Anfang Mai auf seinem Blog und machte es damit nicht besser. In Wahrheit bezeichnet »Volk« nichts anderes als eine Gruppe von Menschen, die kulturelle Gemeinsamkeiten teilen, über vielfältige Beziehungen und häufige Verwandtschaftsverhältnisse miteinander verbunden sind und ganz natürlich über ein gemeinsames Verständnis von Identität verfügt. Alles weitere (Aggressivität, Abgrenzung, imperiale Ansprüche) sind zusätzliche Ausdeutungen von »Volk«, die mit dem Kern des Wortes nichts zu tun haben, sondern mit demjenigen, der es im Munde führt.

Es ist ein gutes Beispiel für einen gefühlsmäßigen Abwehrreflex linker Milieus, mit dem anstelle der eigentlichen Begrifflichkeit Projektionen einer irrigen, ideellen und vermeintlich antirechten Weltsicht verbreitet werden, die eine Bekämpfung völlig legitimer Auffassungen rechtfertigen sollen. Abgesehen davon, dass der Bundestag unter der Inschrift »Dem Deutschen Volke« zusammentritt und selbst die »Internationale« appelliert, »die Völker« mögen die Signale hören, bedeutet Volk nicht »völkisch« und ist eine Ethnie nicht zwangsläufig eine Abstammungsgemeinschaft, wie Habeck wohl vermutet.

Gerade Gemeinschaftsgefühl und intuitives Selbstverständnis als Werte- und Schicksalsgemeinschaft bilden in Zeiten der Globalisierung eine in gewisser Weise atmende Gruppenidentität, die sich jedem von selbst erschließt, der sich zugehörig fühlt, offen für Neues und Neue ist und das Gemeinwesen mindestens so verlässlich zusammenhält wie die Artikel des Grundgesetzes. Inmitten dieser Identität finden sich unterschiedliche Staatsangehörigkeiten, Herkünfte, politische Meinungen und Lebensweisen zusammen. Die Vorstellung, an Nation oder Volk zu denken und damit am Ende immer sogleich Dominanz, Aggression, Ausgrenzung, Verachtung oder Überlegenheit zu artikulieren, ist offenbar eine deutsche Obsession. Und sie ist falsch.

Dies klarzumachen und im politischen Raum zu vertreten, ist ebenso wichtig wie denen zu wehren, die tatsächlich im Schilde führen, Deutschland oder welche Nation auch immer über das Maß der legitimen Interessenvertretung hinaus »über alles« zu stellen. Es ist jedem unbenommen, sich als Weltbürger oder Globalist zu fühlen und zu verstehen. Bis diese Sicht die Mehrheit der Weltbevölkerung ergriffen hat, bleiben Nation und Volk für viele Menschen wichtige Bezugspunkte. Dies zu ignorieren oder austreiben zu wollen, führt ebenso ins Verderben wie die Überhöhung der beiden Begriffe.

Kein Streit ist auch keine Lösung: Politiker müssen wieder ja, ja und nein, nein sagen

Selbstkritik in der Neujahrsansprache gibt es nicht alle Tage. »Ich weiß, viele von Ihnen haben sehr mit der Bundesregierung gehadert. Erst haben wir lange gebraucht, um überhaupt ein Regierung zu bilden, und als wir sie hatten, da gab es Streit und viel Beschäftigung mit uns selbst«, sagte Kanzlerin Angela Merkel in ihrer Rede, die am letzten Tage des Jahres 2018 ausgestrahlt wurde. Spätestens nach der für die Union mehr als ernüchternden Landtagswahl in Hessen am 28. Oktober 2018 gilt der »Streit« in der Koalition und unter den Unionsschwestern als die goldene Erklärungsformel für miserable Umfragewerte von Regierung und Parteien. Eine allzu einfache Formel, um selbstkritisch zu wirken und sich gleichzeitig möglichst schmerzfrei aus dem Schlamassel zu ziehen.

Die Wahrheit ist: Nicht der Streit ist das Problem in einer freiheitlichen Demokratie, sondern seine Verschleierung oder Vermeidung mittels falscher Kompromisse. Auch die – zugegeben – nicht immer ganz zivilisierte Tonlage der zurückliegenden Auseinandersetzungen stößt die politikbegleitende Bevölkerung nicht so heftig ab, wie es die vermeintlich reuigen Kombattanten suggerieren wollen. Meinungsstreit und Wettbewerb der Ideen sind ein integraler Bestandteil von Demokratie und Marktwirtschaft. Und in der verbalen Härte der Auseinandersetzung haben inzwischen hoch verehrte Vorväter der heutigen Politikergeneration (von Wehner bis Strauß) weiß Gott heftiger zugelangt, als dies heute der Fall ist. Das Publikum weiß Verbal-Watschen und Rüpel-Rhetorik durchaus zu schätzen, wenn's passt und der Klarheit dient.

Streit ist so wenig Selbstzweck wie seine Vermeidung. Und doch sollte man seine Funktion nicht geringschätzen. Von US-Präsident Donald Trump bis zu Frankreichs Rechtsaußen Marine Le Pen, von Luxemburgs Außenminister Jean Asselborn, dem beim EU-Gipfel im September 2018 ein zorniges »Scheiße noch einmal« herausrutschte, bis zu Brasiliens Präsident Jair Bolsonaro ist ein weltweiter Trend zu beobachten, wonach geradliniges Pöbeln offenbar besser ankommt als gepflegte diplomatische Verbiegung. Rauhe Manieren als Ausweis von Authentizität. Das muss man weder bejubeln noch nachmachen. Aber man sollte es zur Kenntnis nehmen als ein Indiz dafür, dass geschliffene Etikette, zur Schau gestellte Kultiviertheit und Betonung zivilisatorischer Überlegenheit eben auch als Abgrenzung, Abgehobenheit und im schlimmsten Fall als Unehrlichkeit wahrgenommen werden.

Nicht zufällig sammelte Ex-Kanzler Gerhard Schröder (SPD) am meisten Sympathiepunkte, wenn er im stressigen Alltag ein Bier verlangte oder aus seiner Liebe zu Currywurst keinen Hehl machte. Auch Kanzlerin Angela Merkel konnte immer wieder spontane Zuwendung und Applaus ernten, wenn sie aus ihrer Rolle fiel, Zwischenrufer zurechtwies oder auf ihren selten gezeigten Mutterwitz zurückgriff. Wer sich über den Aufstieg von Populisten wundert, tut gut daran, nicht nur über die Inhalte der etablierten Politik nachzudenken, sondern auch über den Stil.

Legendär ist inzwischen die Mehrwertsteuer-Erhöhung von 2006, als die SPD den geplanten Aufschlag der Union um zwei Prozentpunkte im Wahlkampf zum blanken Teufelszeug erklärte und anschließend drei Punkte forderte, um in der ersten Großen Koalition auch einen Punkt selbst als Verteilmasse zu bekommen. Über lange Wahlkampfwochen hinweg hatte die SPD damals die von der Kanzlerkandidatin Angela Merkel als eine Art Ehrlichkeitsoffensive angekündigte Erhöhung der Mehrwertsteuer um zwei Prozentpunkte als Gift für die Konjunktur und Schröpfung der kleinen Leute gegeißelt. Als es dann zur ersten Großen Koalition unter Merkel kam, einigte man sich auf eine Anhebung um sogar drei Punkte (von 16 auf jetzt 19 Prozent), um den Beitrag zur Arbeitslosenversicherung senken zu können und den Haushalt zu sanieren. Der spätere SPD-Chef Franz Müntefering beklagte sich anschließend noch, dass es nicht gerecht sei, Parteien an Aussagen aus dem Wahlkampf zu messen.

Aber es sind auch die scheinbar normalen Handwerkstechniken im politischen Alltag, die für Verdruss und Vertrauensverlust sorgen. Wenn Forderungen nach der Entlassung des Verfassungsschutzpräsidenten zu dessen Beförderung führen, wie im Fall Hans-Georg Maaßens im Herbst 2018, versteht das kein Mensch. Entweder Attacke abwehren oder Rauswurf, aber Aufstieg zum Staatssekretär und der Verkauf als Sieg aller Beteiligten, ist der Gipfel politischer Taschenspielertricks auf offener Bühne. Wahlkampfreden, die nur so überlaufen von »wir wollen«, »wir müssen«, »wir brauchen« oder »deshalb sage ich« und statt abrechenbarer Festlegungen nur die populärsten Wünsche enthalten, sickern langfristig als Frust über das politische Geschäft in die Wahrnehmung ein.

»Obergrenzen«, die nicht so heißen dürfen und noch um einen monatlichen Familiennachzug von 1000 Migranten erweitert werden, der als Rechtsinstitut gleichzeitig abgeschafft wird. Klingt verwirrend? Ist es auch. Denn damit beide, Union und SPD, einen Erfolg vermelden konnten, wurde das Recht auf Familiennachzug von Migranten minderer (subsidiärer) Schutzstufe wieder gestrichen und durch ein monatliches Kontingent von 1000 nachziehenden Familienmitgliedern ersetzt. Die Union feierte in der Folge die »Abschaffung« des Familiennachzugs, die SPD erklärte, sie habe sich mit dem 1000er-Kontingent durchgesetzt. Sieger überall und das ungute Gefühl, von der Politik veralbert zu werden.

Gleiches gilt für »Masterpläne« zur Migration, die so lange zerpflückt wurden, bis selbst von der homöopathischen Symbolsubstanz nichts mehr übrig blieb. Klare Regeln gegen Viel- und Kinderehen, die in der Praxis nicht angewendet werden. Nebelbeschlüsse über zusätzliche Stellen in Polizei, Pflege, Justiz, Schulen, Bundesämtern etc., von denen jeder weiß, dass weder die Fachkräfte zur Besetzung vorhanden sind, noch deren Ausbildung in absehbarer Zeit zu stemmen ist. Versprechungen zu Integration, Abschiebungen, innerer Sicherheit oder für »ein besseres Europa«, bei denen es keiner spezifischen Lebenserfahrung bedarf, um zu wissen, dass sie nicht gehalten werden. Parlamentarische Anhörungen und Fragestunden, in denen kein wirklicher Diskurs geführt wird, sondern wolkige Floskeln oder unverständliches Fachlatein zur Abwehr berechtigter Nachfragen ausreichen. Das »Einbinden« von Flügeln, Gegenspielern oder die Wahrung regionaler Proporze mittels gut dotierter Posten unabhängig von Eignung und Kenntnissen. Beteiligungsformen, die folgenlos bleiben oder sichtbare Ergebnisse in sinnentleerten Gutachter-Schlachten endlos verzögern. Das bewusste Jonglieren mit Anscheinserweckung, wenn etwa eine »Debatte über etwas« gefordert wird, damit man sich kritisch geben kann, ohne selbst Stellung zu beziehen. Das schon zum Standard der Politik gewordene Vermeiden klarer Analysen nach dem Motto: Wir sollten nicht zurück, sondern nach vorn schauen. Rituelle Denk- und Sprechverbote vor Wahlen (»Ich konzentriere mich jetzt ganz auf den Sieg …«). Fragen, die sich angeblich nicht stellen … All das höhlt Demokratie aus, schafft Ermüdung, Verdruss und den Wunsch nach »starken Führern«, vermeintlich einfachen Lösungen und Wahrheiten.

All das summiert sich zu einem Politik-Panorama, von dem sich viele abwenden. Und doch gibt es noch etwas viel Schlimmeres, Gefährlicheres: Rechtsstaatliche Regeln, die in ihrer ethisch-moralischen Substanz unbestritten, richtig und wichtig sind, und sich in der Praxis dennoch in ihr Gegenteil verkehren und zu politischen Kollateralschäden der Demokratie werden. Exemplarisch vorgeführt beim Fall des früheren Leibwächters von Al-Qaida-Chef Osama bin Laden, Sami A., der als Hass-Prediger und Gefährder galt, mit seiner Großfamilie 18 Jahre in Deutschland von Sozialhilfe lebte und aufgrund immer neuer rechtlicher Winkelzüge nicht abgeschoben werden konnte. Als er im Sommer 2018 dann doch nach Tunesien ausgeflogen wurde, forderte ein Verwaltungsgericht die Rückholung. Nicht das Einhalten von Recht ist das Problem, sondern eine an Rechthaberei grenzende

Verschachtelung von Instanzen, Einsprüchen und Informationspflichten, die in diesem Fall eine kaum noch zu erklärende Kluft zwischen Recht und Gerechtigkeit aufklaffen ließen. Ein Recht, dass keiner versteht, schadet der Akzeptanz des Rechtsstaats.

»Dieser Irrsinn ist Politikversagen der gefährlichsten Sorte. Kein Land der Welt macht es seinen schlimmsten Feinden so bequem wie Deutschland«, schreibt *Bild*-Chefredakteur Julian Reichelt (*Bild*, 17. August 2018) zu Recht in einem Leitartikel. »Keine Gesellschaft der Welt akzeptiert auf Dauer, ihre potenziellen (und zu oft tatsächlichen) Mörder heranziehen und ihnen auch noch bestmögliche Lebens- und Arbeitsbedingungen schaffen zu müssen. Politik, die diesen selbstmörderischen Wahnsinn seit Jahren nicht beendet, radikalisiert die Menschen im Land und gefährdet unsere wertvolle, wundervolle offene und freie Gesellschaft. Man kann das nicht unendlich mit ›dem Rechtsstaat‹ begründen, denn der Rechtsstaat beruht auf Gesetzen, die von Politikern gemacht werden. Unsere Gesetze schützen uns nicht ausreichend, dafür aber die, die uns hassen. Dieser Zustand ist untragbar. Verantwortlich dafür ist unsere Regierung.«

Recht und Verdruss

Sami A. ist beileibe kein Einzelfall. Wenig später musste ein nach Afghanistan abgeschobener Asylbewerber aus Greifswald wegen einer fehlenden Anhörung wieder eingeflogen werden, obwohl dieser Verfahrensfehler absehbar nicht zu einem anderen Beschluss, sondern zu erneuter, dann allerdings einwandfrei rechtskräftiger Rückführung führte. Der fatale Eindruck: Der Rechtsstaat misst mit zweierlei Maß. Wer illegal die Grenze überquert, seine Identität (etwa durch Vernichtung von Papieren) verschleiert und die Mitwirkung an der Feststellung seiner Personendaten verweigert, begeht klare Rechtsbrüche, die häufig folgenlos bleiben, während bei vollziehbar Ausreisepflichtigen jedes Gesetzes-Jota gilt. Nicht das Recht ist das Problem, sondern seine selektive Anwendung. Auch der ewige Bund-Länder-Konflikt führt immer wieder zu Konstellationen, die kaum noch zu vermitteln sind und Verdruss schaffen. Der Bund kündigt eine »nationale Kraftanstrengung« zur Abschiebung an, die die Länder vollziehen müssten. Und es nur teilweise, nachlässig oder gar nicht tun. Selbst wenn der Bund 5 Milliarden Euro für die bessere Ausstattung von Schulen mit Computern, Tablets etc. zur Verfügung stellt, kommt es zum Streit mit den Ländern bis hin zur Ablehnung.

Man kann es freilich keinem normalen Arbeitnehmer verübeln, dass er sich zusätzlich zum Alltagsgeschäft nicht auch noch in die Feinheiten der Bund-Länder-Kompetenzen vertiefen möchte, um zu verstehen, wo sich im Verteilen von Bundesgeld unziemliche Einflussnahmen und Berichtspflichten bei den Ländern verbergen und worum es im Kern des Streits überhaupt geht.

Ein ähnliches, ebenfalls nur schwer lösbares Strukturproblem gibt es bei politischen Ankündigungen, von denen bereits zum Zeitpunkt des Aussprechens klar ist, dass die Rechtsprechung der Umsetzung entgegensteht. Als Bundesinnenminister Horst Seehofer (CSU) etwa im Januar 2019 den Fall einer prügelnden und marodierenden Ausländergruppe im bayerischen Amberg zum Anlass nahm, härteres Vorgehen gegen kriminelle Migranten anzukündigen, wurde schnell klar, dass bei der üblichen Anwendung des Jugendstrafrechts für die betreffenden Personen aus Afghanistan und dem Iran kaum eine Strafe verhängt würde, die sofortige Abschiebung rechtmäßig ermöglichte. Bei dem Mann aus dem Iran kommt erschwerend hinzu, dass Teheran nur Landsleute zurücknimmt, die vorher eine Freiwilligkeitserklärung unterschrieben haben und damit bekunden, aus freien Stück zurückzukehren. Gegen den Willen des Iraners selbst wird er also nicht in die Heimat abzuschieben sein.

Erkennen, lösen, liefern

Die Aufnahme berechtigter Empörung in dem gleichzeitigen Wissen, dass man absehbar keine befriedigende Lösung anbieten kann, ist ein weiterer Mosaikstein im Gesamtbild grassierender Verdrossenheit. Das Ignorieren der Empörung allerdings ebenfalls. Ein Konflikt, der weder mit politischem Aktionismus noch mit folgenlosen Empathiebekundungen zu lösen ist, sondern nur mit langfristig erworbenen Vertrauensvorschuss und einer nicht in Zweifel gezogenen Kompetenzzuweisung für die handelnden Personen und Parteien auf dem entsprechenden Sachgebiet. Wo diese Grundlage erschüttert oder zerstört ist, helfen selbst drastische Kurskorrekturen nicht mehr und werden in den Augen der Politik-Konsumenten stattdessen zu postenerhaltender Wendigkeit und Unzuverlässigkeit.

Aus all dem folgt: Es ist nicht der Streit das Problem, sondern das Fehlen achtbarer Streiter.

»Eure Rede aber sei: Ja, ja; nein, nein. Was darüber ist, das ist vom Übel.« (Matth. 5,37) Allen wird man es dabei nicht recht machen können. Und das ist auch gut so. Es hat lange vor dem Schlagwort der »asymmetrischen Demobilisierung« immer wieder Versuche von Parteipolitikern gegeben, in andere politische Milieus vorzudringen. Das gelingt aber nicht, durch das Nacherzählen fremder Agenden, sondern durch überzeugende Erklärung, warum deren Ziele mit einem anderen Werte- und Maßnahmenkanon besser zu erreichen sind. Ökologie, Nachhaltigkeit und gesunde Landwirtschaft kann man anders, besser und verträglicher erreichen, als mit dem Formelkatalog der Grünen. Migrationssteuerung und innere Sicherheit kann man kompetenter repräsentieren als die Protestpartei AfD. Man kann sich selbst allerdings nicht glaubhaft als die Lösung der Probleme anbieten, die man selbst mitverursacht hat und gleichzeitig die Protestplattform verdammen, deren Wachsen man damit beförderte.

Das Abschmelzen der großen Volksparteien zwischen den Polen Grün und AfD ist ein deutliches Indiz dafür, dass Wähler auf Schmalspurprogramme ausweichen, die sie für zumindest authentisch halten, statt sich hinter politische Allround-Dienstleister zu stellen, bei denen man nicht sicher sein kann, was am Ende geliefert wird. Die neue CDU-Vorsitzende Annegret Kramp-Karrenbauer hat deshalb recht, wenn sie darauf verweist, dass es der Union besser ging, als sie starke, zum Teil heftig widerstreitende Flügel hatte, deren Frontleute glaubhaft für Soziales, Law and Order oder Wirtschaftsliberalismus standen.

So etwas wächst nicht über Nacht. Schon gar nicht, wenn Parteien durch langes Regieren personell ausgezehrt sind und obendrein unter einer Führung standen, die den Wert dieser unterschiedlich profilierten Gegenspieler nicht oder erst viel zu spät verstanden hat. Aktuell befinden sich zumindest die größeren Volksparteien in einem Teufelskreis, aus den eigenen inneren Strukturen kaum noch profilierte Talente nachschieben zu können und von außen für profilierte Köpfe wenig attraktiv zu sein. Vor diesem Hintergrund ist das letztlich knappe Scheitern des wirtschaftsnahen Friedrich Merz eine vertane Chance zur Wiederbelebung zumindest dieses Flügels der Union. Zur »Erlösung« und allseligmachenden Erneuerung der Union hätte seine Personalie ganz sicher nicht gereicht.

Bei der SPD geht die Krise noch viel tiefer. Ihr Markenkern, die Kompetenzzuweisung fürs Soziale, ist erschüttert. Es greift allerdings viel zu kurz, dies auf die Agenda 2010 von Ex-Kanzler Gerhard Schröder zu schieben, die dem Sozialstaat einen unschätzbaren, erhaltenden Dienst erwiesen hat. Das Grundproblem der Sozialdemokratie besteht heute darin, ihre Funktion im politischen Gefüge überzeugend klarzumachen. Was kann die SPD, was andere nicht können oder wollen? In Zeiten abnehmender Tarifbindung und immer vielfältiger werdender Beschäftigungsverhältnisse greifen die alten Rezepte sozialstaatlicher Umverteilung nicht mehr, und sich für den prekären Teil der Transferempfänger einzusetzen und sie möglichst von staatlichem Controlling freizustellen, ist weder grundsätzlich ein gutes Konzept noch in Augen der restlichen Solidargemeinschaft populär.

Hinzu kommt ein weiteres Problem: Kluge Sozialstaatsreformen sind meist kompliziert und damit nicht ganz leicht zu vermitteln. Und mit dem allmählichen Verschwinden der ehedem traditionell SPD-nahen Industriearbeiterschaft betreffen sozialstaatliche Reparaturmaßnahmen heute ein Klientel, das sich selbst nicht selbstverständlich als sozialdemokratisch sieht. Die stetig wachsende Zahl von Menschen mit Werkverträgen oder solchen, die projektbezogen und selbständig arbeiten, legt es beispielsweise nahe, eine soziale Errungenschaft der Schmidt'schen Kanzlerschaft wieder stärker auszubauen: die Künstlersozialkasse. Ein Instrument, mit denen Freiberuflern der Arbeitgeberanteil der Sozialkosten abgenommen wird. Für viele, die von Honoraren oder Provisionen leben, wäre dies eine segensreiche Entlastung und hilft, auskömmliche Anwartschaften fürs Alter zu bilden. Offen ist allerdings, ob freie Programmierer oder Vertriebsleute sich allein deshalb der SPD zuwenden würden.

Die großen, ehemaligen Volksparteien leiden vor allem darunter, dass sie kein wirklich überzeugendes Weltbild mehr entwerfen und zusammensetzen können. Es ist ein Trugbild, zu glauben, der bunten Vielfalt entspreche am besten eine bunte, nach Tagestaktik zusammengewürfelte Programmatik. In Wahrheit fordern die Menschen noch immer klare Antworten, klare Konturen entlang einer nachvollziehbaren Grundüberzeugung. Die Zersplitterung der Parteienlandschaft ist auch ein Ausdruck der Tatsache, dass klar und klein gefasste politische Projekte (Ökologie, gegen Euro, gegen Migration für Soziales) über einen so überschaubaren inhaltlichen Konsens verfügen, dass die Bedeutung überzeugender Personen an der Spitze abnimmt. Der kleinste gemeinsame Nenner braucht keine großen Politiker. Politiker, die dagegen wirkliche Mehrheiten gewinnen wollen, brauchen mehr denn je Authentizität, Überzeugungskraft, Streitlust und Menschlichkeit. Umfragenbasierte Allgemeinkompatibilität allein wird keine Mehrheiten überzeugen.

Und noch etwas muss der kleine Mehrheitsführer von morgen wissen: Die Tendenz vermeintlich progressiver Avantgarden in westlichen Gesellschaften, Normabweichungen und -verstöße als moderne Normalität erklären zu wollen, stärkt ab einer bestimmten Linie die demokratischen und gesellschaftlichen Fliehkräfte und nicht mehr den Zusammenhalt. Auch moderne Gesellschaften leben von geteilten Übereinkünften, die sich auch in den Rechtssystemen widerspiegeln müssen. So gut und erfreulich es ist, dass verschiedene sexuelle Identitäten heute lebbar sind, so wenig bedeutet dies, dass sie in ihrer ganzen subjektiven Vielfalt als Rechtsstatus fixiert werden müssen. Es tut Gesellschaften wohler, Anderssein offen und ehrlich zu benennen und mit Unterschieden zu leben, statt den Unterschied zur Regel zu erklären.

Es ist auch keineswegs autoritär, dem Ausleben individuell favorisierter Regelverstöße klar und entschlossen als Gesellschaft entgegenzutreten. Die Idee etwa, der massenhaften Verunzierung des öffentlichen Raumes durch Graffiti damit zu begegnen, dass man an Schulen Graffiti-Unterricht erteilt, wie es die Berliner SPD-Politikerin Ilkin Özisik vorgeschlagen hat, mag auf lange Sicht den ästhetischen Reiz gesprayter Tags ein wenig aufwerten, führt aber am Kern des Problems völlig vorbei: Der öffentliche Raum ist kein Individualbesitz! In Berlin fällt es Nutzern der öffentlichen Verkehrsmittel schon gar nicht mehr auf, welch absurde Verkehrung im Werteverständnis hier bereits zum Alltagsgut geworden ist: Busse und Bahnen sind mit vielfarbig gesprenkelten Mustern nach Art von Flecktarn-Uniformen ausgestattet, um die Oberflächen für Beschmierer unattraktiv zu machen. In Bahnen kann man nur noch eingeschränkt aus dem Fenster sehen, weil das Glas mit einer trüb gemusterten Folie gegen Scratcher beklebt ist. Mit anderen Worten: Im Alltag setzt der Vandale die Norm, mit der die Mehrheit leben muss. Ein Unding, mit dem auf lange Sicht kein Staat und keine Mehrheit zu machen sein wird. Es ist ein im Grunde banales Alltagsärgernis, und doch verbirgt sich dahinter ein grundsätzliches Denken, das pars pro toto für einen Politikansatz steht, der in die falsche Richtung geht.

Die Rede der Politik sei nein, nein, wo es nötig ist, statt naja, um falsche Ruhe zu haben. Und ja, ja, wo sie Dinge voranbringen will. Alles andere ist von Übel.

Epilog: Populismus holt die Realität in die Politik zurück

Es sind bizarre Szenen, die sich zum Ausklang des Jahres 2018 zu einem eigentümlichen Film zusammenschneiden lassen. Da ist der Kongress der Europäischen Volkspartei am 7. und 8. November im Congress-Zentrum von Helsinki. Während man draußen in jenem Europa, dessen Elite sich hier feiert, erst einmal umständlich erklären muss, dass die Europäische Volkspartei (EVP) der Zusammenschluss konservativer Parteien aus den EU-Mitgliedsländern ist und warum sie überhaupt für den Alltag der Menschen von Bedeutung ist, kennt die Selbstgewissheit in den weitläufigen Hallen des Gewerbegebiets am Rande der finnischen Hauptstadt keine Grenzen.

Es gibt einen Einzug der Frontleute wie im amerikanischen Wahlkampf mit dramatisch hämmernden Fanfaren, »Manfred, Manfred«-Rufen für den längst im Kreise der EU-Regierungschefs ausgehandelten Spitzenkandidaten Manfred Weber von der bayerischen CSU. Menschen- und Kameratrauben sammeln sich um den Favoriten, der sich hier noch auf offener Bühne eine letzte Redeschlacht mit seinem Kontrahenten, dem finnischen Ex-Premier Alexander Stubb liefern wird, einem durchtrainierten Triathleten, dessen Werbeposter jedem Fitnessclub zur Ehre gereichen würden. »Go Alex«, steht auf Stubbs Fähnchen, während das »Team Weber« Lebkuchenherzen (363 Kcal/100 g) mit Weber-Porträt verschenkt und »Vote Manfred«-Pins fürs Jackett-Revers.

Da beide das Gleiche wollen, ein besseres Europa anstelle eines bürokratischeren, kann man gepflegt vortragen, fällt sich nicht ins Wort.

»Das war ein Wahlkampf von zwei Gentlemen«, sagt Stubb am Ende, klopft Weber auf die Schulter und meint es als Bestnote in der Stilkritik. »Es war großartig, das zusammen mit Alex zu machen«, antwortet Weber. Wahl ohne Kampf. Eine millionenteure Inszenierung, bei der Weber am Ende unter den harten Riffs von Queens »One Vision« (»Ein Mann, ein Ziel, eine Mission«) in die Halle einzieht und die 720 Delegierten im kollektiven Rausch der Siegeszuversicht erliegen.

Fast zeitgleich tobt im deutschen Bundestag der Streit um den Migrationspakt der Vereinten Nationen, der sich über Wochen im Dunkeln des Netzes hochgeschaukelt hat. In Helsinki hält Weber unter dem Jubel der Anhänger die Vision des geeinten, starken und wohlständigen Europas hoch, daheim zerbröselt sie unter der Unfähigkeit der politischen Akteure, den Menschen die Vision von der globalisierten Welt schmackhaft zu machen. »Die Globalisierung macht die Welt klein und die Sorgen groß«, fasst Bayerns Ministerpräsident Markus Söder (CSU) (*Bild*, 9. Januar 2019) die Szenerie zusammen, die wie ein ahnungsvolles Intro zum weiteren Verlauf der Dinge wirkt.

Bei den Abgeordneten der Union gehen in diesen Tage dramatische Appelle ein, den UN-Pakt zu stoppen. Die Ängste sind riesig und von der Politik nicht wirklich abbaubar. Im Wahlkreis bekommen sie es zu spüren, im Bundestag gehen Briefe und Mails ein. Die CSU-Abgeordnete Silke Launert verlässt eine Fraktionssitzung vorfristig mit der düsteren Prognose, in ein paar Jahren hätte die Unionsfraktion allenfalls noch die Hälfte ihrer aktuellen Stärke. So, wie sie im Migrationsherbst 2015 mit ihren Prognosen desaströser Wahlergebnisse recht behalten habe, werde sie auch diesmal recht behalten. Leider.

Während andere Länder aus dem Pakt aussteigen, steckt die deutsche Politik in einer Sackgasse: Sie kann sich nicht an die Seite der AfD stellen, kann nicht einfach die Unterschrift verweigern oder verschieben, weil der Pakt beim Ausstieg eines Players wie Deutschland so gut wie tot wäre. So pauken es denn alle Parteien, wie schon in der Migrationskrise, getrieben von Alternativlosigkeit, durch, damit die Kanzlerin Anfang Dezember mit großem Aufschlag in Marrakesch das Dokument in Kraft setzen kann. Kein Wackeln, kein Weichen, keine Zugehen auf migrationskritische Strömungen in Land. Parole Kurs halten! Ganz gleich, ob damit die Ränder weiteres Material für die Propaganda gegen ein vermeintlich unbelehrbares, störrisches System erhalten. Motto: Sie machen einfach weiter, wenn wir sie nicht stoppen. Das globalisierte Deutschland – zerrieben zwischen der Welt und seinen Bürgern.

Es ist die Gleichzeitigkeit dieser Szenen, die den Kern des Dilemmas der Jahre nach 2015 wie im Brennglas zeigt: Hier der pompöse Kongress der Europäischen Volkspartei, dem alle Mittel der bestens ausgestatteten EU-Maschinerie zur Verfügung stehen, wo Hallen, Spesen, aufwändige Video- und Tonproduktionen, Merchandising und Inszenierungen nach Belieben zur Verfügung stehen. Dort das nüchterne Geschäft der Alltagspolitik in einem Mitgliedsstaat, dessen innere Regeln und Rücksichtnahmen kaum Spielraum für wirkliches Zugehen auf die Menschen lässt. Ein im Grunde sinnloser Entschließungsantrag zum Migrationspakt soll die Gemüter beruhigen, ist aber als tiefer Griff in die technokratisch-parlamentarische Werkzeugkiste draußen im Lande kaum wirksam. Dort in Helsinki ein Hochamt des europäischen Multilateralismus mit all dem materiellen Überfluss, mit dem die Brüsseler Akteure bewusst ausgestattet wurden, um die gute Idee der Gemeinschaft im besten Sinne »unters Volk« zu bringen. Hier im Bundestag die Vorführung, wie es nicht gelingt, die Stimmung im Volk unter die Politik zu bringen, um die Versöhnung der Menschen mit ihrem politischen System zu befördern und die immer grundsätzlicher werdenden Zweifel an demokratischen Abläufen zu widerlegen.

Die Umfragen zum Thema zeigen, dass die Deutschen mit Blick auf den UN-Migrationspakt ziemlich genau in drei Drittel zerfallen: eines dafür, eines dagegen, das letzte ist unschlüssig. Für ein internationales Papier wie die Pakt ist das ein interessanter Befund. 40 Prozent der Befragten erwarten mehr Zuwanderung durch den Vertrag, und wenig überraschend ist die Ablehnung im Osten heftiger als im Westen. (INSA-Umfrage für *Cicero*, 7. November 2018)

Die Politik versteht den Geist der Zeit nicht mehr, schreibt Peter Rásonyi dazu über den Migrationspakt und das Aufbegehren gegen ihn in der *Neuen Zürcher Zeitung* (2. November 2018): »Die Autoren des Dokuments übersehen allerdings, dass die Bereitschaft, die Migration als Tatsache hinzunehmen, im gegenwärtigen politischen Klima in Europa und den USA keineswegs eine unbestrittene Grundhaltung ist. Die Kontrolle oder gar Ablehnung der Einwanderung, die Differenzierung zwischen verschiedenen Arten von Migration sind Anliegen, die von starken Wählerschichten getragen werden. Sie haben politischen Parteien wie der AfD in Deutschland, der FPÖ in Österreich, der SVP in der Schweiz oder auch Präsident Trump in den USA zum politischen Aufstieg verholfen. Es ist der unselige ignorante Geist hinter dem Migrationspakt, der ihn politisch brisant macht. Dass das den Autoren nicht aufgefallen ist, bestätigt nur wieder das oft hervorgebrachte Argument der Abgehobenheit der Eliten – und stärkt dieselben politischen Protestbewegungen.«

Das Ringen um Profil und Glaubwürdigkeit

Das wirklich Beunruhigende an dieser für viele Politikfelder zutreffenden Diagnose ist, dass Politik und Politiker nicht erst in den Jahren 2018 und 2019 nahezu täglich dabei zu beobachten sind, wie sie keine Schlüsse daraus ziehen. Oder die falschen. Die Union etwa hat sich im Zuge des Wechsels an den Parteispitzen von CDU und CSU in eine Art politischen Erschöpfungsschlaf geflüchtet, verkündet das Ende von Streit und Attacke, erklärt Geschlossenheit und Ruhe zum Selbstzweck oder bekämpft die eigene Ratlosigkeit mit homöopathischen Sprachkügelchen. Er wolle die Partei »durchlüften« sagt etwa der neue CSU-Chef Markus Söder. Oder: »Profil mit Stil« sei sein Programm, als handele es sich um die Werbestrecke für einen gehobenen Herrenanzug. Auch das all zu platte Übernehmen grüner Themen trägt nicht zu größerer Glaubwürdigkeit bei.

Das Gefühl, dass mehr und mehr sogar jene beschleicht, die der Politik ferner stehen, ist Angst. Denn in der Tat wird hinter den Kulissen von Union und SPD in Deutschland, aber auch vielen ehemals dominierenden Bewegungen in anderen europäischen Ländern offen die Furcht geäußert, dass die »Rechtspopulisten« bei der Europawahl so heftig an Zulauf gewinnen könnten, dass es im Gebälk der Demokratie bedrohlich zu knarren beginnt. Nicht, dass ein großer Populisten-Block im Europaparlament zu einer Art Machtübernahme der Europa-Gegner in Brüssel führen könnte, wird befürchtet; es wäre vor allem ein psychologischer Schub für eine politische Szene, die man bisher als Fremdkörper auszuschließen und an dem vorbei man gewissermaßen weiter die eingeübte Politik machen zu können glaubte. Während viele deutsche und europäische Akteure 2018 noch stark mit ihren Binnenproblemen beschäftigt waren, dämmert es nun langsam, dass sich die Hoffnung auf ein Abflauen oder gar Verschwinden populistischer Strömungen wohl so rasch nicht erfüllen dürfte.

Ein großer Anti-Europa-Block im EU-Parlament könnte in Brüssel viele Abläufe erschweren und zum Erreichen der notwendigen Mehrheiten Bündnisse unter eigentlich unverträglichen Parteien nötig machen. In Deutschland und anderen EU-Ländern dürften Richtungs- und Personalstreits wieder aufflammen. Bei den in Deutschland gleichzeitig stattfindenden Wahlen in Bremen und vielen Kommunen könnte die SPD bis tief unter ihre Schmerzgrenze abgestraft werden und die Große Koalition im Bund zu Fall bringen, so die Befürchtungen. Die Folge wäre eine instabile Mittelmacht in Europa, flankiert von einem Frankreich im Aufruhr innerer Proteste und mit laut Umfragen den Rechtspopulisten von Marine le Pen als stärkster Kraft, einem chaotischen Großbritannien, das sich aus der EU verabschiedet, und einem Italien, das bereits an die Populisten gefallen ist. Im aufziehenden Welten-Gewitter zwischen Trump, Putin, Xi und wachsender Armutsmigration in Afrika keine gemütliche Aussicht.

Und da ist wieder jener Endzeitton, der in vielen Kreisen und Runden mitschwingt. Denn auch die bislang stabile Weltkonjunktur sendet zu Beginn des Jahres 2019 verunsichernde Signale. War Wohlstand bislang noch immer ein gutes Beruhigungsmittel für erhitzte politische Gemüter, so machen sich die den ökonomischen Puls fühlenden Analysten Sorgen über ein schwächeres Wachstum in China, das Exportnationen wie Deutschland mit nach unten ziehen könnte. Keine guten Aussichten für ein politisches System, das in den zurückliegenden Boom-Jahren gelernt hat, Probleme im Inland und in Europa mit Geld zu lösen.

»Alle sprechen von integrierten Märkten und globalen Wertschöpfungsketten, zugleich aber sind wir Zeitzeuge einer politischen Desintegration, wie sie die Welt seit dem Zerfall der Sowjetunion nicht mehr erlebt hat«, schreibt Gabor Steingart in seinem *Morning Briefing* am 17. Januar 2019: Der »europäische Anker« habe sich vom Boden gelöst, der Kontinent, der ehedem sich selbst als globale Großmacht träumte, treibe auf dem »Weltmeer der großen Mächte« dahin. Wenn der Horizont sich verfinstert, müssen mächtige Metaphern Trost spenden. Man kann vieles von dem, was in diesen Tagen geschrieben und gesendet wird, für überspitzt und künstlich dramatisiert finden, aber es gibt ein Empfinden wider, dass sich in einem verwirrend komplexen System aus Politik und Wirtschaft etwas Unheilvolles zusammenbraut.

Allein die im Januar ihrem Höhepunkt entgegenstrebende Brexit-Debatte in London ist geeignet, handfeste Beklemmungen auszulösen. Ein Land will draußen sein, muss um des Friedens an der Grenze zwischen Nordirland und der Republik Irland willen aber auch drinnen bleiben. Die britischen Hardcore-Befürworter des EU-Austrittes stimmen im Parlament gemeinsam mit jenen, die die EU absolut nicht verlassen wollen, gemeinsam gegen den Austrittsvertrag von Premierministerin Theresa May und riskieren damit einen harten, chaotischen Bruch. Ein Konflikt-Knäuel, welches in der Tat den Eindruck vermittelt, dass ein politisches System an seine Grenzen kommt.

Doch war das zwangsläufig? Musste es so kommen und sich diffuser Unmut in den Ecken der westlichen Demokratien einnisten? Einige der Ursachen habe ich hier versucht zu beleuchten. Auch wenn der apokalyptische Schein bislang noch immer trog, was Steingart geschliffen auf den Punkt bringt, treibt viele um: »Mit der Abspaltung Großbritanniens aus der Europäischen Union fällt ein tiefer Schatten auf das noch junge 21. Jahrhundert. Die Nachkriegszeit, die eine Ära der Kooperation und Integration begründete, geht zu Ende. Was mit der Ablehnung der Euro-Zone am 23. Juni 2016 begann und seinen vorläufigen Höhepunkt am 27. März 2017 erreichte, als Theresa May gemäß Artikel 50 des EU-Vertrages den Austritt beantragte, strebt (…) seiner Finalität entgegen. Großbritannien will sich künftig als politischer Wanderbursche durch die Weltgeschichte schlagen, im Windschatten der USA und in Sichtnähe zu den einstigen Partnern in Brüssel, aber auf eigenes Risiko. Es fehlt nur der Kompass. (…) Der Kontinent weiß nicht wohin.«

Der Mensch im Mittelpunkt: Oft beschworen, immer seltener erreicht

Populismus ist auch ein Zeichen dafür, dass die Außensensoren der handelnden Politik nicht mehr funktionieren, das Netz der Messstellen zu dünn gesät ist. Wer Populismus und seine Ursachen verstehen will, muss mehr im Blick haben als Parteiprogramme. Er muss die Komplexität der Lebenssituationen in der Breite erfassen und dazu den Blick viel weiter schweifen lassen. So, wie man 30 Jahre nach der Wende in der DDR noch immer nicht wirklich verstanden hat, wie sich der Umbruch nahezu aller privaten Verhältnisse ins Politische übersetzt hat, so steht man heute ratlos vor dem Auswirkungsbündel der Technologie-Revolution im Zuge der Digitalisierung.

Kommunikations- und Informationswege werden dezentraler, immer neue digitale Anwendungen und Plattformen zwingen zur Anpassung, machen Alltag leichter, aber auch frustrierender, wenn man das Gefühl hat, nicht mehr mitzukommen. Zu glauben, all das wirke sich nicht politisch aus, wäre naiv. Es befördert die Suche nach Verlässlichem, nach Stärke, nach Heimat oder gemeinsamen Gegnern. Politik muss lernen, vermeintlich unpolitische Fährten zu lesen.

Hacker-Angriffe auf staatliche und wirtschaftliche Netzwerke sind für sich genommen nichts anderes als schlimme Akte der Kriminalität.

Sie sind aber darüber hinaus ein Schlaglicht darauf, dass die digitalen Innovationszyklen längst schneller sind als ein Leben. Wie sicher zahle ich mit meinem Geld? Wer weiß was über mich? Und können Sonnenstürme unsere schöne digitale Welt vernichten, wenn nichts mehr geht? Dass die Szene der »Prepper«, die sich auf Chaos-Szenarien einer kollabierenden Zivilisation vorbereiten, Zulauf hat, weist auf Ängste hin. Wer ein Gemeinwesen steuern will, sollte eine realistische Vorstellung davon haben.

Während westliche Gesellschaften noch dabei sind, digitale Verwaltungen und Gesundheitssysteme aufzubauen, weitreichende Systeme mit künstlicher Intelligenz auszustatten, Verkehrssysteme autonom zu machen, gelingt es einem Schüler aus Nordhessen, Datensätze in relevantem Umfang illegal abfließen zu lassen. Noch fehlt vielen die Fantasie, sich vorzustellen, was mit Hacks in einer vernetzten Zukunft alles angerichtet werden kann. Im Zeitalter digitaler Revolution gilt als gestriger Bremser, wer vor Anfälligkeit warnt oder zur »Datensparsamkeit« aufruft. Den Wettlauf kann nur gewinnen, wer nach vorn, nicht zurück schaut. Schadsoftware analysiert man meist erst, wenn sie geschadet hat. Je größer, umfassender, komplexer ein System ist, desto größer, folgenschwerer werden die Fehler, aus denen man künftig wird lernen müssen. Die Welt im Wandel und der Mensch im Schlepptau.

Was hat das mit Politik zu tun? Alles. Politik hat schon heute mit Menschen zu tun, die im Jetzt leben, während die Technologie schon das Übermorgen vorbereitet. Eine Technologie, die ihre eigene Folgerichtigkeit besitzt und nicht auf die Menschen wartet. Eine Gesellschaft, die auf E-Government setzt, erzwingt notgedrungen die Preisgabe privater Daten, sonst funktioniert es nicht. So, wie viele mit Freihandel als einem Transfer von Produkten, aber auch Üblichkeiten und Herstellungstechnologien fremdelten und damit das Abkommen TTIP zu Fall brachten, so wird Politik sich künftig viel intensiver mit dem technologischen Wandel und seinen Auswirkungen auf die Menschen befassen müssen. Und zwar zusätzlich zu innerer und sozialer Sicherheit, Verteilungsgerechtigkeit, verlässlicher Information, Infrastruktur und Bildung. Veränderung löst Widerstände aus, schafft Profiteure und neue Abgehängte – all das artikuliert sich politisch.

Dass Grünen-Chef Robert Habeck sich genervt von Twitter abmeldet, wird dabei nicht einmal eine Fußnote der Geschichte sein. Aber es ist ein Hinweis darauf, dass für richtig erkannter Fortschritt oder solcher, der sich im vermeintlichen Selbstlauf durchsetzt, Gesellschaft verändert. Damit muss Politik umgehen, und sie muss vor allem schneller reagieren, als sie es bisher gewohnt war. Die Liste der Dinge, die politische Bewegungen auslösen, ist lang:

Technologien, die uns ihren Takt aufzwingen oder so komplex werden, dass sie Arbeitnehmer nach einem halben Erwerbsleben schon wieder aussortieren, weil sie beim intuitiven Adaptieren von Abläufen nicht mehr mitkommen …

Globales Wirtschaften, das Ungleichgewichte, Vormacht oder Zurücksetzungen schafft …

Eine Politik, deren Stil als taktisch statt authentisch empfunden wird, deren Kompromisse als faul wahrgenommen werden und deren Realitätswahrnehmung von unrepräsentativen Metropoleneliten verzerrt wird …

Ein öffentlicher Diskurs, der an der Lebenswirklichkeit stiller Mehrheiten vorbeigeht, hehre Ideale und gesellschaftliche Utopien einer Minderheit pflegt …

Das Ignorieren der wachsenden Rolle von Identität, Herkunft, Tradition und Religion in einer globalisierten Welt …

All das bringt als durchaus demokratischen Reflex Populisten hervor. Denn ein, wenn nicht DER Grund für das Erstarken von Populisten ist die mangelnde Selbsterkenntnis der ehemals großen Parteien, dass sie selbst das Problem sind: Solange Populisten die einzige Alternative, die einzigen »anderen« im Vergleich zu den Etablierten sind, werden sie als Projektion und zum Strafen gewählt. Deshalb löst das Kriminalisieren und Nazifizieren der AfD als Ganzes das Problem nicht, solange viele Wähler nicht willens sind, Parteien zu wählen, die sie enttäuscht haben. Eher geht man gar nicht wählen oder sieht den populistischen Chaoten-Truppen ihre Regierungsuntauglichkeit nach.

Und so lohnt es am Ende, doch noch einmal auf Marx zurückzukommen. »Die Philosophen haben die Welt nur verschieden interpretiert, es kömmt drauf an sie zu verändern«, schreibt Marx in seiner 11. Feuerbach-These. Welch hellsichtiger Irrtum! Hier verlässt den großen Dialektiker seine eigene Dialektik. Und seine geistigen Nachfolger erst recht. Denn um die Welt zu verändern, muss man ihre Konstanten kennen. Veränderung allein ist kein Selbstzweck. Der sogenannten Rechtspopulismus, in welcher Gestalt er seit Marx auch immer sein Haupt erhob, ist immer auch ein Signal dafür, was viele Menschen gerade nicht verändert haben möchten, woran sie hängen, was sie bewahren wollen. Ein Zeichen, dass die Mächtigen, vor allem die »Guten«, die Idealisten, die sich im Recht wähnen, regelmäßig zu lange übersehen, ignorieren oder bekämpfen. Bis es zu spät ist und jene Populisten, denen man entgegentreten wollte, die Spannungen entlang der längst sichtbaren Bruchlinien für sich nutzen.

Veränderung ist kein Selbstzweck

Populismus ist auch ein erzwungener gesellschaftlicher Reset gegenüber Eliten, die sich in ihrem Wollen zu weit von den Menschen entfernt haben. Besonders bitter: Durch das kritiklose Klammern an die institutionellen Hüllen der eigenen Ideale, Verbände, Parteien, Organisationen sind diese dramatischer in Gefahr als durch die Kritiker:

Wer den Euro bewahren will, muss ihn tragfähig reformieren und nicht nur darauf hoffen, dass eine spendable Zentralbank das Gefälle zwischen den Volkswirtschaften ausgleicht, wo natürliche Solidarität unter den Völkern eben (leider!) nicht vorhanden ist.

Wer die Europäische Union in eine gute Zukunft führen will, der muss aufhören, sie mechanisch vertiefen zu wollen, wo die Menschen sie nicht gemeinsam leben, sondern ihre handfesten Vorteile betonen. Der Versuch, mithilfe von Mehrheitsentscheidungen über einzelne Nationen hinwegzugehen und sie zu Disziplin und Einordnung zu zwingen, kann nicht gelingen. Gemeinsame Stärke, gemeinsame

Grenzsicherung und Verteidigung, gemeinsame Abwehr chinesischer oder russischer Dominanz können verbinden. Erzwungener Staaten-Kollektivismus nicht. Die Stärke der EU ist ihre Vielfalt, nicht ihre Gleichschaltung.

Wer freien Fluss von Waren, Dienstleistungen und Arbeitnehmern erhalten will, muss frühzeitig die Vorzüge den Menschen deutlich und spürbar machen und keine Alles-oder-nichts-Gesamtpakete schnüren wie beim Brexit: Es ist kein Naturgesetz, dass freizügiger Warenaustausch zwingend mit Freizügigkeit von Arbeitskräften gekoppelt sein muss.

Wer die Gesellschaft zusammenhalten will, der muss auch den Mut haben, kluge Kompromisse populären Lobby-Kampagnen entgegenzustellen. Wenn nach dem Mikrozensus des Statistischen Bundesamtes (Januar 2019) 0,6 Prozent der Männer in einer homosexuellen Partnerschaft mit gemeinsamem Haushalt zusammenleben (Frauen: 0,5 Prozent) und 0,1 Prozent Kinder erziehen, der macht sich und der Gesellschaft etwas vor, wenn das Gesellschaftsbild einer bunten, diversen Beziehungslandschaft propagiert und rechtlich als »Ehe für alle« festgeschrieben wird. Das paternalistische Lenken von Lebensentwürfen bei Voll- oder Teilzeittätigkeiten ist ebenso anachronistisch wie das Bekämpfen von Rollenbildern, die jedes Paar nun wirklich gut für sich allein klären kann. Staat und Gesellschaft haben Vielfalt nicht zu wollen, sondern zuzulassen. Den Rest regeln mündige Bürger bestens nach eigenem Gusto.

Populismus holt die aufstrebenden Kurven der Geschichte zurück auf das nüchterne, manche enttäuschende Menschenmaß. Populismus kann auf schmerzhafte Weise idealistischen Überschwang heilen – wenn die Zeichen von den Nicht-Populisten rechtzeitig erkannt und aufgenommen werden. Populismus war und ist immer schon Bestandteil von Politik, und Politik ist immer auch ein Stück Populismus.

Im besten Falle ist Populismus immer auch Sozialpolitik, bremst kalte ordnungspolitische Logik zugunsten von sozialer Abfederung, setzt Tendenzen wirtschaftlicher Abkopplung den Zwang zum Blick nach unten auf den breiten Teil der Bevölkerungspyramide entgegen.

Epilog

Im philosophischen Sinne übt Populismus eine Art historischer Sägezahn-Funktion aus, die illusorischen Progress zumeist mit schmerzhaften Brüchen und Verwerfungen ausbremst und zurückstuft auf ein verträgliches Maß, die am Weitermachen hindert, wo sich Personen und Institutionen zu selbstgenügsam eingerichtet haben und sicher geglaubte Gefolgschaft verlieren. Wer die Welt verändern will, muss sich am menschlichen Realmaß orientieren, nicht an der inneren Logik von Institutionen, Prozessen, Parteien. Andernfalls werden Populisten es erzwingen. Es ist gut, sie früh zur Kenntnis und ernst zu nehmen.

In diesem Sinne: Lasst uns alle Populisten sein. Damit die anderen verschwinden.

Ein Programm zur Verteidigung der Freiheit

288 Seiten | Gebunden
mit Schutzumschlag
ISBN 978-3-451-38351-9

Der politische Islam stellt eines der größten Integrationshemmnisse dar. Wenn es nicht gelingt, den liberalen islamischen Kräften in Deutschland und Europa Raum zur Entfaltung zu geben, ist der gesellschaftliche Frieden gefährdet.

In jeder Buchhandlung!

HERDER

www.herder.de

Wie die Renaissance der Volksparteien gelingt. Eine Anleitung

288 Seiten
Klappenbroschur
ISBN 978-3-451-38271-0

»Wer wissen will, wie die Volksparteien von Getriebenen wieder zu Gestaltern der politischen Mitte werden können, findet die Antworten in Timo Lochockis fulminantem Buch.«
Robin Alexander, Die Welt

In jeder Buchhandlung!

HERDER www.herder.de